성경 퍼즐 시리즈 2

인기있는 5가지 퍼즐과
성경의 콜라보

박선호 지음

쿰란출판사

인기있는 5가지 퍼즐과

성경의 콜라보

추천의 글

하나님께서 우리 인간에게 주신 최고의 선물은 성경입니다. 성경은 우리에게 영원한 생명의 길을 알려주고, 또한 천국의 풍성한 삶을 가르쳐주기 때문입니다. 그러므로 성경을 가까이해야 합니다. 하지만 안타깝게도 성경을 가까이하는 그리스도인들이 많지 않습니다. 그런 점에서 목회자의 임무는 교인들이 성경을 가까이하도록 하는 일입니다. 그런데 목회자 못지않게 성경을 가까이하게 하며, 그것도 재미있는 퍼즐로 만든 분이 있습니다. 박선호 장로님입니다. 장로님은 깊은 신앙 가운데서 창의력을 바탕으로 이런 귀한 책을 출판하게 되었습니다. 축하드립니다.

이 책은 어린이로부터 노년에 이르기까지 함께 할 수 있는 책이며 기독교 놀이문화를 제공해 줌으로써 개인은 물론이요 공동체에도 큰 유익을 줄 것입니다.

제 아내는 성경과 필사성경노트와 스도쿠책을 곁에 두고 있습니다. 성경을 읽고 쓰다가 이따금 스도쿠를 합니다. 이제 스도쿠책 자리에 박 장로님의 성경 퍼즐이 있게 될 것 같습니다. 한국 교회 놀이문화에 한 획을 그은 이 책이 가정과 교회, 여러 곳곳에 전해지길 바라며 일독을 권합니다.

미암교회 원로목사

정우

이 책의 특별함은 퍼즐이라는 렌즈를 통해 성경을 만나게 된다는 사실입니다. 소개되는 퍼즐을 풀다 보면 마치 밭에 감춰진 보화를 발견하는 기쁨을 맛보게 될 것입니다.

세 권의 책을 통해 저자가 얼마나 성경을 사랑하는지, 또한 독자들에게 하나님의 말씀을 찾아가는 기쁨을 전하기 위해 얼마나 애써 왔는지를 발견하게 됩니다. 바라기는 한국교회의 교회학교로부터 노년층에 이르기까지 다양한 세대에 걸쳐 이 책이 유용하게 활용될 수 있기를 소망합니다.

미암교회 담임목사
김철웅

퍼즐을 통한 인지 자극 활동은 기억력, 주의력, 문제 해결력 등 다양한 인지 기능을 유지하고 향상시키는 데 도움이 될 수 있습니다. 이 책은 성경의 말씀과 퍼즐을 결합하여, 마음의 평안과 두뇌의 활력을 함께 길러주는 의미 있는 시도로 생각됩니다.

이 책이 독자들의 신앙과 두뇌 건강 모두에 긍정적인 도움이 되기를 기대합니다.

재활의학과 전문의
이선명

성경은 세계에서 제일 많이 읽히는 책임에도 불구하고 너무도 광범위한 역사적인 기술과 딱딱해 보이는 교리내용, 수많은 생소한 인명과 지명들로 인해 일반인들이 쉽게 접근하지 못하는 면이 있습니다. 그런 가운데 신실한 믿음의 일꾼 박선호 장로님이 30년이 넘는 글로벌 기업에서 쌓아온 예리한 분석력과 사고력을 가지고 기존 신자들은 물론 초신자들도 성경을 쉽고 재미있게 읽고 그 뜻을 이해하고 기억하는 데 도움이 될 수 있도록 성경 퍼즐책 세 권을 동시에 출간하게 됨을 축하합니다.

이 책들은 자라나는 아이들에게는 호기심과 창의력을 길러주며 청장년들에게는 성경의 핵심을 깨닫고 이해하는 데 큰 도움이 되고 또한 시니어분들에게는 두뇌 훈련을 통하여 기억력 향상과 치매예방에도 큰 도움이 되리라 믿어 의심치 않습니다.

특히 재미있게 퍼즐을 풀어가며 느끼는 성취감과 기쁨은 단순 독서로 얻는 이해도와 기억력을 훨씬 능가한다는 학계의 연구 결과를 인용하지 않더라도 모든 독자분들에게 큰 만족감을 선사할 것이라고 확신합니다. 지혜와 지식의 하나님께서 이 과정에 참여하시는 모든 독자분들께 크신 은혜로 함께해 주실 줄 믿습니다.

한국경제인협회 중소기업 경영자문단 고문, 원일교회 원로장로

이원순

어려운 문제를 해결하기 위한 마지막 단서를 찾고는 "마지막 퍼즐 조각을 찾았다!"라고들 합니다. 이런 퍼즐을 난이도를 조절하고 나름의 의미를 부여하게 되면 어린이들에게는 지능발달, 성인들에게는 두뇌유희, 그리고 나이 들어 노후의 두뇌건강을 생각하는 노인들에게는 두뇌훈련의 매우 좋은 도구가

될 수 있습니다.

한국창의사고력협회는 전신 한국창의퍼즐협회에서 퍼즐이 사고력 증진에 지대한 영향을 미친다는 것을 확인하고 '퍼즐'이라는 단어 대신 '사고력'을 공식 명칭으로 사용하게 되었고 어린이 위주의 활동에서 시니어를 위한 활동에 비중을 두기 시작했습니다. 이런 시니어를 위한 활동 프로그램 기획과 개발을 위해 시니어위원회가 발족되었고 초대 위원장으로 박선호 위원이 임명되었습니다.

종교인으로서 성경 말씀 전달을 새로운 방식으로 시도한 박 위원의 퍼즐에 대한 노력과 그 결과물을 출시하게 된 것에 대해 경외감과 함께 축하와 감사의 말씀을 전합니다. 최근 한류 열풍으로 한글을 배우는 세계인이 늘어가고 있어 해외에서 활동하는 많은 선교사분들도 잘 활용할 수 있을 것이라고 생각하며 다시 한번 찬사를 보냅니다.

한국창의사고력협회 회장

박흥철

성경 퍼즐을 발행하면서

성경 퍼즐 책 세 권을 함께 출판하게 되었습니다.
1권, 읊조리며 묵상하는 성경 퍼즐
2권, 인기 있는 5가지 퍼즐과 성경의 콜라보
3권, 창의 퍼즐로 즐기는 성경

세 권 모두 퍼즐을 즐기는 동안 성경 말씀에 접목하려는 생각을 하면서 응용하고 창작했던 것들입니다.

퍼즐(Puzzle)이란 숫자와 기호가 가진 논리적인 연관성을 찾아내는 일종의 암호 풀기 놀이며, 문제를 여러 각도에서 생각해 보면서 풀어 가는 놀이라고 정의할 수 있습니다. 스도쿠(Sudoku)를 접하고 그 재미를 느끼기 시작하면서 퍼즐에 관심을 갖게 되었고, 이후 멘사 퍼즐 시리즈(수리, 아이큐, 사고력, 추리력 등) 내용의 다양한 퍼즐 종류를 즐기면서 취미로 발전했습니다. 퍼즐을 남은 인생 동안 지속적으로 즐기는 취미로 해야겠다는 생각을 하다 보니 시중에서 구입할 수 있는 대부분의 퍼즐 책을 수집하여 즐기고, 분석하고, 정리하기에 이르렀습니다.

퍼즐은 취미 활동을 하면서 인지 능력을 확장할 수 있는 수리적 추론과 언어 능력, 공간 지각 능력, 집중력, 인내력 등을 자극함으로써 두뇌 트레이닝에 도움을 준다는 확신이 생겼습니다.

퍼즐과 비슷한 것이 퀴즈인데 퀴즈와 퍼즐은 사고법이 다릅니다. 퀴즈는 자기의 기지나 지식을 질문의 힌트를 통해 빠르게 해답 찾기를 요구한다면, 퍼즐은 시간에 약간의 여유가 주어져 생각하며 답을 찾는 묘미가 있습니다.

퍼즐의 종류도 무척이나 다양한데, 그동안 퍼즐을 즐기면서 재미있다고 생각되는 것들을 응용함으로써 성경(Bible)과 연계하여 문제를 낸다면 특히 기독교 신앙인들에게는 인지 능력 향상(또는 두뇌 트레이닝)에 대한 동기 부여와 함께 또다른 재미를 나눌 수 있다는 생각을 하게 되었습니다.

성경(Bible) 퍼즐의 특징은, 퍼즐 문제를 풀면서 성경의 주요한 말씀 구절이나 단어, 성경 문구 등을 읊조리게 되고 그러면서 성경이 주는 유익을 함께 누리게 된다는 것입니다.

이 성경 퍼즐은 우선은 액티브 기독 시니어들의 재미있는 인지 능력 향상 놀이책으로 활용되었으면 하고, 재미있는 여가 활동이 되며, 노년층에게는 치매를 방지하는 지적인 건강을 지키는 역할을 기대합니다.

그리고 창의력 공부로 무장된 청소년들이 즐기는 데도 더할 나위 없이 좋습니다. 또한 장기간 홀로 시간을 보내야 하는 외항선원, 재소자, 장기 출장자 같은 이들이 성경을 가까이하고 인지 능력을 유지하기에도 좋다고 생각하여 적극 추천합니다.

이 책이 출판되기까지 수고해 주신 모든 분들께 감사드리며 이 모든 영광이 온전히 우리 주님께 돌려지길 소망합니다.

2025년 11월 4일

박선호

인기 있는 5가지 퍼즐과 성경의 콜라보

퍼즐이란 다양한 인지적이고 정서적인 유익을 제공하는 모든 지적 놀이를 통칭하는 말이며 그 종류도 무궁무진합니다. 수많은 퍼즐 종류 중에서도 대중에게 가장 인기 있는 퍼즐을 손으로 꼽는다면 다음과 같은 것들을 들 수 있습니다.

- 직소 퍼즐(Jigsaw Puzzle)
- 미로 찾기(Maze)
- 스도쿠(Sudoku)
- 네모 로직(Logic Art)
- 단어·문구 찾기(Word Search)

위에 언급한 퍼즐들은 나름대로 각각의 퍼즐을 즐기는 마니아들이 많습니다.

이 책에서는 이 퍼즐들이 갖고 있는 독특한 재미와 두뇌에 주는 긍정적인 자극을 함께 누릴 수 있도록 하면서도 내용은 성경적인 방법으로 변환시켰습니다.

성경 퍼즐을 즐기면서 성경말씀을 묵상하고, 퍼즐이 주는 다음과 같은 유익을 함께 누리시기 바랍니다.

1. 논리적 사고력과 문제 해결 능력
2. 기억력, 집중력, 인내력 증진
3. 창의적 자극
4. 스트레스 해소와 정서적 안정
5. 치매 예방과 두뇌 트레이닝
6. 공간적 사고력과 인지 기능의 발달

목차 Contents

추천의 글 | 4

- 미암교회 원로목사 정우
- 미암교회 담임목사 김철웅
- 재활의학과 전문의 이선명
- 한국경제인협회 중소기업 경영자문단 고문, 원일교회 원로장로 이원순
- 한국창의사고력협회 회장 박흥철

성경 퍼즐을 발행하면서 | 8

인기 있는 5가지 퍼즐과 성경의 콜라보 | 10

제1부 직소 퍼즐 Jigsaw Puzzle

다단계 | 17
카드 조합 | 22
분산된 성경 구절 | 29
대나무 | 38
장기판 체스 | 43
중간 끼워넣기 | 49
테트라 | 52
분쇄된 자료 | 54
화물차 | 60
성경 문구 완성하기 | 63

제2부 미로 Maze

같은 단어 모두 연결 | 71
S에서 출발하여 F까지 도달하기 | 76
화성 수로 | 81

벌집 미로 | 86
동일 문구 n번 연결하여 도착하기 | 94
대각선 Drop | 98
Either way | 101
King's road | 106
꼬리에 꼬리를 무는 | 114
천로역정 | 138
성지순례 | 147

제3부
스도쿠
Sudoku

Classic 스도쿠 (성령의 9가지 열매) | 154
Jigsaw 스도쿠 (성령의 9가지 열매) | 177

제4부
네모 로직
Logic
Art

성경 구절 찾기 | 204
숫자로부터 암호 풀기 | 214
분해된 자음과 모음 | 224
성경 문구 넣기 | 232
단어 찾기 | 239

제5부
단어·문구
찾기
Word
Search

ㄱ, ㄴ, ㄷ 형태 | 253
직선 형태 | 267
한글 영어 Mix | 270
초성 - 숫자 | 271
찬송가 가사 | 272
직각 보행 | 286

제 1 부

직소 퍼즐
Jigsaw Puzzle

직소 퍼즐과 성경말씀의 콜라보

직소(JIGSAW) 퍼즐은 여러 개의 작고 독특한 모양의 조각들을 맞추어 전체 그림이나 이미지를 완성하는 퍼즐입니다. 각 조각은 그림의 일부를 나타내며, 서로 연결 가능한 형태로 제작되어 있습니다.

직소 퍼즐과 성경말씀을 콜라보할 수 있는 아이디어는 무궁무진합니다. 성경말씀을 여러 개의 모양으로 쪼개어 놓고, 순서를 맞추는 방법으로 문제를 제출하였습니다. 1947년에 쿰란 사본(사해 사본)을 발견한 역사학자가 사본의 앞뒤를 맞추어 보고 연결하는 마음으로 문제를 풀어 보면 더 재미가 있습니다. 하나님의 말씀을 탐구하는 심정으로 집중력과 공간 능력 그리고 성경 문구를 완성하는 성취감을 느낄 수 있습니다.

다단계

아래쪽에 있는 각각의 퍼즐 조각들은 위의 퍼즐의 일부입니다. 이 조각들을 위쪽의 연결된 격자에 올바른 위치에 맞추면, 조각들이 정확히 들어맞아 하나의 문구가 완성됩니다. 조각들의 방향을 바꾸거나 돌리지 말고 있는 상태 그대로 적용해야 합니다. 명암으로 표시된 것이 조각을 올바른 위치에 놓는데 도움이 될 것입니다.

문제1

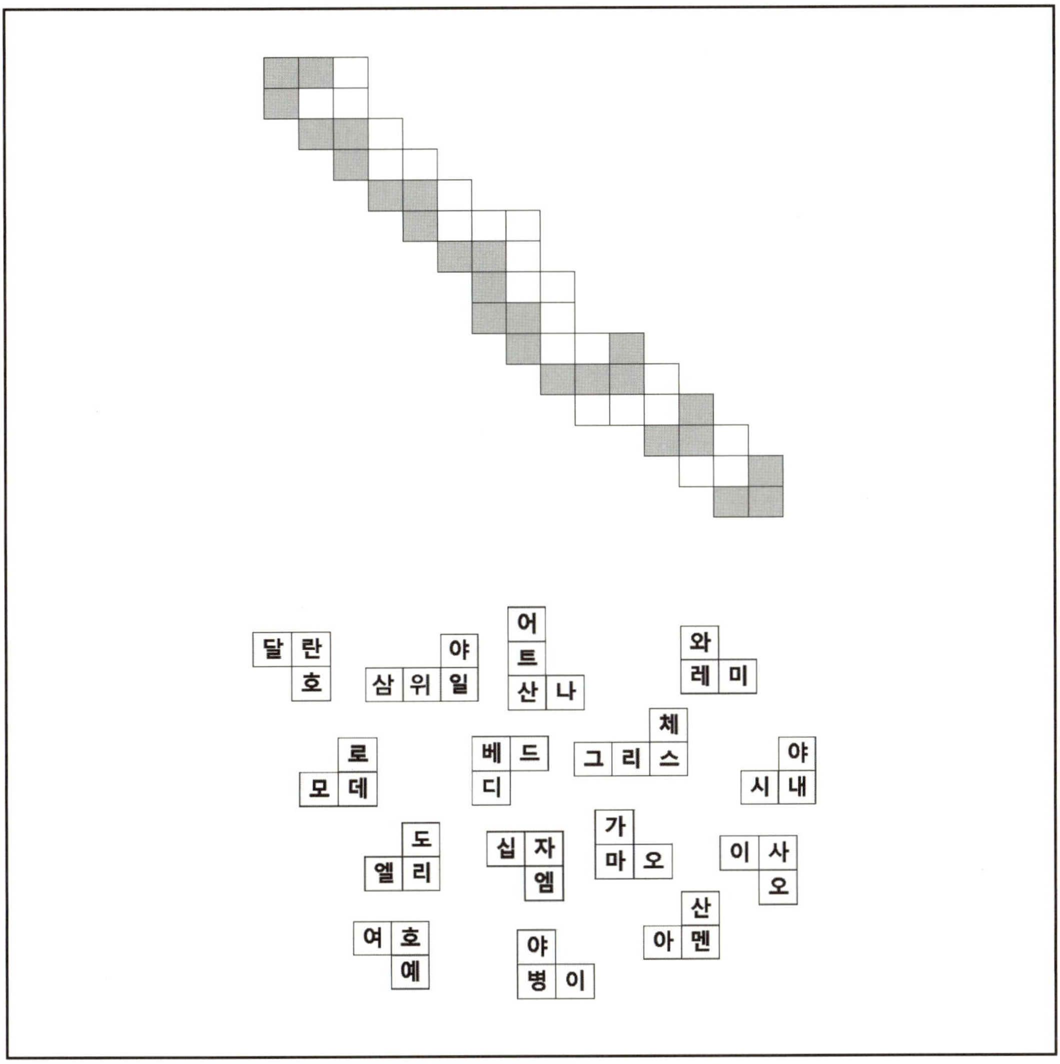

다단계

아래쪽에 있는 각각의 퍼즐 조각들은 위의 퍼즐의 일부입니다. 이 조각들을 위쪽의 연결된 격자에 올바른 위치에 맞추면, 조각들이 정확히 들어맞아 하나의 문구가 완성됩니다. 조각들의 방향을 바꾸거나 돌리지 말고 있는 상태 그대로 적용해야 합니다. 명암으로 표시된 것이 조각을 올바른 위치에 놓는데 도움이 될 것입니다.

문제2

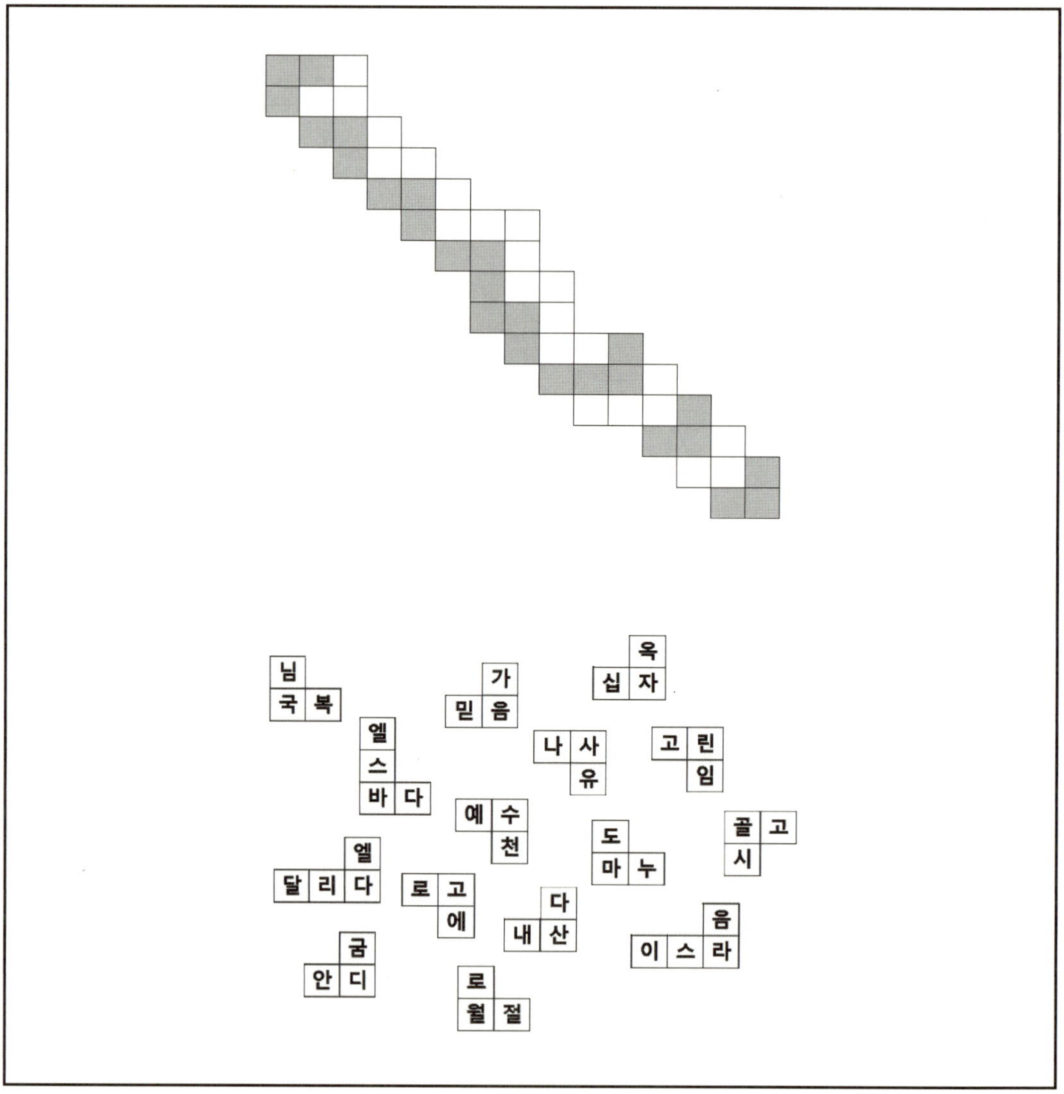

다단계

아래쪽에 있는 각각의 퍼즐 조각들은 위의 퍼즐의 일부입니다. 이 조각들을 위쪽의 연결된 격자에 올바른 위치에 맞추면, 조각들이 정확히 들어맞아 하나의 문구가 완성됩니다. 조각들의 방향을 바꾸거나 돌리지 말고 있는 상태 그대로 적용해야 합니다. 명암으로 표시된 것이 조각을 올바른 위치에 놓는데 도움이 될 것입니다.

문제3

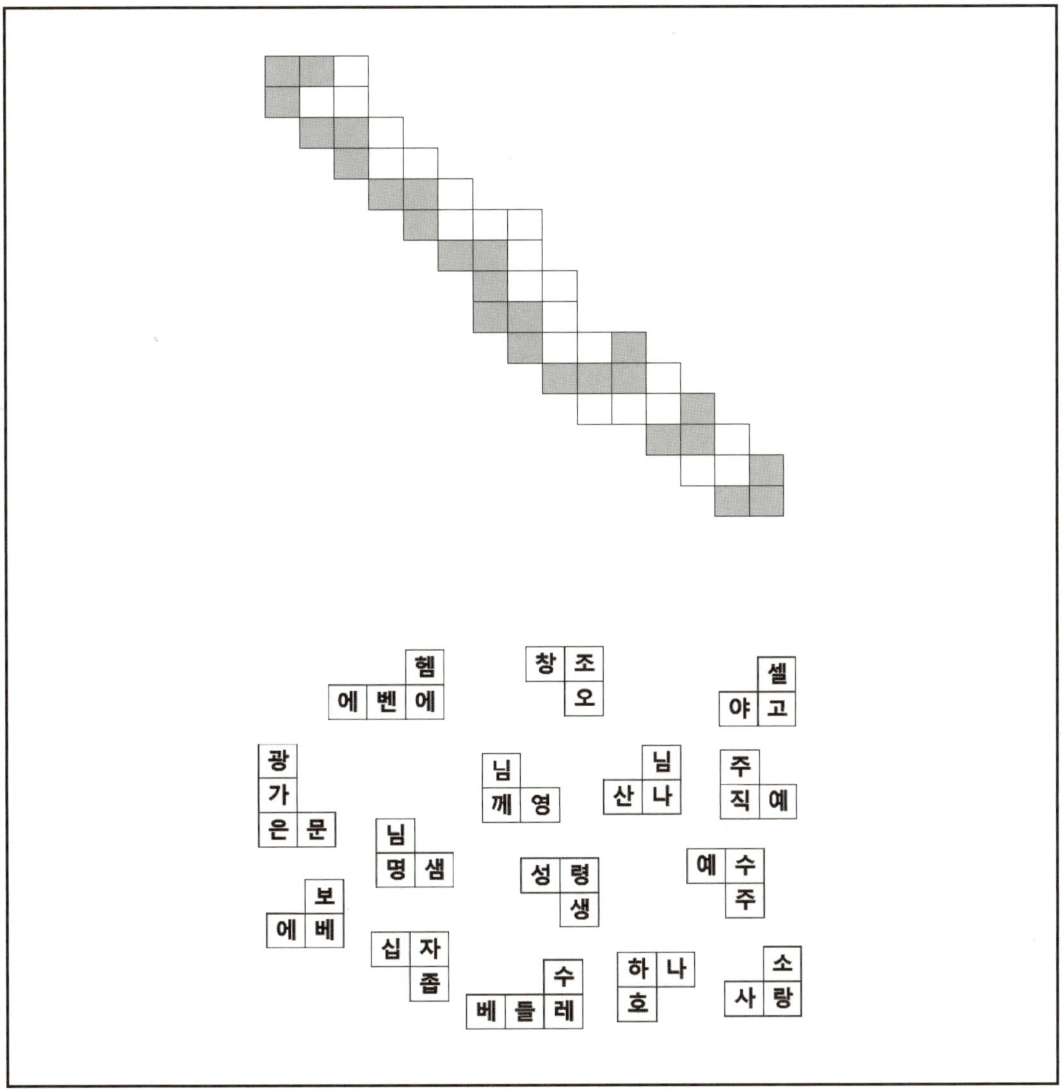

다단계

아래쪽에 있는 각각의 퍼즐 조각들은 위의 퍼즐의 일부입니다. 이 조각들을 위쪽의 연결된 격자에 올바른 위치에 맞추면, 조각들이 정확히 들어맞아 하나의 문구가 완성됩니다. 조각들의 방향을 바꾸거나 돌리지 말고 있는 상태 그대로 적용해야 합니다. 명암으로 표시된 것이 조각을 올바른 위치에 놓는데 도움이 될 것입니다.

문제4

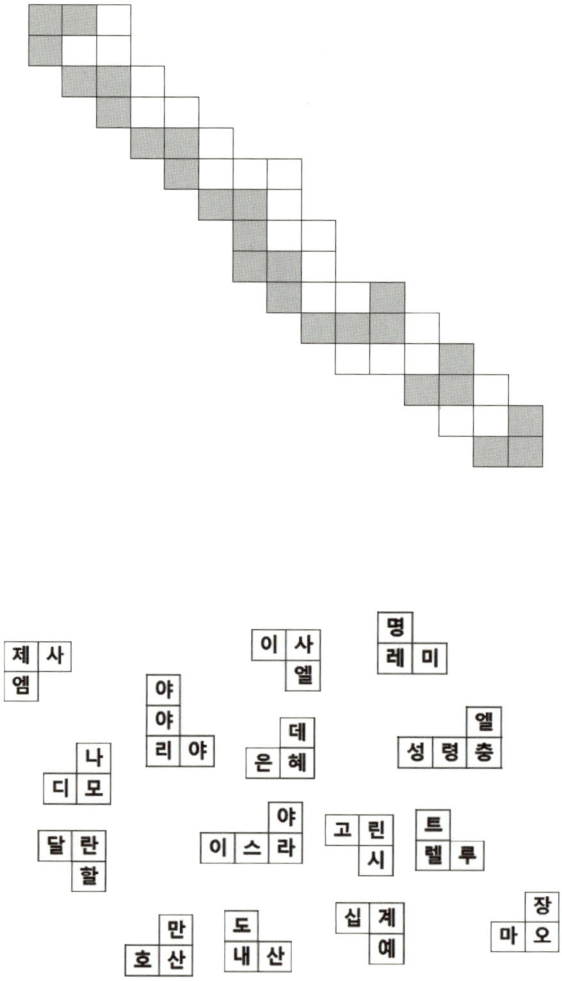

정답

문제1

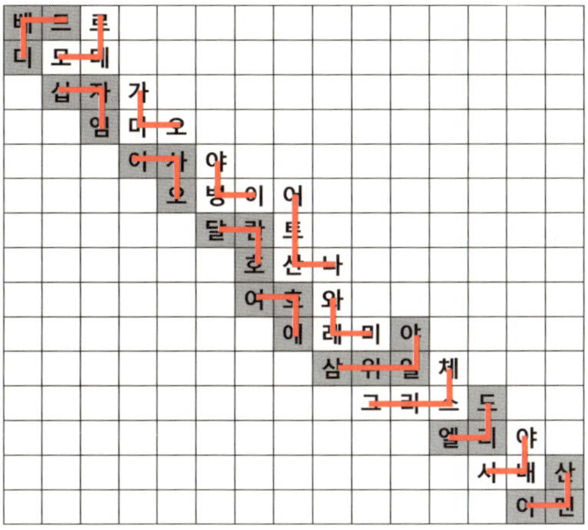

문제2

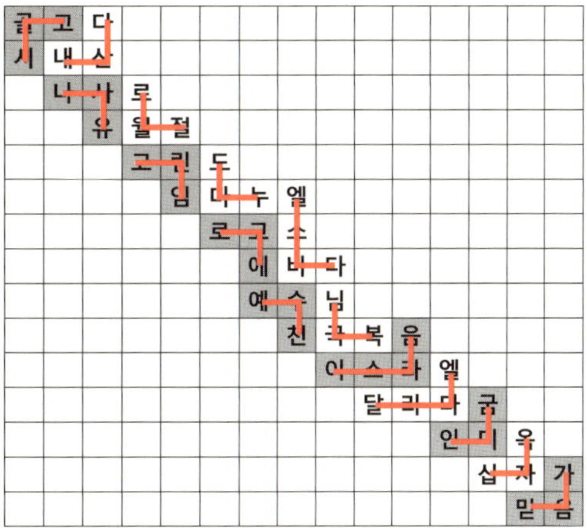

문제3

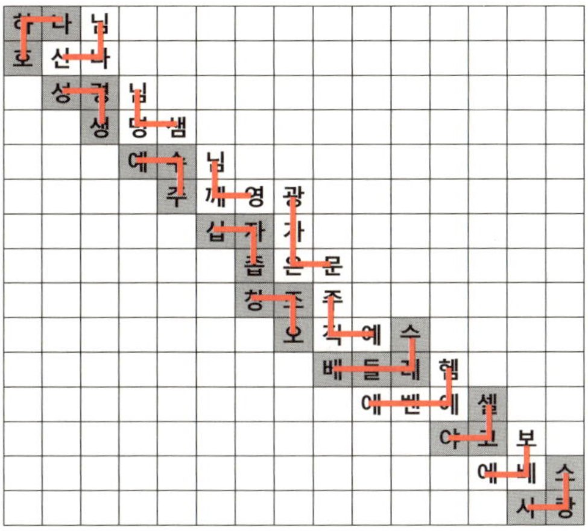

문제4

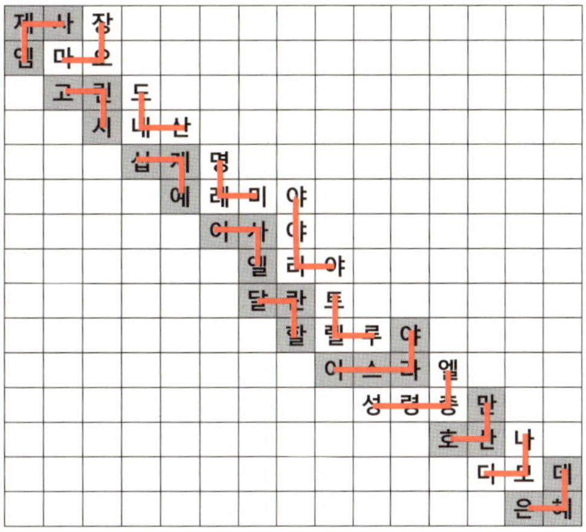

카드 조합

9장의 카드 중에 3개의 카드를 선택하여 겹쳐 놓았을 때 성령의 9가지 열매가 격자판에서 중복됨 없이 한 개씩 모두 들어가도록 카드 3개를 선택해 보세요.

문제1

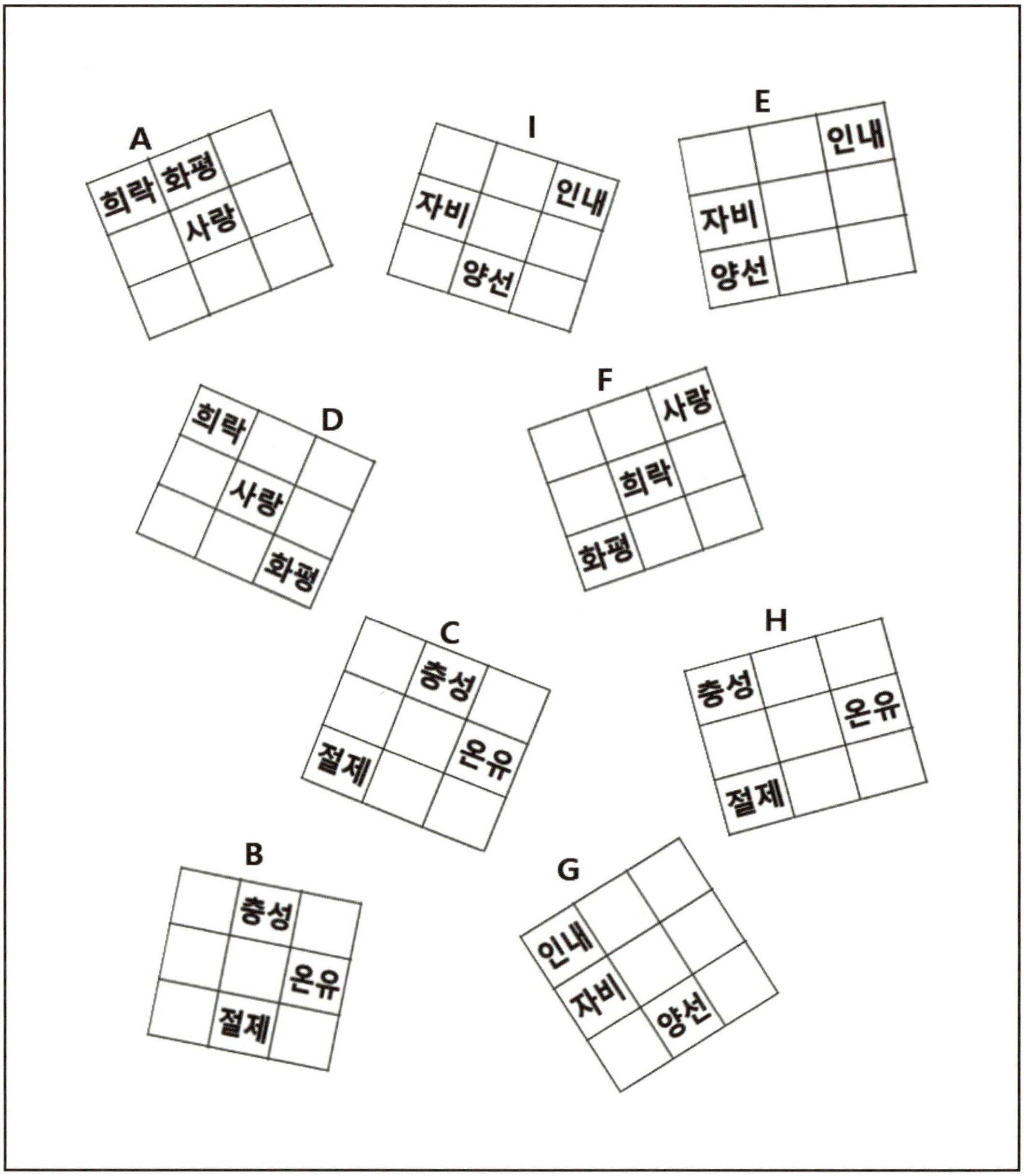

카드 조합

9장의 카드 중에 3개의 카드를 선택하여 겹쳐 놓았을 때 성령의 9가지 열매가 격자판에서 중복됨 없이 한 개씩 모두 들어가도록 카드 3개를 선택해 보세요.

문제2

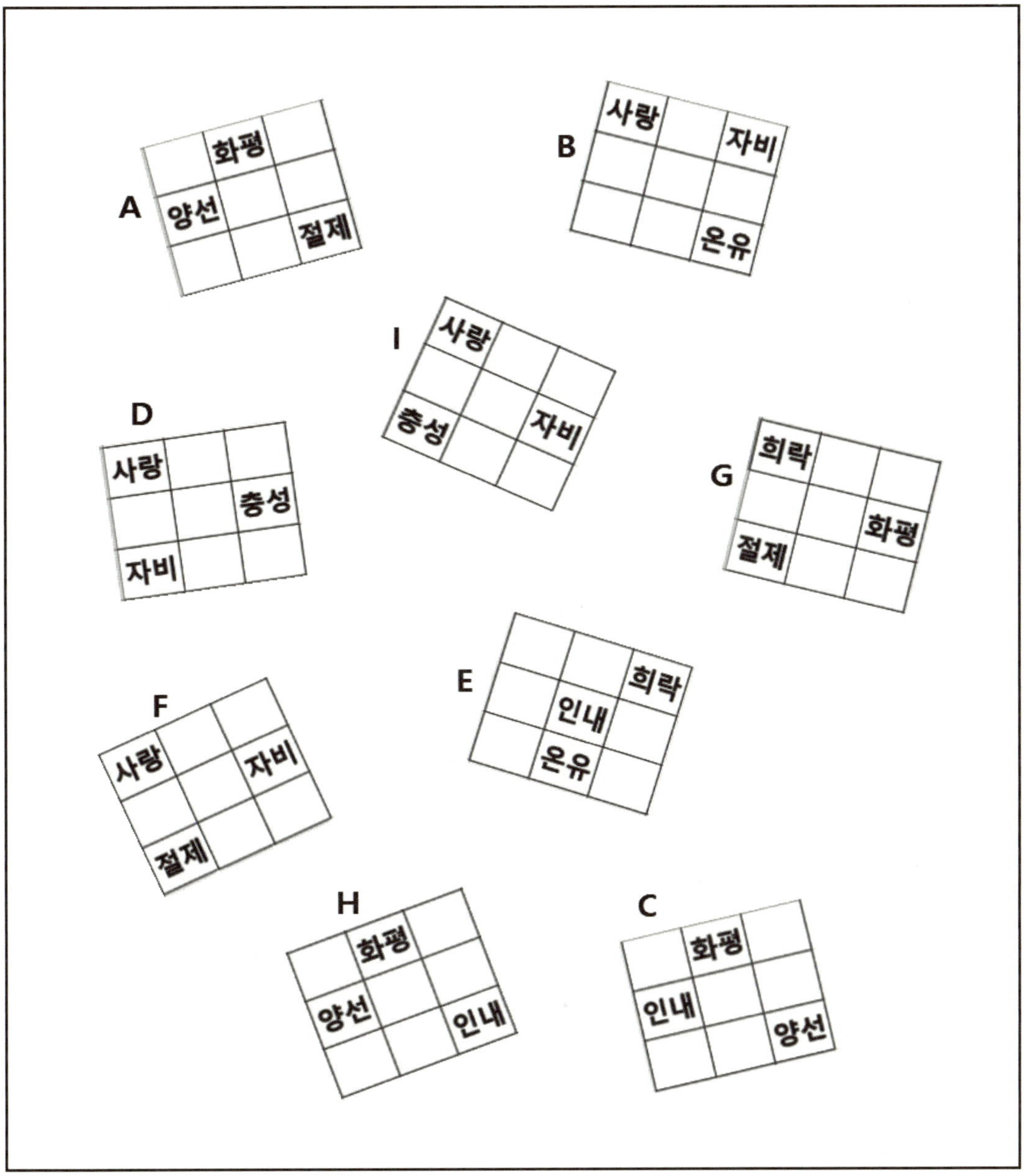

카드 조합

9장의 카드 중에 3개의 카드를 선택하여 겹쳐 놓았을 때 성령의 9가지 열매가 격자판에서 중복됨 없이 한 개씩 모두 들어가도록 카드 3개를 선택해 보세요.

문제3

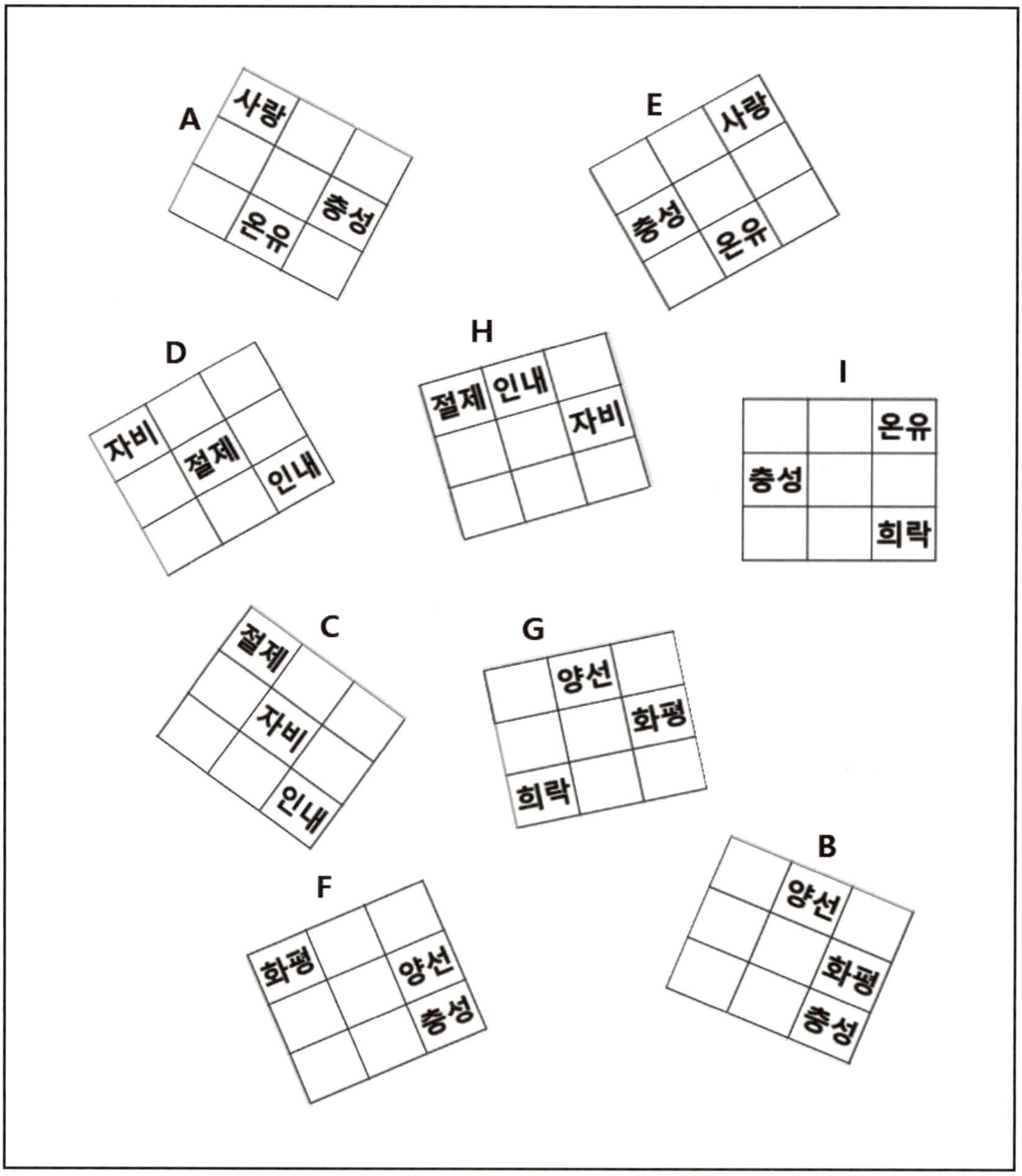

카드 조합

9장의 카드 중에 3개의 카드를 선택하여 겹쳐 놓았을 때 성령의 9가지 열매가 격자판에서 중복됨 없이 한 개씩 모두 들어가도록 카드 3개를 선택해 보세요.

문제4

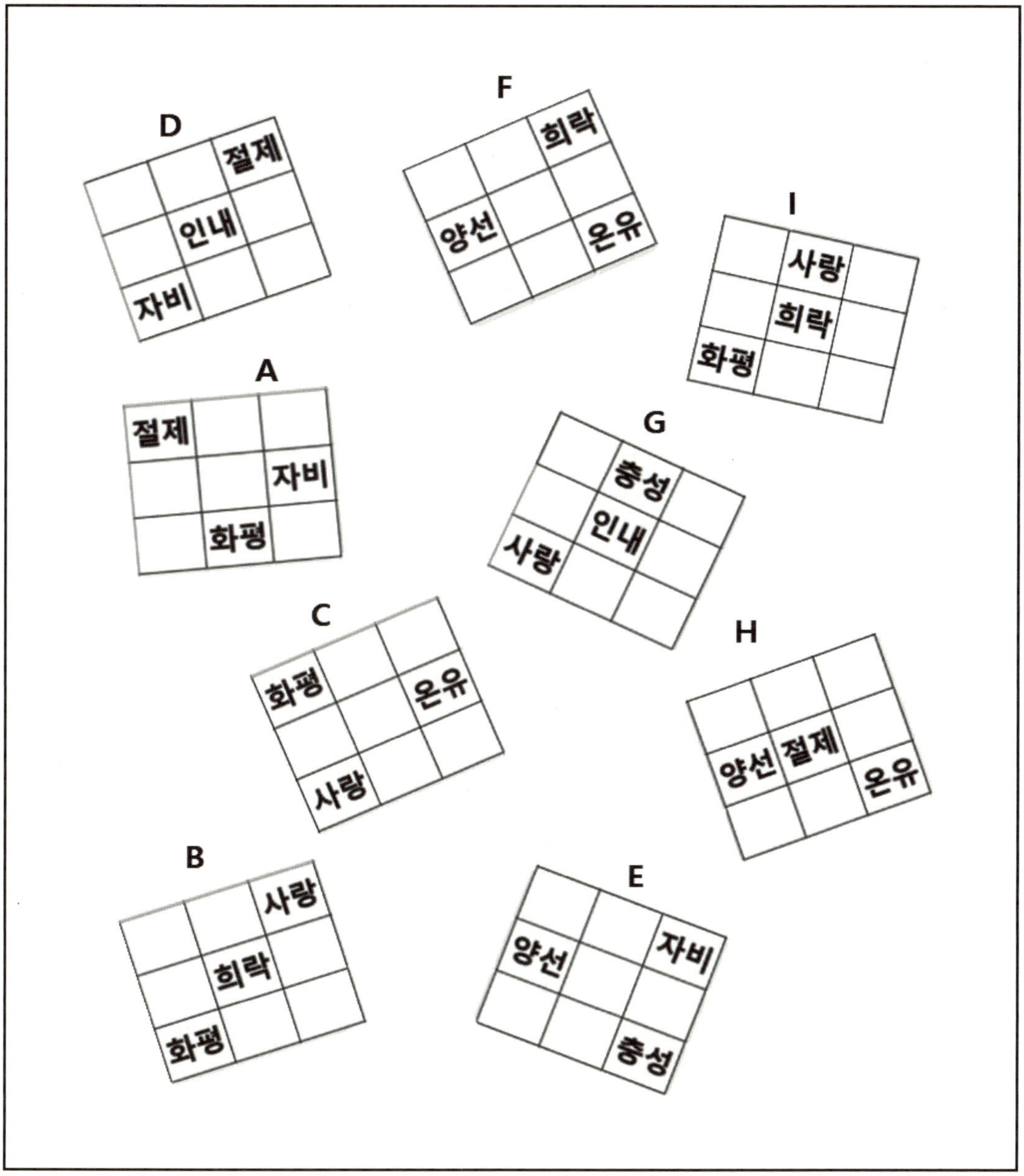

카드 조합

9장의 카드 중에 3개의 카드를 선택하여 겹쳐 놓았을 때 성령의 9가지 열매가 격자판에서 중복됨 없이 한 개씩 모두 들어가도록 카드 3개를 선택해 보세요.

문제5

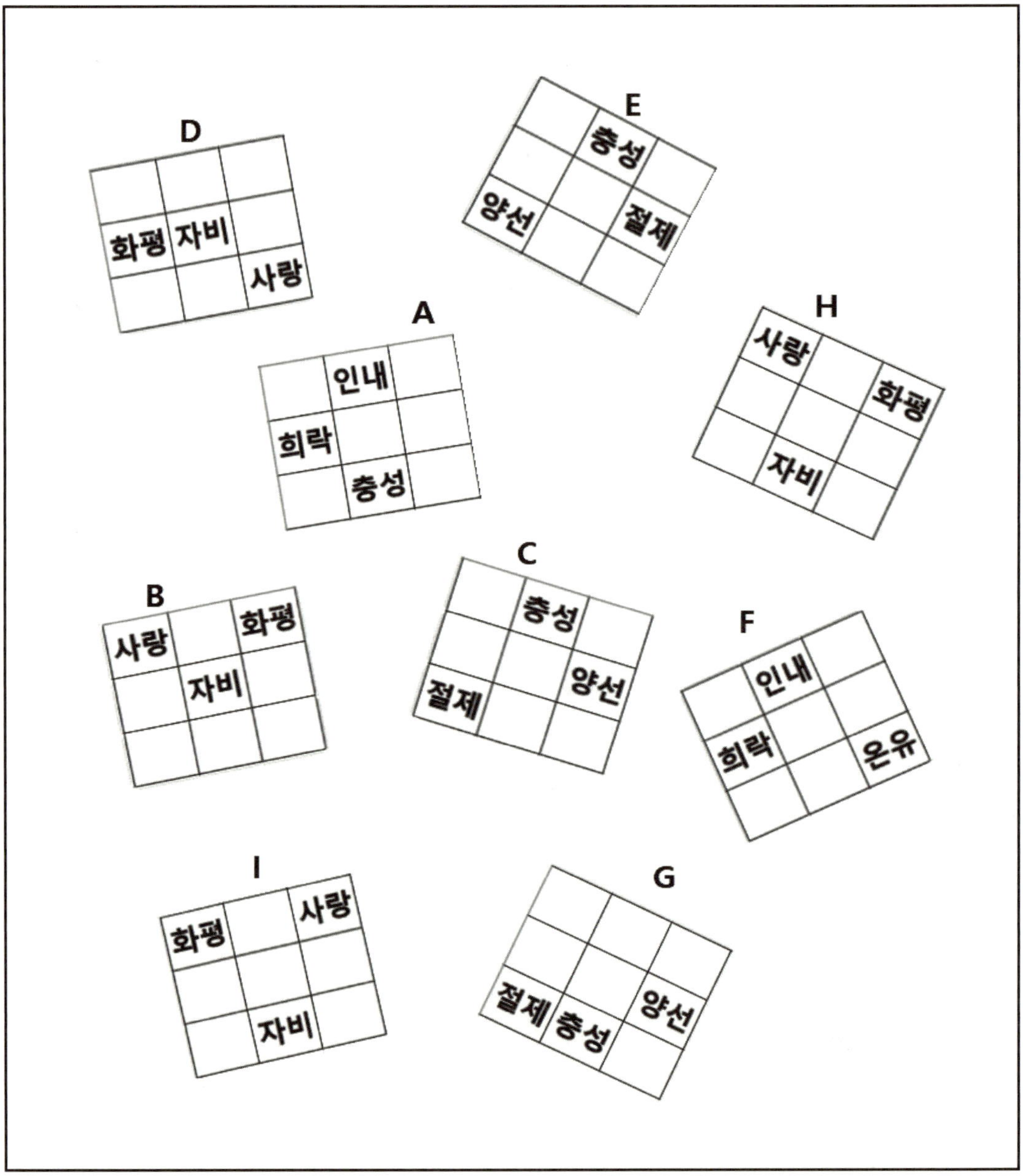

카드 조합

9장의 카드 중에 3개의 카드를 선택하여 겹쳐 놓았을 때 성령의 9가지 열매가 격자판에서 중복됨 없이 한 개씩 모두 들어가도록 카드 3개를 선택해 보세요.

문제6

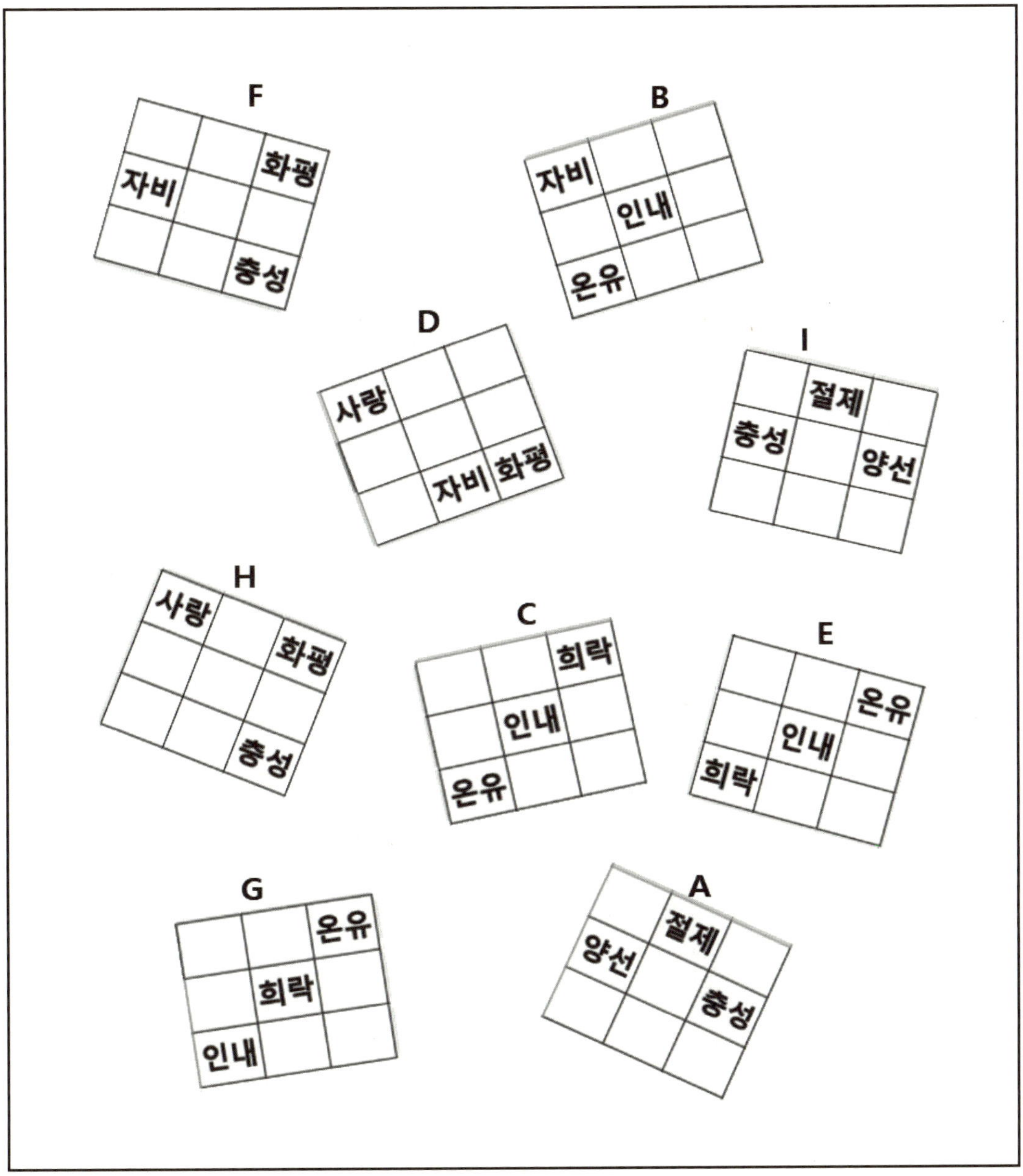

정답

문제1
정답: E, D, B

문제2
정답: A, E, I

문제3
정답: C, E, G

문제4
정답: A, F, G

문제5
정답: B, F, G

문제6
정답: C, D, I

분산된 성경 구절

아래와 같이 분산되어 있는 각각의 성경 구절을 원래대로 정리하여 필사해 보세요.

문제1

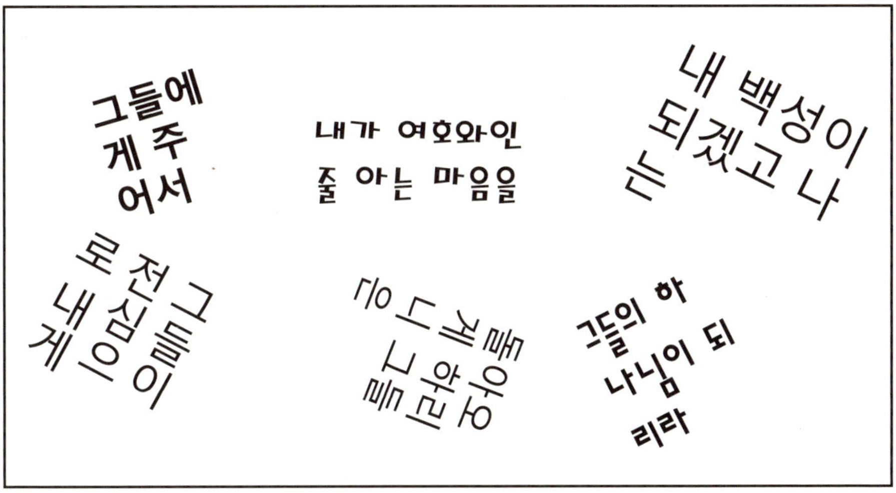

문제2

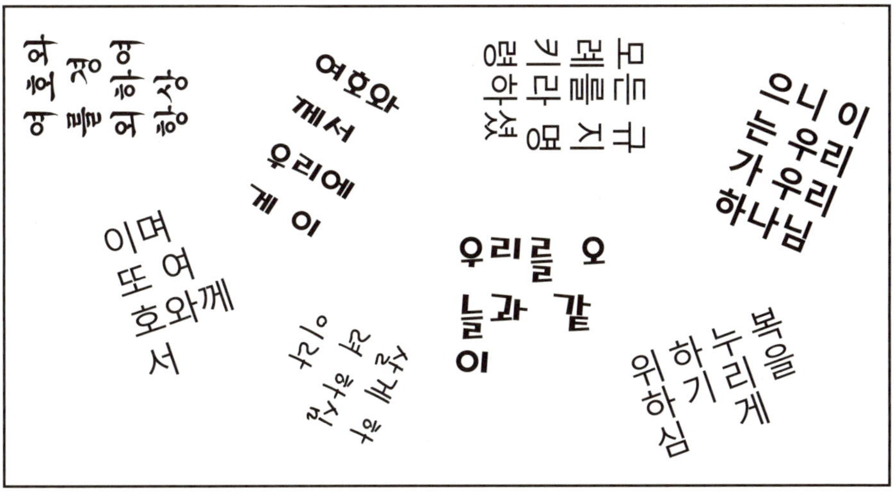

분산된 성경 구절

아래와 같이 분산되어 있는 각각의 성경 구절을 원래대로 정리하여 필사해 보세요.

문제3

대하여
단번에
죽으심이
요

그가
살아 계심은
하나님께

죽은 자
요 그리
스도 예
수 안에
서

있는 자
로 여길
지어다

이와 같
이 너희도
너희

그가 죽
으심은
죄에

자신을
죄에 대
하여는

대하여
살아 계
심이니

하나님
께 대하
여는 살
아

문제4

성령이 너
희 안에 계
시는

거룩하
니 너희
도 그러
하니라

누구든
지 하나
님의 성
전을

더럽히
면 하
나님이
그 사
람을

멸하시리
라 하나님
의 성전은

것을 알
지 못하
느냐

성전인
것과 하
나님의

너희는
너희가
하나님
의

분산된 성경 구절

아래와 같이 분산되어 있는 각각의 성경 구절을 원래대로 정리하여 필사해 보세요.

문제5

함께 있
는 그것
이라 그
런즉

선악간
에 그 몸
으로 행
한 것을

다 반드
시 그리스
도의 심
판대

따라 받
으려 함
이라

우리가
담대하
여 원하
는 바는

주를 기쁘
시게 하
는 자가

앞에
나타나
게 되
어 각
각

차라리
몸을
떠나
주와

되기를 힘쓰
노라 이는
우리가

우리는 몸으
로 있든지
떠나든지

____

____

문제6

하늘에
간직하신
것이라

있게 하시
며 썩지
않고 더럽
지

않고 쇠
하지 아
니하는
유업을

하심으
로 말
미암아
우리를

거듭나
게 하
사 산
소망이

많으신 긍
휼대로 예
수 그리스
도를

우리 주
예수 그리
스도의 아
버지

죽은 자 가
운데서 부활
하게

하나님
을 찬
송하리
로다
그의

있게 하시
나니 곧
너희를 위
하여

____

____

분산된 성경 구절

아래와 같이 분산되어 있는 각각의 성경 구절을 원래대로 정리하여 필사해 보세요.

문제7

없게 하
시고 너
희로 그
영광

권세가 영원
전부터 이제
와

하나님께
우리 주 예
수 그리스
도로

능히 너
희를 보
호하사
거침이

영원토
록 있을지
어다 아
멘

말미암아
영광과 위
엄과 권력
과

하실 이 곧
우리 구주
홀로 하나
이신

앞에 흠이
없이 기쁨
으로 서게

문제8

서로 용서
하기를 하
나님이 그
리스도

분냄과
떠드는
것과 비
방하는
것을

친절하
게 하며
불쌍히
여기며

모든 악
의와 함
께 버리
고 서로

안에서
너희를
용서하
심과
같이
하라

너희는
모든
악독과
노함과

분산된 성경 구절

아래와 같이 분산되어 있는 각각의 성경 구절을 원래대로 정리하여 필사해 보세요.

문제9

하나님이 우
리를 사랑하
시는

사랑이시
라 사랑
안에 거
하는

자는 하나
님 안에 거
하고 하나
님도

우리도
이 세상
에서 그
러하니라

사랑을 우
리가 알고
믿었노니
하나님은

심판 날
에 담대
함을 가
지게 하
려

그의 안에
거하시느
니라 이로
써

함이니 주
께서 그러
하심과 같
이

사랑이 우
리에게 온
전히 이루
어진 것은
우리로

문제10

예정을 입
어 그 안
에서 기업
이

찬송이 되게
하려 하심이
라

안에서 전
부터 바라
그의 영
광의

일하시는 이의
계획을 따라 우
리가

모든 일
을 그의
뜻의 결
정대로

되었으
니 이는
우리가
그리스
도

분산된 성경 구절

아래와 같이 분산되어 있는 각각의 성경 구절을 원래대로 정리하여 필사해 보세요.

문제11

너희에게 명령하신 모든
너희에게 있을 것이며
너희가 살 것이요 복이
너희가 차지한 땅에서
너희의 하나님 여호와께서
너희의 날이 길리라
도를 행하라 그리하면

____

____

문제12

이 모든 규례를 지키라 명령
살게 하려 하심이라
우리를 오늘과 같이
위하심이며 또 여호와께서
여호와께서 우리에게
항상 복을 누리게 하기
하나님 여호와를 경외하여
하셨으니 이는 우리가 우리

____

____

분산된 성경 구절

아래와 같이 분산되어 있는 각각의 성경 구절을 원래대로 정리하여 필사해 보세요.

문제13

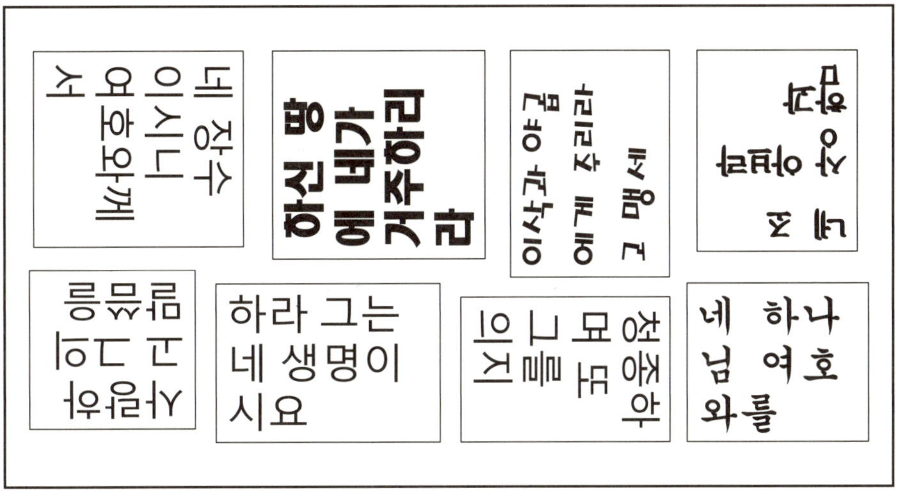

문제14

정답

문제1

내가 여호와인 줄 아는 마음을 그들에게 주어서 그들이 전심으로 내게 돌아오게 하리니 그들은 내 백성이 되겠고 나는 그들의 하나님이 되리라(예레미야 24:7)

문제2

여호와께서 우리에게 이 모든 규례를 지키라 명령하셨으니 이는 우리가 우리 하나님 여호와를 경외하여 항상 복을 누리게 하기 위하심이며 또 여호와께서 우리를 오늘과 같이 살게 하려 하심이라(신명기 6:24)

문제3

그가 죽으심은 죄에 대하여 단번에 죽으심이요 그가 살아 계심은 하나님께 대하여 살아 계심이니 이와 같이 너희도 너희 자신을 죄에 대하여는 죽은 자요 그리스도 예수 안에서 하나님께 대하여는 살아 있는 자로 여길지어다(로마서 6:10, 11)

문제4

너희는 너희가 하나님의 성전인 것과 하나님의 성령이 너희 안에 계시는 것을 알지 못하느냐 누구든지 하나님의 성전을 더럽히면 하나님이 그 사람을 멸하시리라 하나님의 성전은 거룩하니 너희도 그러하니라(고린도전서 3:16, 17)

문제5

우리가 담대하여 원하는 바는 차라리 몸을 떠나 주와 함께 있는 그것이라 그런즉 우리는 몸으로 있든지 떠나든지 주를 기쁘시게 하는 자가 되기를 힘쓰노라 이는 우리가 다 반드시 그리스도의 심판대 앞에 나타나게 되어 각각 선악간에 그 몸으로 행한 것을 따라 받으려 함이라(고린도후서 5:8~10)

문제6

우리 주 예수 그리스도의 아버지 하나님을 찬송하리로다 그의 많으신 긍휼대로 예수 그리스도를 죽은 자 가운데서 부활하게 하심으로 말미암아 우리를 거듭나게 하사 산 소망이 있게 하시며 썩지 않고 더럽지 않고 쇠하지 아니하는 유업을 잇게 하시나니 곧 너희를 위하여 하늘에 간직하신 것이라(베드로전서 1:3, 4)

문제7

능히 너희를 보호하사 거침이 없게 하시고 너희로 그 영광 앞에 흠이 없이 기쁨으로 서게 하실 이 곧 우리 구주 홀로 하나이신 하나님께 우리 주 예수 그리스도로 말미암아 영광과 위엄과 권력과 권세가 영원 전부터 이제와 영원토록 있을지어다 아멘(유다서 1:24, 25)

문제8
너희는 모든 악독과 노함과 분냄과 떠드는 것과 비방하는 것을 모든 악의와 함께 버리고 서로 친절하게 하며 불쌍히 여기며 서로 용서하기를 하나님이 그리스도 안에서 너희를 용서하심과 같이 하라(에베소서 4:31, 32)

문제9
하나님이 우리를 사랑하시는 사랑을 우리가 알고 믿었노니 하나님은 사랑이시라 사랑 안에 거하는 자는 하나님 안에 거하고 하나님도 그의 안에 거하시느니라 이로써 사랑이 우리에게 온전히 이루어진 것은 우리로 심판 날에 담대함을 가지게 하려 함이니 주께서 그러하심과 같이 우리도 이 세상에서 그러하니라(요한1서 4:16, 17)

문제10
모든 일을 그의 뜻의 결정대로 일하시는 이의 계획을 따라 우리가 예정을 입어 그 안에서 기업이 되었으니 이는 우리가 그리스도 안에서 전부터 바라던 그의 영광의 찬송이 되게 하려 하심이라(에베소서 1:11, 12)

문제11
너희 하나님 여호와께서 너희에게 명령하신 모든 도를 행하라 그리하면 너희가 살 것이요 복이 너희에게 있을 것이며 너희가 차지한 땅에서 너희의 날이 길리라(신명기 5:33)

문제12
여호와께서 우리에게 이 모든 규례를 지키라 명령하셨으니 이는 우리가 우리 하나님 여호와를 경외하여 항상 복을 누리게 하기 위하심이며 또 여호와께서 우리를 오늘과 같이 살게 하려 하심이라(신명기 6:24)

문제13
네 하나님 여호와를 사랑하고 그의 말씀을 청종하며 또 그를 의지하라 그는 네 생명이시요 네 장수이시니 여호와께서 네 조상 아브라함과 이삭과 야곱에게 주리라고 맹세하신 땅에 네가 거주하리라(신명기 30:20)

문제14
무릇 여호와를 의지하며 여호와를 의뢰하는 그 사람은 복을 받을 것이라 그는 물가에 심어진 나무가 그 뿌리를 강변에 뻗치고 더위가 올지라도 두려워하지 아니하며 그 잎이 청청하며 가무는 해에도 걱정이 없고 결실이 그치지 아니함 같으리라(예레미야 17:7, 8)

대나무

8x9 사이즈의 퍼즐판 위에 가로쓰기(띄어쓰기 포함)로 되어 있는 성경 구절을 세로로 잘라서 무작위로 흩어 놓았습니다. 바르게 나열하고 어떤 성경 구절인지 필사해 보세요.

문제1

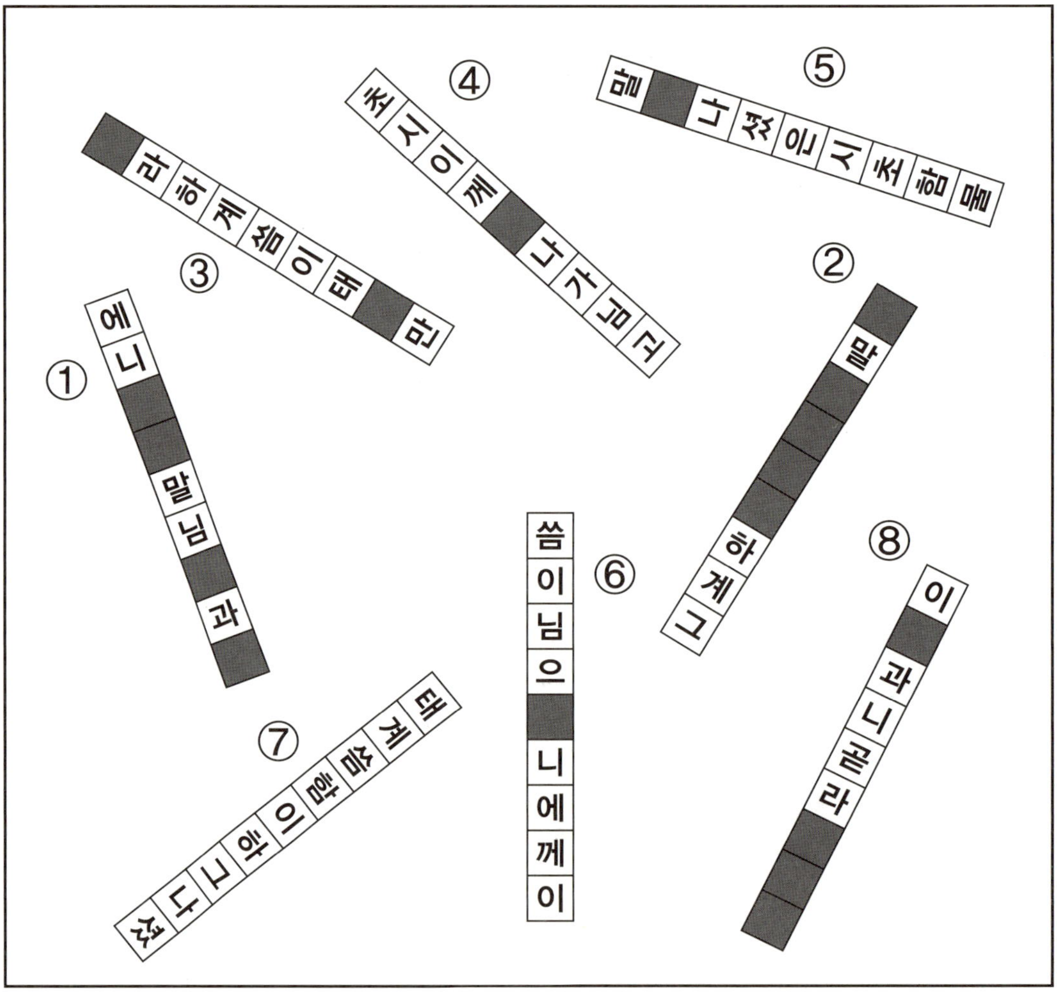

대나무

8x9 사이즈의 퍼즐판 위에 가로쓰기(띄어쓰기 포함)로 되어 있는 성경 구절을 세로로 잘라서 무작위로 흩어 놓았습니다. 바르게 나열하고 어떤 성경 구절인지 필사해 보세요.

문제2

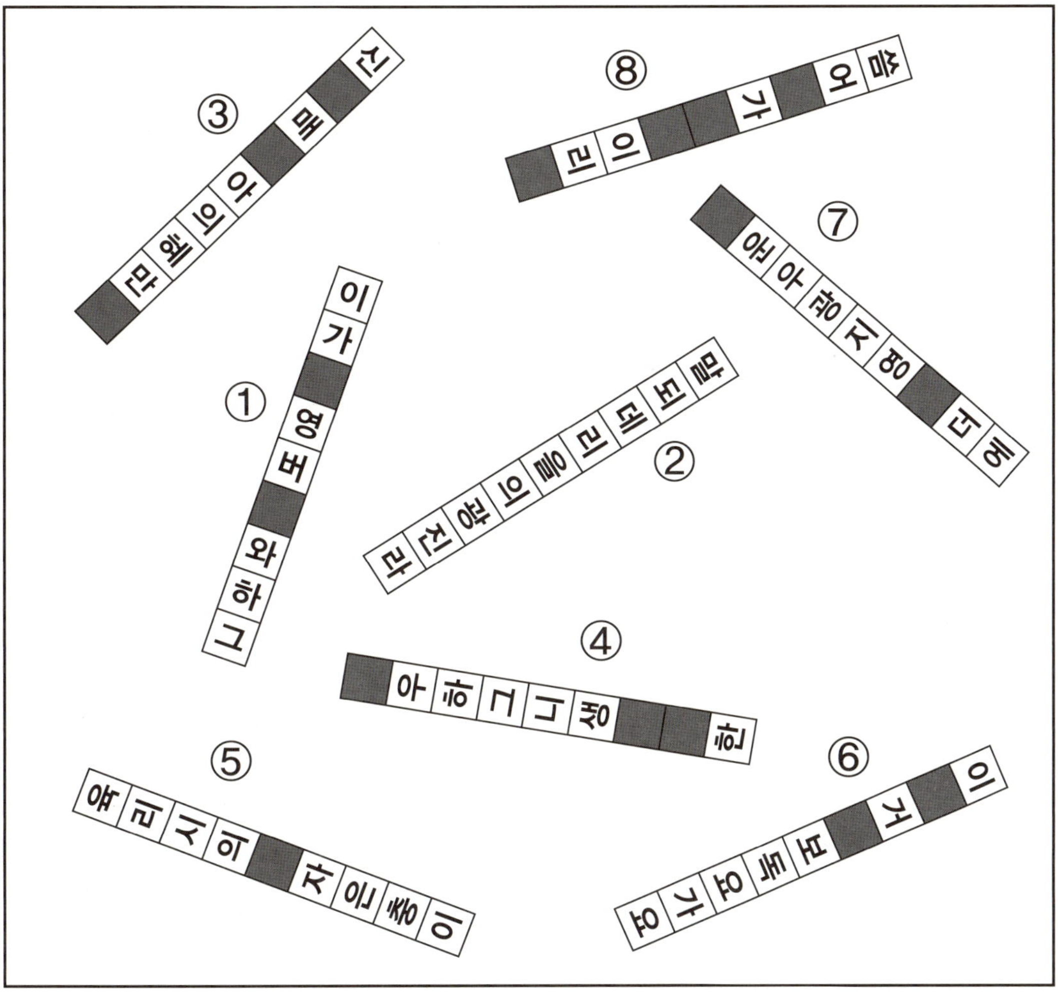

대나무

8x9 사이즈의 퍼즐판 위에 가로쓰기(띄어쓰기 포함)로 되어 있는 성경 구절을 세로로 잘라서 무작위로 흩어 놓았습니다. 바르게 나열하고 어떤 성경 구절인지 필사해 보세요.

문제3

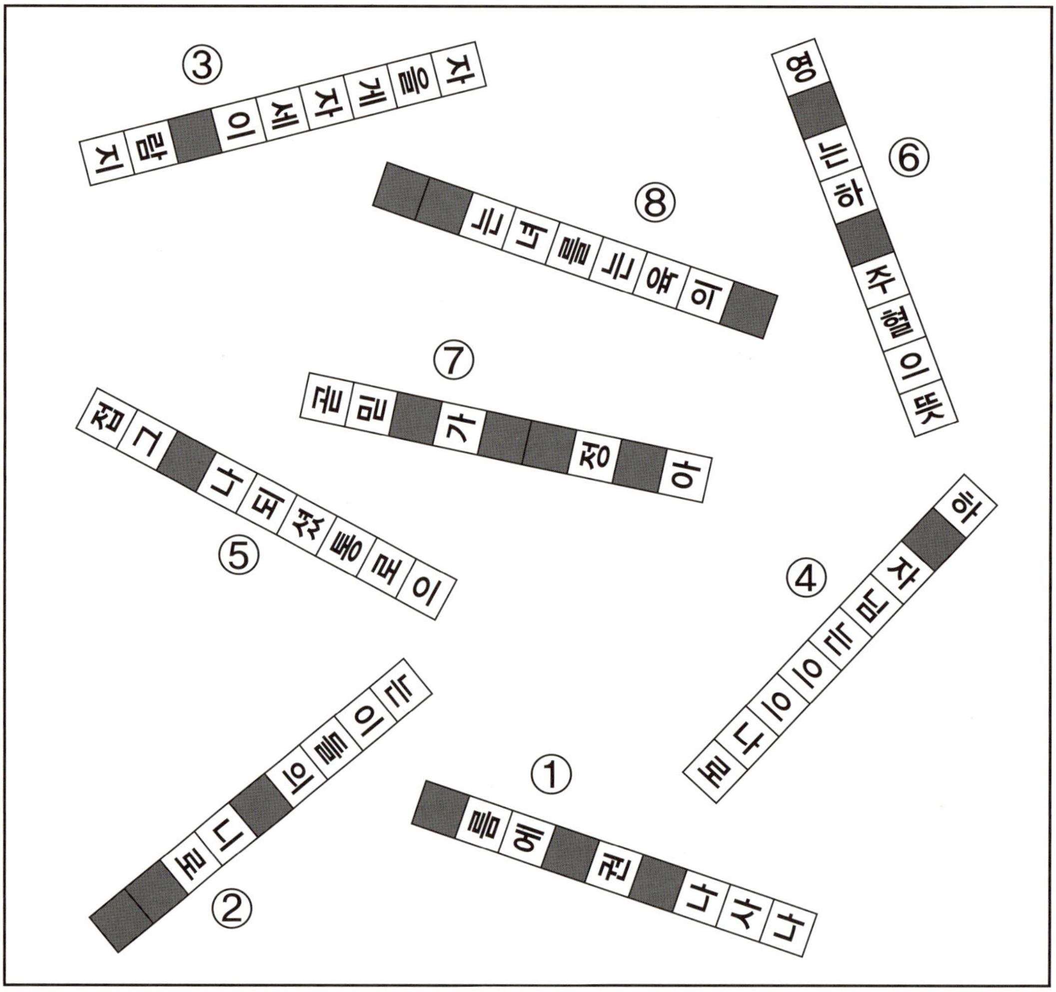

대나무

8x9 사이즈의 퍼즐판 위에 가로쓰기(띄어쓰기 포함)로 되어 있는 성경 구절을 세로로 잘라서 무작위로 흩어 놓았습니다. 바르게 나열하고 어떤 성경 구절인지 필사해 보세요.

문제4

정답

문제1

태초에 말씀이 계시니라 이 말씀이 하나님과 함께 계셨으니 이 말씀은 곧 하나님이시니라 그가 태초에 하나님과 함께 계셨고 만물이 그로 말미암아 지은 바 되었으니 지은 것이 하나도 그가 없이는 된 것이 없느니라

(요한복음 1:1~3 중에서)

⑦	④	①	③	⑤	⑥	⑧	②
태	초	에		말	씀	이	
계	시	니	라		이		말
씀	이		하	나	님	과	
함	께		계	셨	으	니	
이		말	씀	은		곧	
하	나	님	이	시	니	라	
그	가		태	초	에		하
나	님	과		함	께		계
셨	고		만	물	이		그

문제2

말씀이 육신이 되어 우리 가운데 거하시매 우리가 그의 영광을 보니 아버지의 독생자의 영광이요 은혜와 진리가 충만 하더라 요한이 그에 대하여 증언하여 외쳐 이르되

(요한복음 1:14~15 중에서)

②	⑧	⑥	④	⑤	③	①	⑦
말	씀	이		육	신	이	
되	어		우	리		가	운
데		거	하	시	매		우
리	가		그	의		영	광
을		보	니		아	버	지
의		독	생	자	의		영
광	이	요		은	혜	와	
진	리	가		충	만	하	더
라		요	한	이		그	에

문제3

영접하는 자 곧 그 이름을 믿는 자들에게는 하나님의 자녀가 되는 권세를 주셨으니 이는 혈통으로나 육정으로나 사람의 뜻으로 나지 아니하고 오직 하나님께로부터 난 자들이니라

(요한복음 1:12~13 중에서)

⑥	⑤	④	②	①	③	⑧	⑦
영	접	하	는		자		곧
	그		이	름	을		믿
는		자	들	에	게	는	
하	나	님	의		자	녀	가
	되	는		권	세	를	
주	셨	으	니		이	는	
혈	통	으	로	나		육	정
으	로	나		사	람	의	
뜻	으	로		나	지		아

문제4

또 이르시되 진실로 진실로 너희에게 이르노니 하늘이 열리고 하나님의 사자들이 인자 위에 오르락내리락하는 것을 보리라 하시니라

(요한복음 1:51)

⑧	④	③	①	⑥	⑤	②	⑦
또		이	르	시	되		진
실	로		진	실	로		너
희	에	게		이	르	노	니
	하	늘	이		열	리	고
	하	나	님	의		사	자
들	이		인	자		위	에
	오	르	락		내	리	락
	하	는		것	을		보
리	라		하	시	니	라	

장기판 체스

장기판 위에 한 글자씩 건너 성경 구절이 쓰여 있습니다. 다섯 혹은 여섯 조각으로 분리되어 있는 것을 모아서 원래의 성경 구절을 맞추어 보세요.

문제1

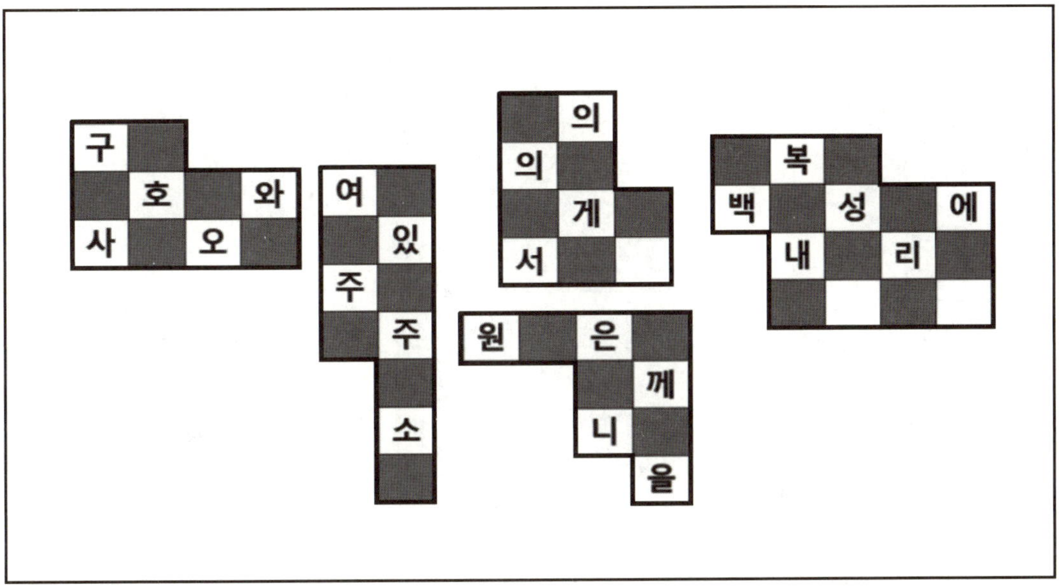

문제2

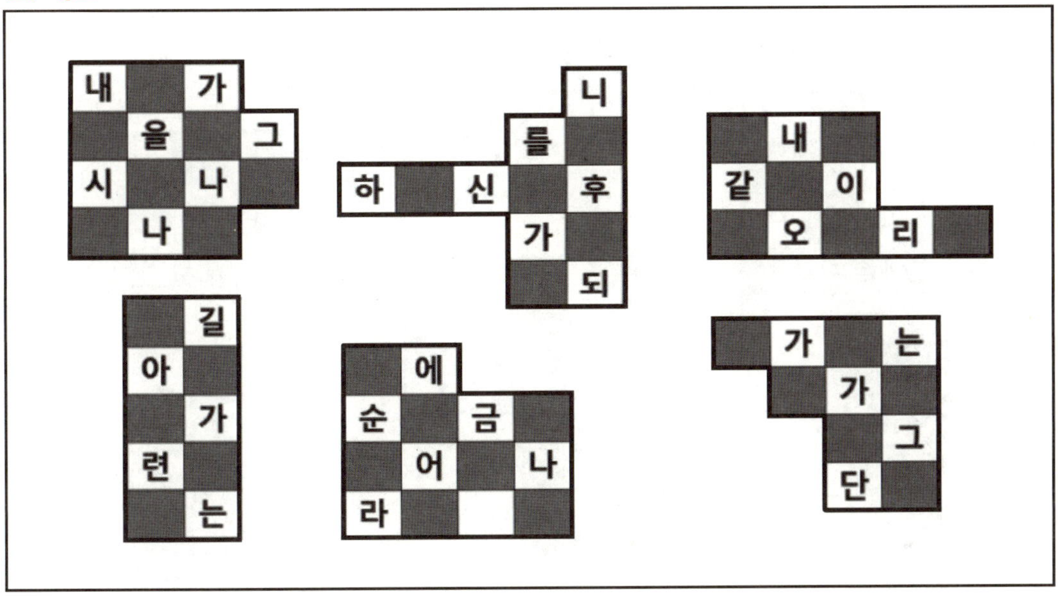

장기판 체스

장기판 위에 한 글자씩 건너 성경 구절이 쓰여 있습니다. 다섯 혹은 여섯 조각으로 분리되어 있는 것을 모아서 원래의 성경 구절을 맞추어 보세요.

문제3

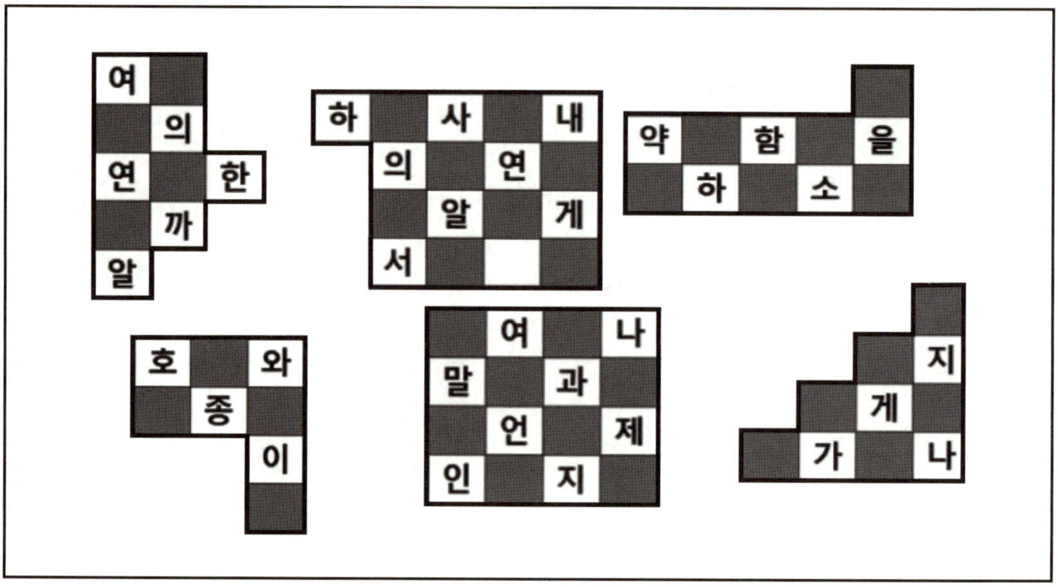

문제4

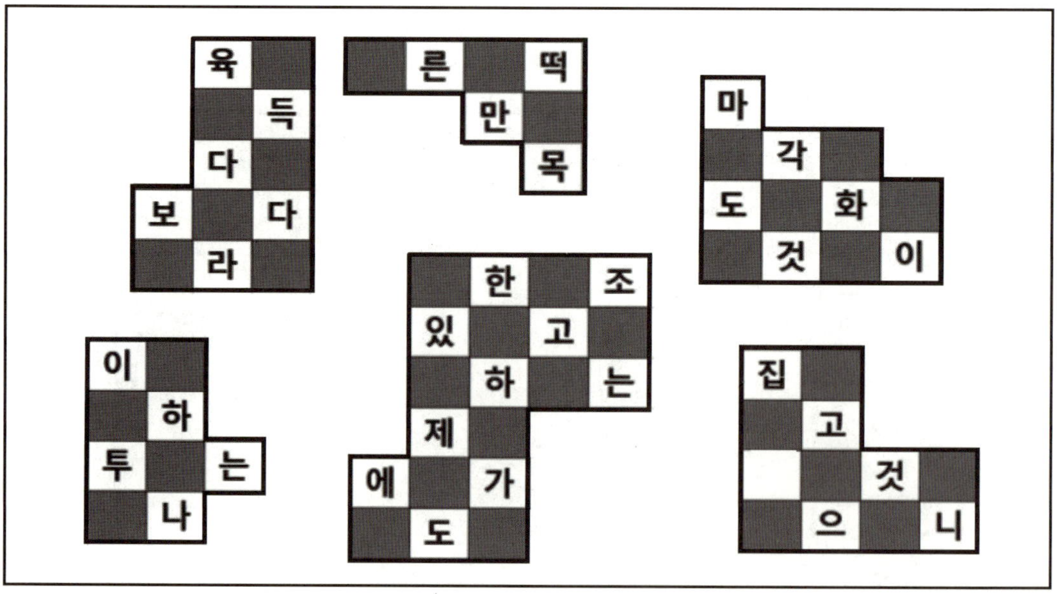

장기판 체스

장기판 위에 한 글자씩 건너 성경 구절이 쓰여 있습니다. 다섯 혹은 여섯 조각으로 분리되어 있는 것을 모아서 원래의 성경 구절을 맞추어 보세요.

문제5

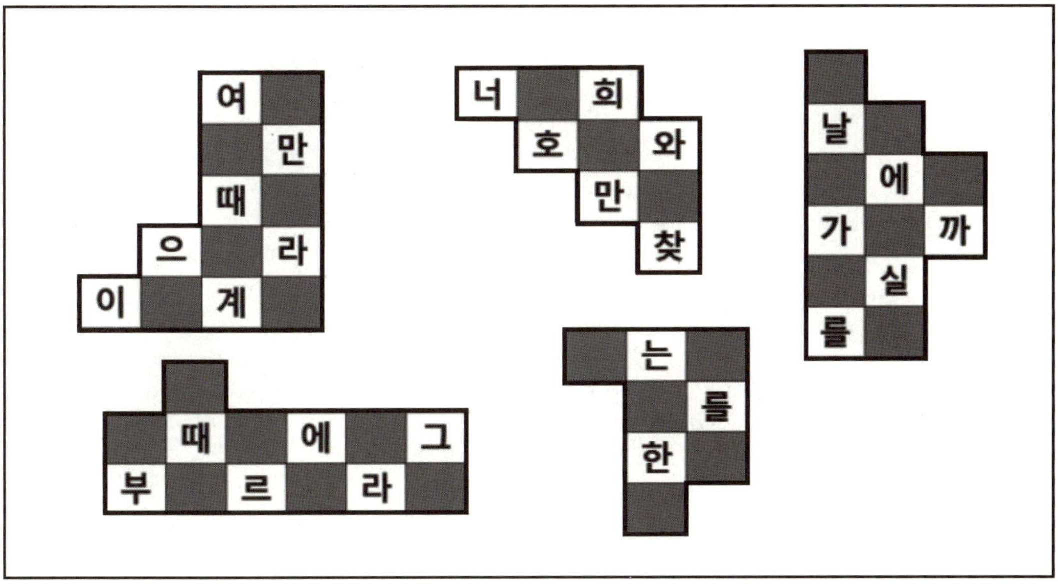

문제6

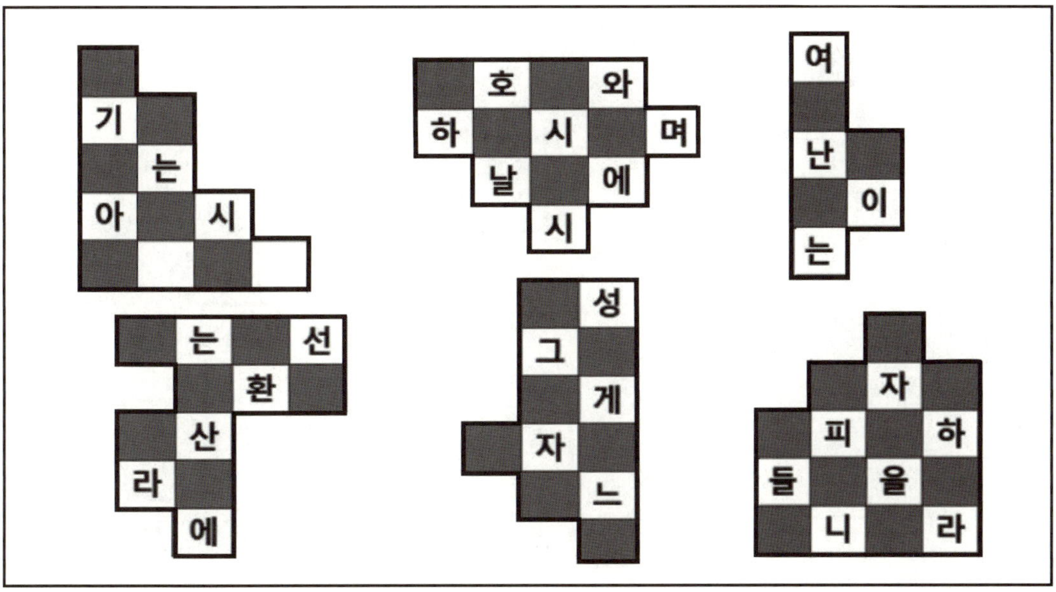

장기판 체스

장기판 위에 한 글자씩 건너 성경 구절이 쓰여 있습니다. 다섯 혹은 여섯 조각으로 분리되어 있는 것을 모아서 원래의 성경 구절을 맞추어 보세요.

문제7

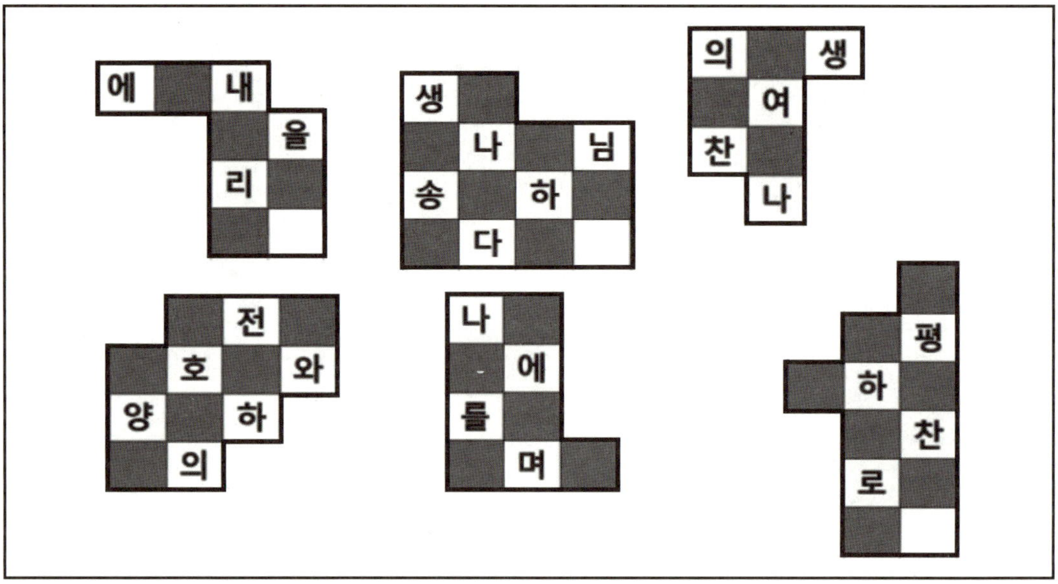

문제8

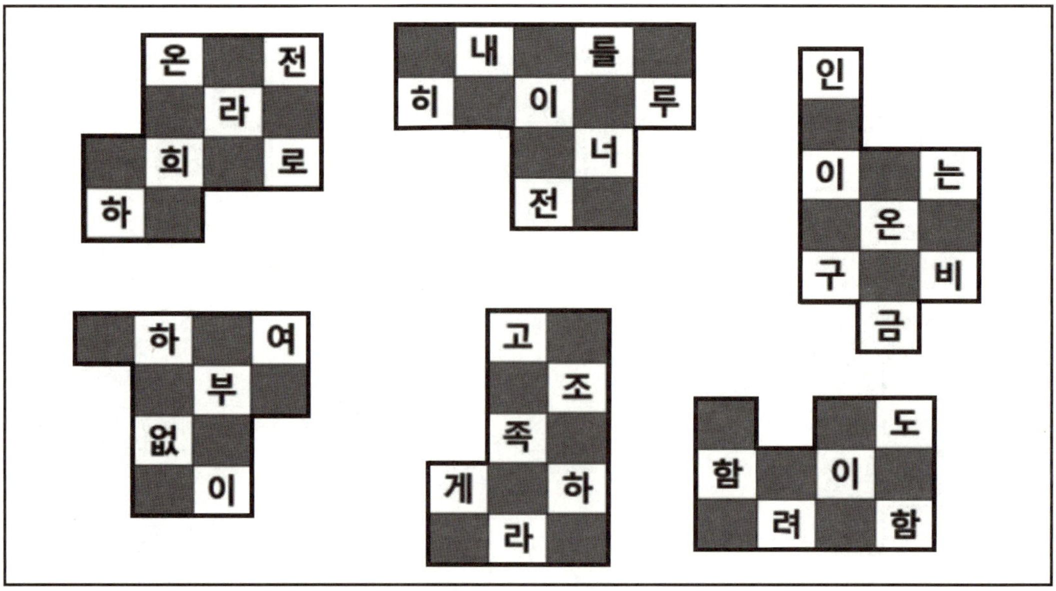

정답

문제1

구원은 여호와께 있사오니 주의 복을 주의 백성에게 내리소서

(시편 3:8)

구		원		은		여	
	호		와		께		있
사		오		니		주	
	의		복		을		주
의		백		성		에	
	게		내		리		소
서							

문제2

내가 가는 길을 그가 아시나니 그가 나를 단련하신 후에는 내가 순금같이 되어 나오리라

(욥기 23:10)

내		가		가		는		길
	을		그		가		아	
시		나		니		그		가
	나		를		단		련	
하		신		후		에		는
	내		가		순		금	
같		이		되		어		나
	오		리		라			

문제3

여호와여 나의 종말과 연한이 언제까지인지 알게 하사 내가 나의 연약함을 알게 하소서

(시편 39:4)

여		호		와		여		나
	의		종		말		과	
연		한		이		언		제
	까		지		인		지	
알		게		하		사		내
	가		나		의		연	
약		함		을		알		게
	하		소		서			

문제4

마른 떡 한 조각만 있고도 화목하는 것이 제육이 집에 가득하고도 다투는 것보다 나으니라

(잠언 17:1)

마		른		떡		한		조
	각		만		있		고	
도		화		목		하		는
	것		이		제		육	
이		집		에		가		득
	하		고		도		다	
투		는		것		보		다
	나		으		니		라	

문제5

너희는 여호와를 만날 만한 때에 찾으라 가까이 계실 때에 그를 부르라

(이사야 55:6)

너		희		는		여	
	호		와		를		만
날		만		한		때	
	에		찾		으		라
가		까		이		계	
	실		때		에		그
를		부		르		라	

문제6

여호와는 선하시며 환난 날에 산성이시라 그는 자기에게 피하는 자들을 아시느니라

(나훔 1:7)

여		호		와		는		선
	하		시		며		환	
난		날		에		산		성
	이		시		라		그	
는		자		기		에		게
	피		하		는		자	
들		을		아		시		느
	니		라					

문제7

나의 생전에 여호와를 찬양하며 나의 평생에 내 하나님을 찬송하리로다

(시편 146:2)

나		의		생		전	
	에		여		호		와
를		찬		양		하	
	며		나		의		평
생		에		내		하	
	나		님		을		찬
송		하		리		로	
	다						

문제8

인내를 온전히 이루라 이는 너희로 온전하고 구비하여 조금도 부족함이 없게 하려 함이라

(야고보서 1:4)

인		내		를		온		전
	히		이		루		라	
이		는		너		희		로
	온		전		하		고	
구		비		하		여		조
	금		도		부		족	
함		이		없		게		하
	려		함		이		라	

중간 끼워넣기

아래 격자판의 빈칸에 알맞은 퍼즐을 보기(A~F)에서 찾아서 매칭해 보세요.

문제1

나	는	주	의	힘	을	노	래	하	며
아	침		1	의	인	자		2	을
높	이	부		오	리	니	주		나
의	요	새		시		3	의		난
	4	피	난	처	심		니	이	다
나		힘	이	시	여		가	주	께
찬		하		5	니	하	나		6
나	의	요	새		시	며	나	를	
홀	히	여	기		는	하	나	님	
심	이	니	이	다					

1	2	3	4	5	6

A

날	에
	의
	송

B

에	주
	르
	이

C

오	리
	이
	시

D

하	심
	는
	환

E

님	은
	긍
	이

F

며	나
	이
	내

문제2

하	나	님	이	이	르	시		1	가
나	2		랑	한	즉	내			를
건			라	3		내	이	름	을
안	즉	내	가			높	이	리	라
그	가	내	게	간	구	하	리	니	내
가	그	에	4		답	하	리	라	그
5		환			할	때	6		가
		함	께	하	여	그			지
고	영	화	롭	게	하	리	라		

1	2	3	4	5	6

A

그	가
그	를

B

들	이
그	와

C

되	그
가	그

D

에	넨
를	건

E

게	응
난	당

F

를	사
지	리

중간 끼워넣기

아래 격자판의 빈칸에 알맞은 퍼즐을 보기(A~F)에서 찾아서 매칭해 보세요.

문제3

내	가	주	의	계	명	을	■	었	사
■	니	좋	은	명	철	과	6	식	을
1	게	가	■	치	소	서	■	■	당
■	■	전	3	는	내	가	그	릇	행
하	였	더	■	■	제	■	주	의	말
씀	을	지	키	나	이	5	주	는	선
■	사	선	을	행	하	■	■	니	주
2	율	례	들	로	■	를	가	르	치
■	■	나	는	전	4	으	로	주	의
법	도	를	지	키	■	■	다		

1	2	3	4	5	6

A

믿	
지	
고	난

B

는	
다	
시	오

C

나	
심	
리	이

D

르	
에	
니	이

E

하	
의	
소	서

F

오	
내	
하	기

문제4

할	렐	루	야	여	■	1	를	경	외
■	2	그	의	계	명	■	■	게	즐
거	■	■	는	자	는	복	이	있	도
다	그	의	후	손	이	땅	■	■	강
성	함	이	■	■	직	한	자	3	■
후	손	에	게	4	■	있	으	리	로
■	■	와	재	물	이	그	의	집	에
있	5	■	여	그	■	■	의	가	영
구	히	서	있	으	리	6	■		

A

에	서	
	들	의

B

하	며	
	워	하

C

호	와	
	을	크

D

의	공	
	로	다

E

다	부	
	음	이

F

여	정	
	복	이

1	2	3	4	5	6

정답

문제1

나	는	주	의	힘	을	노	래	하	며
아	침	에	주	의	인	자	하	심	을
높	이	부	르	오	리	니	주	는	나
의	요	새	이	시	며	나	의	환	난
날	에	피	난	처	심	이	니	이	다
나	의	힘	이	시	여	내	가	주	께
찬	송	하	오	리	니	하	나	님	은
나	의	요	새	이	시	며	나	를	긍
휼	히	여	기	시	는	하	나	님	이
심	이	니	이	다					

1	2	3	4	5	6
B	D	F	A	B	E

A

날	에
	의
	송

B

에	주
	르
	이

C

오	리
	이
	시

D

하	심
	는
	환

E

님	은
	긍
	이

F

며	나
	이
	내

시편 59:16,17

문제2

하	나	님	이	이	르	시	되	그	가
나	를	사	랑	한	즉	내	가	그	를
건	지	리	라	그	가	내	이	름	을
안	즉	내	가	그	를	높	이	리	라
그	가	내	게	간	구	하	리	니	내
가	그	에	게	응	답	하	리	라	그
들	이	환	난	당	할	때	에	내	가
그	와	함	께	하	여	그	를	건	지
고	영	화	롭	게	하	리	라		

1	2	3	4	5	6
C	F	A	E	B	D

A

그	가
그	를

B

들	이
그	와

C

되	그
가	그

D

에	넨
를	건

E

게	응
난	당

F

를	사
지	리

시편 91:14,15

문제3

내	가	주	의	계	명	을	믿	었	사
오	니	좋	은	명	철	과	지	식	을
내	게	가	르	치	소	서	고	난	당
하	기	전	에	는	내	가	그	릇	행
하	였	더	니	이	제	는	주	의	말
씀	을	지	키	나	이	다	주	는	선
하	사	선	을	행	하	시	오	니	주
의	율	례	들	로	나	를	가	르	치
소	서	나	는	전	심	으	로	주	의
법	도	를	지	키	리	이	다		

1	2	3	4	5	6
F	E	D	C	B	A

A

민	
지	
고	난

B

는	
다	
시	오

C

나	
심	
리	이

D

르	
에	
니	이

E

하	
의	
소	서

F

오	
내	
하	기

시편 119:66~69

문제4

할	렐	루	야	여	호	와	를	경	외
하	며	그	의	계	명	을	크	게	즐
거	워	하	는	자	는	복	이	있	도
다	그	의	후	손	이	땅	에	서	강
성	함	이	여	정	직	한	자	들	의
후	손	에	게	복	이	있	으	리	로
다	부	와	재	물	이	그	의	집	에
있	음	이	여	그	의	공	의	가	영
구	히	서	있	으	리	로	다		

1	2	3	4	5	6
C	B	A	F	E	E

A

에	서	
	들	의

B

하	며	
	워	하

C

호	와	
	을	크

D

의	공	
	로	다

E

다	부	
	음	이

F

여	정	
	복	이

시편 112:1~3

테트라

4개의 조각 안에 성경 문구가 쓰여 있는 테트라(사각형)모양의 칩 5개가 왼편에 있습니다. 5개의 칩을 오른쪽 그림판 위의 음영이 있는 칸을 피하여 빈칸에 채워 보세요. 칩은 여러 방향으로 돌릴 수 있고, 거울에 비친 것처럼 뒤집을 수도 있습니다.

문제1

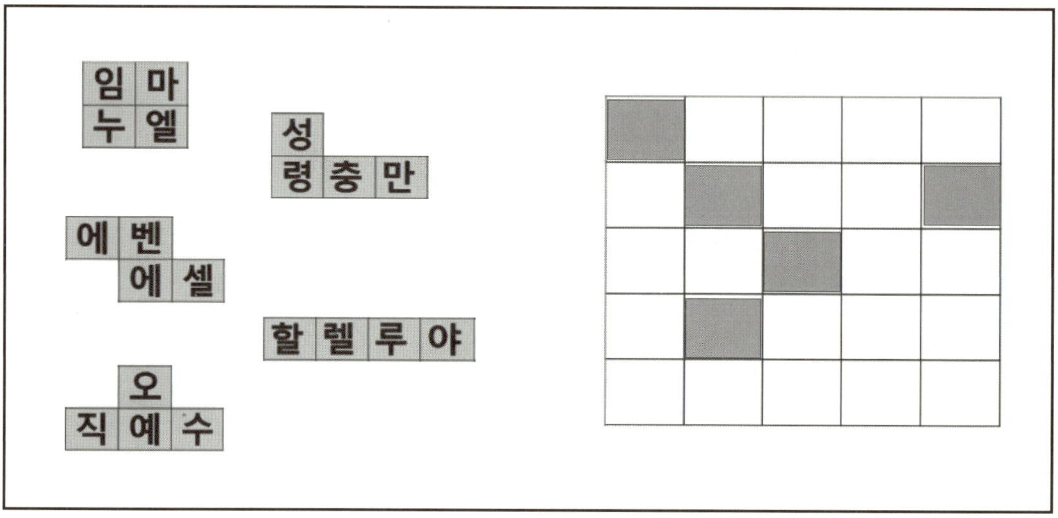

문제2

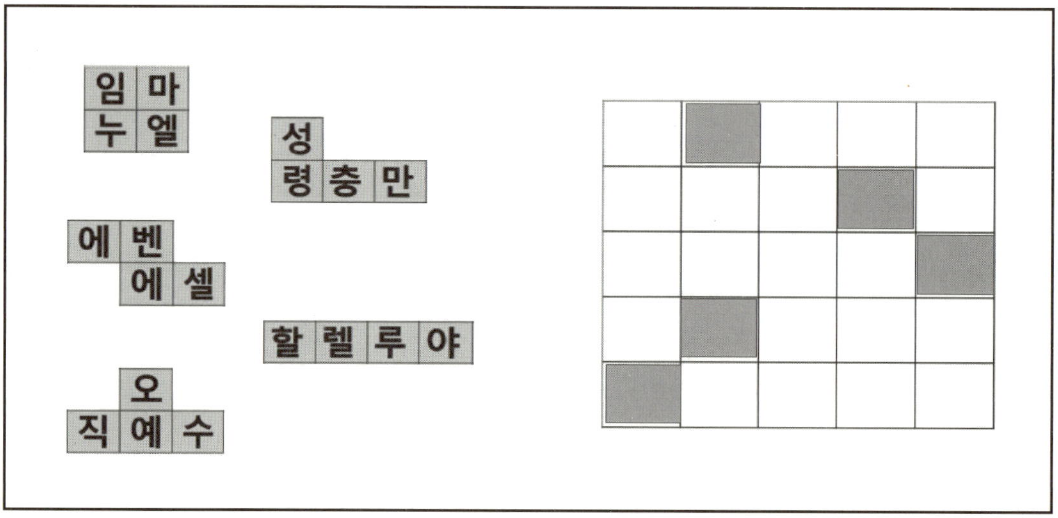

정답

문제1

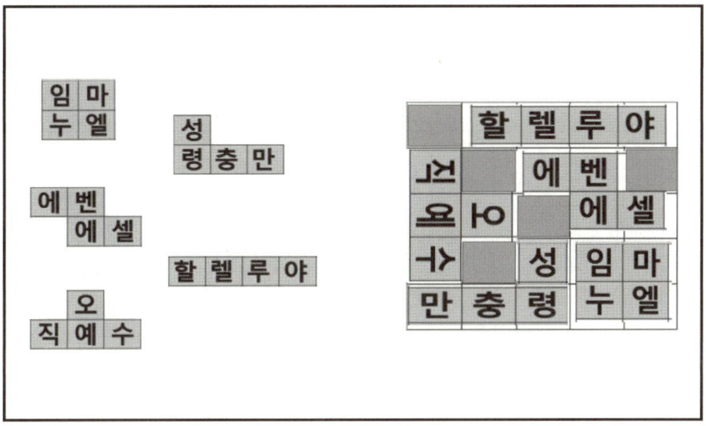

문제2

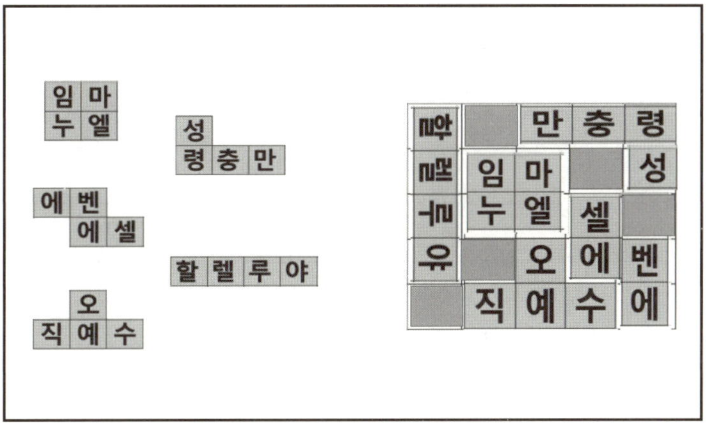

분쇄된 자료

파쇄된 자료들을 조합하여 원래의 상태로 만들고 어떤 말씀이 쓰여 있었는지 찾아서 필사하세요.

문제1

문제2

분쇄된 자료

파쇄된 자료들을 조합하여 원래의 상태로 만들고 어떤 말씀이 쓰여 있었는지 찾아서 필사하세요.

문제3

문제4

분쇄된 자료

파쇄된 자료들을 조합하여 원래의 상태로 만들고 어떤 말씀이 쓰여 있었는지 찾아서 필사하세요.

문제5

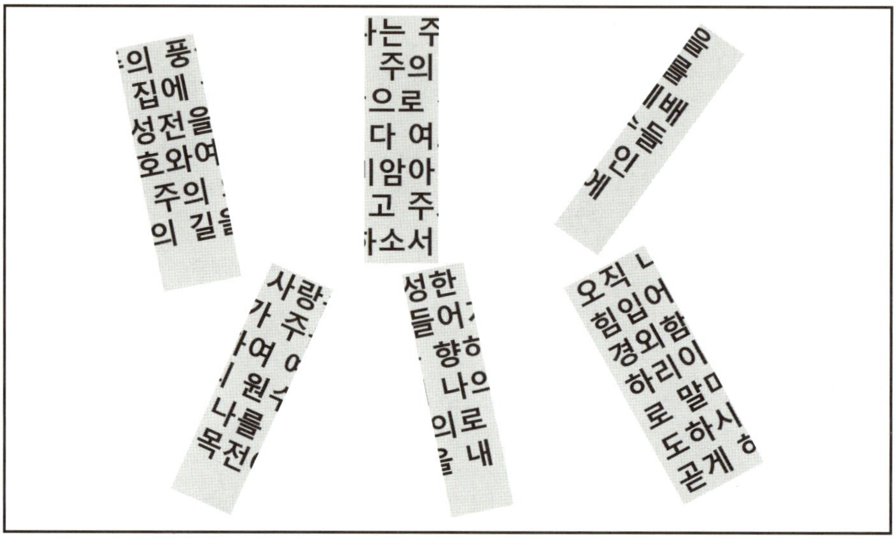

문제6

분쇄된 자료

파쇄된 자료들을 조합하여 원래의 상태로 만들고 어떤 말씀이 쓰여 있었는지 찾아서 필사하세요.

문제7

문제8

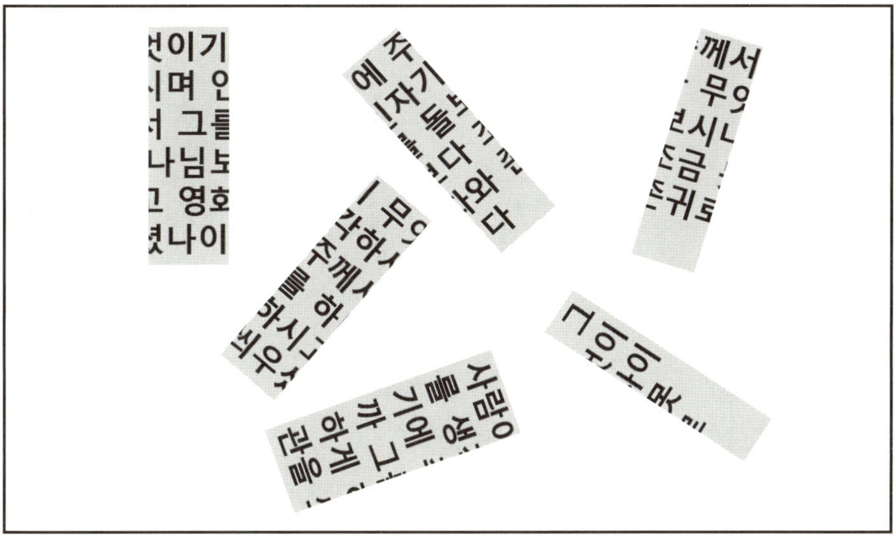

분쇄된 자료

파쇄된 자료들을 조합하여 원래의 상태로 만들고 어떤 말씀이 쓰여 있었는지 찾아서 필사하세요.

문제9

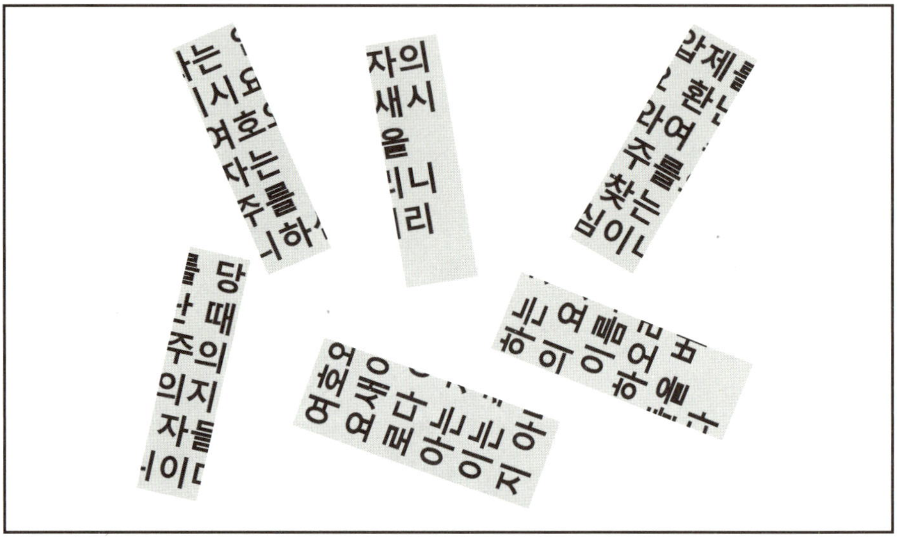

문제10

정답

문제1 복 있는 사람은 악인들의 꾀를 따르지 아니하며 죄인들의 길에 서지 아니하며 오만한 자들의 자리에 앉지 아니하고 오직 여호와의 율법을 즐거워하여 그의 율법을 주야로 묵상하는도다(시편 1:1, 2)

문제2 여호와를 경외함으로 섬기고 떨며 즐거워할지어다 그의 아들에게 입 맞추라 그렇지 아니하면 진노하심으로 너희가 길에서 망하리니 그의 진노가 급하심이라 여호와께 피하는 모든 사람은 다 복이 있도다(시편 2:11, 12)

문제3 여호와여 주는 나의 방패시요 나의 영광이시요 나의 머리를 드시는 자이시니이다 내가 나의 목소리로 여호와께 부르짖으니 그의 성산에서 응답하시는도다(시편 3:3, 4)

문제4 주께서 내 마음에 두신 기쁨은 그들의 곡식과 새 포도주가 풍성할 때보다 더하니이다 내가 평안히 눕고 자기도 하리니 나를 안전히 살게 하시는 이는 오직 여호와이시니이다(시편 4:7, 8)

문제5 오직 나는 주의 풍성한 사랑을 힘입어 주의 집에 들어가 주를 경외함으로 성전을 향하여 예배하리이다 여호와여 나의 원수들로 말미암아 주의 의로 나를 인도하시고 주의 길을 내 목전에 곧게 하소서(시편 5:7, 8)

문제6 여호와여 주의 분노로 나를 책망하지 마시오며 주의 진노로 나를 징계하지 마옵소서 여호와여 내가 수척하였사오니 내게 은혜를 베푸소서 여호와여 나의 뼈가 떨리오니 나를 고치소서(시편 6:1, 2)

문제7 하나님은 의로우신 재판장이심이여 매일 분노하시는 하나님이시로다 사람이 회개하지 아니하면 그가 그의 칼을 가심이여 그의 활을 이미 당기어 예비하셨도다(시편 7:11, 12)

문제8 사람이 무엇이기에 주께서 그를 생각하시며 인자가 무엇이기에 주께서 그를 돌보시나이까 그를 하나님보다 조금 못하게 하시고 영화와 존귀로 관을 씌우셨나이다(시편 8:4, 5)

문제9 여호와는 압제를 당하는 자의 요새이시요 환난 때의 요새시로다 여호와여 주의 이름을 아는 자는 주를 의지하오리니 이는 주를 찾는 자들을 버리지 아니하심이니이다(시편 9:9, 10)

문제10 여호와여 주는 겸손한 자의 소원을 들으셨사오니 그들의 마음을 준비하시며 귀를 기울여 들으시고 고아와 압제 당하는 자를 위하여 심판하사 세상에 속한 자가 다시는 위협하지 못하게 하시리이다(시편 10:17, 18)

화물차 Jigsaw 퍼즐

왼쪽에는 화물차 위에 성경 문구가 있고 오른쪽에는 풍선 속에 또 다른 성경 문구가 있습니다. 이 성경 문구들은 띄어쓰기 없이 조각으로 분리되어서 순서 없이 무작위로 놓여 있습니다. 원래의 성경 문구를 찾아보세요.

문제1

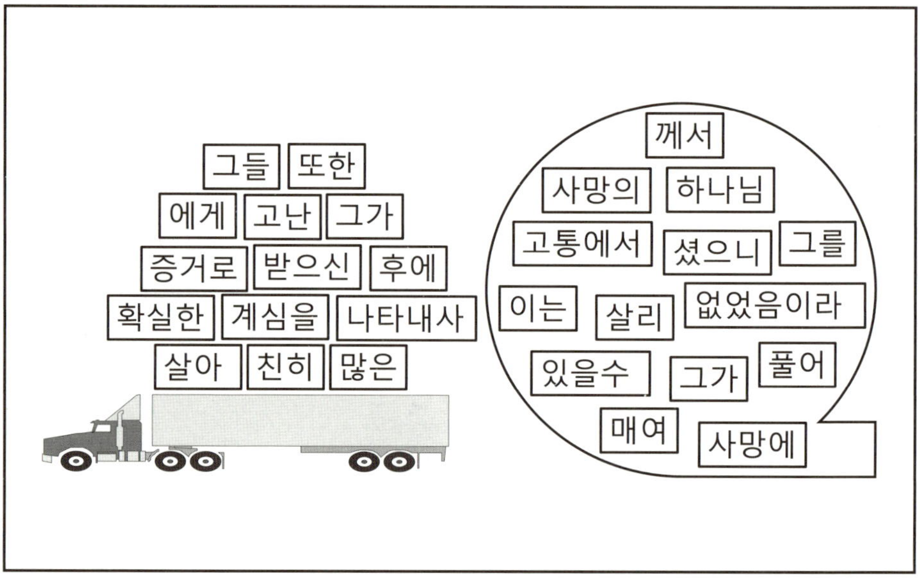

문제2

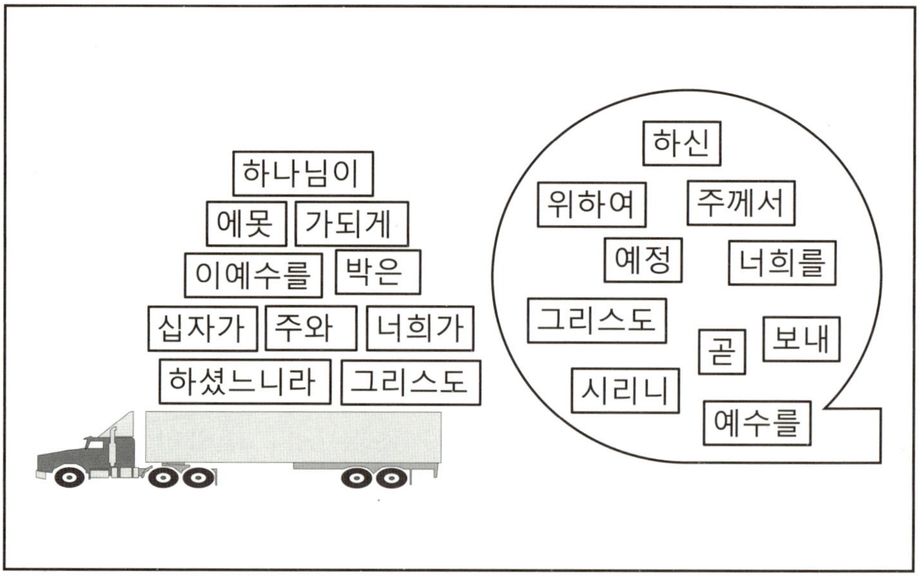

화물차 Jigsaw 퍼즐

왼쪽에는 화물차 위에 성경 문구가 있고 오른쪽에는 풍선 속에 또 다른 성경 문구가 있습니다. 이 성경 문구들은 띄어쓰기 없이 조각으로 분리되어서 순서 없이 무작위로 놓여 있습니다. 원래의 성경 문구를 찾아보세요.

문제3

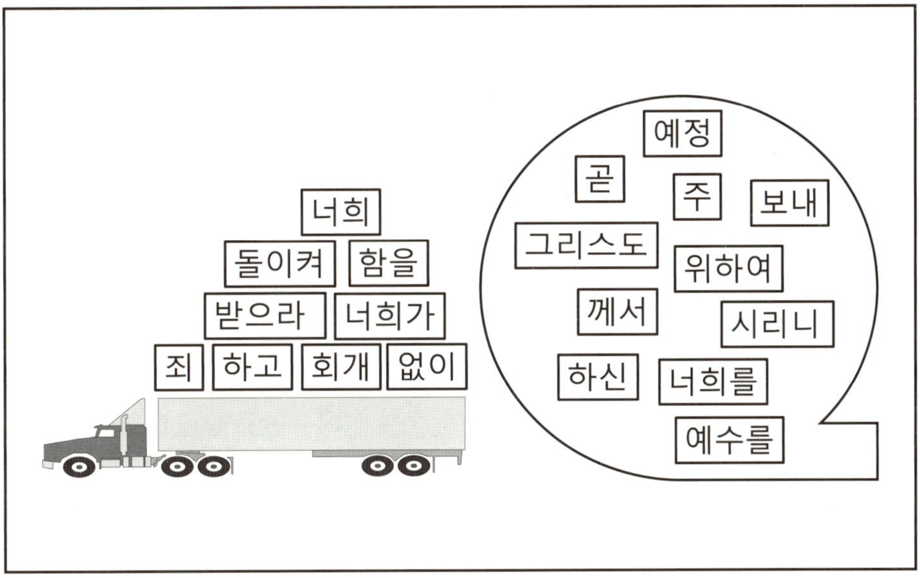

문제4

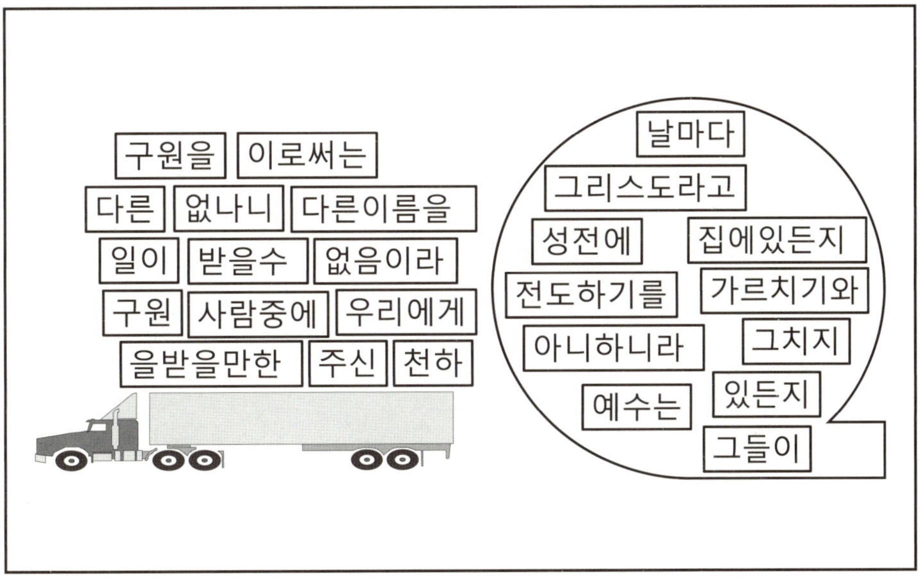

정답

문제1

그가 고난 받으신 후에 또한 그들에게 확실한 많은 증거로 친히 살아 계심을 나타내사 (사도행전 1:3)

하나님께서 그를 사망의 고통에서 풀어 살리셨으니 이는 그가 사망에 매여 있을 수 없었음이라 (사도행전 2:24)

문제2

너희가 십자가에 못 박은 이 예수를 하나님이 주와 그리스도가 되게 하셨느니라(사도행전 2:36)

주께서 구원받는 사람을 날마다 더하게 하시니라(사도행전 2:47)

문제3

너희가 회개하고 돌이켜 너희 죄 없이함을 받으라(사도행전 3:19)

주께서 너희를 위하여 예정하신 그리스도 곧 예수를 보내시리니(사도행전 3:20)

문제4

다른 이로써는 구원을 받을 수 없나니 천하 사람 중에 구원을 받을 만한 다른 이름을 우리에게 주신 일이 없음이라(사도행전 4:12)

그들이 날마다 성전에 있든지 집에 있든지 예수는 그리스도라고 가르치기와 전도하기를 그치지 아니하니라(사도행전 5:42)

성경 문구 완성하기

성경 문구가 계속 연결되도록 보기와 같이 흩어져 있는 조각들을 빈칸의 알맞은 위치에 넣어 퍼즐을 완성해 보세요.

문제1

1

있	느	냐
라	■	너
가	■	있

2

당	하	는
는	■	기
워	하	는

3

위	하	여
음	의	■
■	구	원

4

■	그	는
희	■	중
느	냐	■

5

할	지	니
■	병	든
■	주	께

6

■	기	도
기	도	는
하	리	니

7

너	희	■
■	자	가
도	할	■

8

그	를	■
라	■	믿
■	자	를

9

고	난	■
냐	■	그
■	즐	거

10

청	할	■
의	■	이
르	며	■

11

■	장	로
■	그	들
■	기	름

12

자	가	■
할	지	니
든	■	자

			중	에	■						
			■	있	느						
			것	이	요						
									■	찬	송
									에	■	병
									그	는	■
교	회	의				들	을	■			
것	이	요				은	■	주			
름	으	로				을	■	바			

문제2

1

■	그	를
서	■	살
신	■	하

2

암	아	■
믿	음	과
■	있	게

3

가	■	진
너	희	■
하	여	■

4

■	없	이
에	■	이
■	뜨	겁

5

랑	하	기
음	으	로
랑	하	라

6

느	니	라
순	종	함
■	깨	끗

7

너	희	는
가	운	데
을	■	주

8

를	■	사
니	■	마
로	■	사

9

■	자	■
■	영	광
■	그	리

10

믿	는	■
■	소	망
■	하	셨

11

■	너	희
으	로	■
하	게	■

12

■	말	미
너	희	■
나	님	께

						■	죽	은			
						리	시	고			
						나	님	을			
스	도	로									
자	니	■									
이	■	하									
									리	를	■
									영	혼	을
									거	짓	이
			■	형	제						
			르	렀	으						
			게	■	서						

성경 문구 완성하기

성경 문구가 계속 연결되도록 보기와 같이 흩어져 있는 조각들을 빈칸의 알맞은 위치에 넣어 퍼즐을 완성해 보세요.

문제3

1

에		있
지		말
을		사

2

지	의	
있	지	
상	에	

3

육	신	의
정	욕	과
	다	

4

아	니	요
	것	이
	정	욕

5

상	이	나
들	을	
구	든	지

6

것	이	
터		온
도		그

7

모	든	
과		안
의		자

8

이		세
는		것
라		누

9

사	랑	이
아	니	하
있	는	

10

께	로	부
	세	상
라		이

11

	아	버
안	에	
는		세

12

것	이	
목	의	
랑	이	니

							세	상			
						사	랑	하			
							세	상			
랑	하	면									
	그										
니		이									
										정	욕
										이	생
									아	버	지
			터		온						
			으	로	부						
				세	상						

문제4

1

은		자
	열	매
므	로	

2

한		무
고		너
곧	은	

3

	손	과
일	으	켜
을		위

4

말	미	암
들	은	
를		맺

5

	당	시
지		않
후	에	

6

만	들	어
여	금	
고	침	을

7

무	릎	
즐	거	워
퍼		보

8

	저	는
어	그	러
	받	게

9

아		연
의	와	
느	니	라

10

에	는	
고		슬
그	로	

11

길	을	
로		하
않	고	

12

	연	약
	세	우
하	여	

			징	계	가						
				보	이						
			이	나							
						단		받			
						평	강	의			
							그	러			
피	곤	한									
릎	을										
희		발									
										다	리
									지	지	
										하	라

성경 문구 완성하기

성경 문구가 계속 연결되도록 보기와 같이 흩어져 있는 조각들을 빈칸의 알맞은 위치에 넣어 퍼즐을 완성해 보세요.

문제5

1

안	에	서
하	신	■
수	의	■

2

확	신	하
무	리	를
이	■	생

3

■	마	땅
■	내	■
의	■	매

4

을	■	우
내	가	■
여	■	이

5

리	는	■
너	희	■
와	■	같

6

확	정	함
와	■	함
■	자	가

7

너	희	■
■	시	작
도	■	예

8

함	과	■
다	■	나
참	여	한

9

■	것	이
너	희	가
며	■	나

10

■	일	을
그	리	스
■	이	루

11

복	음	을
에	■	너
께	■	은

12

각	하	는
이	는	■
있	음	이

						■	착	한			
						이	가	■			
						날	까	지			
실	■	줄									
노	라	■									
■	위	하									
									하	니	■
									마	음	에
									임	과	■
			■	변	명						
			희	가	■						
			혜	에	■						

문제6

1

세	우	지
는	■	자
■	여	호

2

찍	이	■
우	며	■
이	■	헛

3

가	■	일
게	■	누
■	먹	음

4

여	호	와
■	아	니
의	■	수

5

그	의	■
는	■	잠
라	■	자

6

와	께	서
니	하	시
■	있	음

7

께	서	■
자	에	게
다	■	보

8

고	■	늦
■	떡	을
■	그	러

9

■	성	을
면	■	파
이	■	헛

10

집	을	■
■	세	우
헛	되	며

11

므	로	■
사	랑	하
을	■	주

12

■	지	키
수	꾼	의
되	도	다

			께	서	■						
			하	시	면						
			고	가	■						
									지	■	아
									■	깨	어
									■	너	희
						일	어	나			
						수	고	의			
						되	도	다			
			여	호	와						
			시	는	■						
			시	는	도						

성경 문구 완성하기

성경 문구가 계속 연결되도록 보기와 같이 흩어져 있는 조각들을 빈칸의 알맞은 위치에 넣어 퍼즐을 완성해 보세요.

문제7

1

곳	에	■
■	그	늘
여	■	나

2

여	■	말
■	피	난
■	내	가

3

와	■	심
지	실	■
너	를	■

4

지	존	자
거	주	하
■	아	래

5

하	나	님
■	그	가
의	■	올

6

서	■	건
그	가	■
■	덮	으

7

한	■	전
것	임	이
그	의	■

8

하	는	■
■	이	는
사	냥	꾼

9

■	향	하
■	나	의
요	새	요

10

■	의	뢰
하	리	니
■	새	■

11

밀	한	■
능	자	의
는	■	자

12

호	와	를
■	그	는
나	의	■

			의	■	은						
			며	■	전						
			에	■	사						
는	■	여									
하	기	를									
처	요	■									
									이	라	■
									■	너	를
									무	에	서
						염	병	에			
						로	다	■			
						깃	으	로			

문제8

1

증	한	■
을	■	행
■	하	나

2

서	■	인
지	각	이
님	을	■

3

어	리	석
음	에	■
■	없	다

4

하	늘	에
피	사	■
■	하	나

5

의	■	마
나	님	이
들	은	■

6

악	을	■
하	는	■
님	이	■

7

있	는	가
기	■	물
■	자	가

8

생	을	■
■	있	는
찾	는	■

9

■	하	신
함	께	■
■	선	을

10

은	■	자
이	르	기
■	하	도

11

즉	■	각
더	러	운
■	행	하

12

며	■	가
여	■	선
없	도	다

						는	■	그			
						를	■	하			
						다	■	그			
부	패	하									
행	함	이									
자	가	■									
									굽	어	살
									■	자	와
									자	가	■
			■	보	려						
			러	가	■						
			■	되	고						

정답

문제1
야고보서 5:13~15

너	희		중	에		고	난		당	하	는
	자	가		있	느	냐		그	는		기
도	할		것	이	요		즐	거	워	하	는
자	가		있	느	냐		그	는		찬	송
할	지	니	라		너	희		중	에		병
든		자	가		있	느	냐		그	는	
교	회	의		장	로	들	을		청	할	
것	이	요		그	들	은		주	의		이
름	으	로		기	름	을		바	르	며	
그	를		위	하	여		기	도	할	지	니
라		믿	음	의		기	도	는		병	든
	자	를		구	원	하	리	니		주	께

			중	에							
	7			있	느		9			2	
			것	이	요						
										찬	송
	12			1			4		에		병
									그	는	
교	회	의				들	을				
것	이	요		11		은		주		10	
름	으	로				을		바			
	8			3			6			5	

문제2
베드로전서 1:21, 22

너	희	는		그	를		죽	은		자	
가	운	데	서		살	리	시	고		영	광
을		주	신		하	나	님	을		그	리
스	도	로		말	미	암	아		믿	는	
자	니		너	희		믿	음	과		소	망
이		하	나	님	께		있	게		하	셨
느	니	라		너	희	가		진	리	를	
순	종	함	으	로		너	희		영	혼	을
	깨	끗	하	게		하	여		거	짓	이
	없	이		형	제	를		사	랑	하	기
에		이	르	렀	으	니		마	음	으	로
	뜨	겁	게		서	로		사	랑	하	라

							죽	은			
	7			1		리	시	고		9	
						나	님	을			
스	도	로									
자	니			12			2			10	
이		하									
									리	를	
	6			11			3		영	혼	을
									거	짓	이
				형	제						
	4		르	렀	으		8			5	
			게		서						

문제3
요한1서 2:15, 16

이		세	상	이	나		세	상	에		있
는		것	들	을		사	랑	하	지		말
라		누	구	든	지		세	상	을		사
랑	하	면		아	버	지	의		사	랑	이
	그		안	에		있	지		아	니	하
니		이	는		세	상	에		있	는	
모	든		것	이		육	신	의		정	욕
과		안	목	의		정	욕	과		이	생
의		자	랑	이	니		다		아	버	지
께	로	부	터		온	것	이		아	니	요
	세	상	으	로	부	터		온		것	이
라		이		세	상	도		그		정	욕

							세	상			
	8			5		사	랑	하		1	
							세	상			
랑	하	면									
	그			11			2			9	
니		이									
										정	욕
	7			12			3			이	생
									아	버	지
			터		온						
	10		으	로	부		6			4	
				세	상						

문제4
히브리서 12:11~13

무	릇		징	계	가		당	시	에	는	
즐	거	워		보	이	지		않	고		슬
퍼		보	이	나		후	에		그	로	
말	미	암	아		연	단		받	은		자
들	은		의	와		평	강	의		열	매
를		맺	느	니	라		그	러	므	로	
피	곤	한		손	과		연	약	한		무
릎	을		일	으	켜		세	우	고		너
희		발	을		위	하	여		곧	은	
길	을		만	들	어		저	는		다	리
로		하	여	금		어	그	러	지	지	
않	고		고	침	을		받	게		하	라

			징	계	가						
	7			보	이		5			10	
			이	나							
						단		받			
	4			9		평	강	의		1	
							그	러			
피	곤	한									
릎	을			3			12			2	
희		발									
										다	리
	11			6			8		지	지	
										하	라

문제5

빌립보서 1:6, 7

너	희		안	에	서		착	한		일	을
	시	작	하	신		이	가		그	리	스
도		예	수	의		날	까	지		이	루
실		줄	을		우	리	는		확	신	하
노	라		내	가		너	희		무	리	를
	위	하	여		이	와		같	이		생
각	하	는		것	이		마	땅	하	니	
이	는		너	희	가		내		마	음	에
있	음	이	며		나	의		매	임	과	
복	음	을		변	명	함	과		확	정	함
에		너	희	가		다		나	와		함
께		은	혜	에		참	여	한		자	가

							착	한			
	7			1		이	가			10	
						날	까	지			
실		줄									
노	라			4			5			2	
	위	하									
									하	니	
	12			9			3		마	음	에
									임	과	
				변	명						
	11		희	가			8			6	
			혜	에							

문제6

시편 127:1~3

여	호	와	께	서		집	을		세	우	지
	아	니	하	시	면		세	우	는		자
의		수	고	가		헛	되	며		여	호
와	께	서		성	을		지	키	지		아
니	하	시	면		파	수	꾼	의		깨	어
	있	음	이		헛	되	도	다		너	희
가		일	찍	이		일	어	나	고		늦
게		누	우	며		수	고	의		떡	을
	먹	음	이		헛	되	도	다		그	러
므	로		여	호	와	께	서		그	의	
사	랑	하	시	는		자	에	게	는		잠
을		주	시	는	도	다		보	라		자

			께	서							
	4		하	시	면		10			1	
			고	가							
									지		아
	6			9			12			깨	어
										너	희
						일	어	나			
	3			2		수	고	의		8	
						되	도	다			
			여	호	와						
	11		시	는			7			5	
			시	는	도						

문제7

시편 91:1~4

지	존	자	의		은	밀	한		곳	에	
거	주	하	며		전	능	자	의		그	늘
	아	래	에		사	는		자	여		나
는		여	호	와	를		향	하	여		말
하	기	를		그	는		나	의		피	난
처	요		나	의		요	새	요		내	가
	의	뢰	하	는		하	나	님	이	라	
하	리	니		이	는		그	가		너	를
	새		사	냥	꾼	의		올	무	에	서
와		심	한		전	염	병	에	서		건
지	실		것	임	이	로	다		그	가	
너	를		그	의		깃	으	로		덮	으

			의		은						
	4		며		전		11			1	
			에		사						
는		여									
하	기	를		12			9			2	
처	요										
									이	라	
	10			8			5			너	를
									무	에	서
						염	병	에			
	3			7		로	다			6	
						깃	으	로			

문제8

시편 14:1~3

어	리	석	은		자	는		그	의		마
음	에		이	르	기	를		하	나	님	이
	없	다		하	도	다		그	들	은	
부	패	하	며		가	증	한		악	을	
행	함	이	여		선	을		행	하	는	
자	가		없	도	다		하	나	님	이	
하	늘	에	서		인	생	을		굽	어	살
피	사		지	각	이		있	는		자	와
	하	나	님	을		찾	는		자	가	
있	는	가		보	려		하	신	즉		각
기		물	러	가		함	께		더	러	운
	자	가		되	고		선	을		행	하

						는		그			
	3			10		를		하		5	
						다		그			
부	패	하									
행	함	이		12			1			6	
자	가										
									굽	어	살
	4			2			8			자	와
									자	가	
				보	려						
	7		러	가			9			11	
				되	고						

제 2 부

미로
Maze

미로 퍼즐은 시작점에서 출구를 찾기 위해 경로를 탐색하는 퍼즐 게임으로 다양한 형태가 있는데, 인지적·정서적 유익을 제공함은 물론이고, 출발점에서 도착점까지 최적의 경로를 찾는 과정에서 복합적 사고와 논리적 추론력이 자연스럽게 발달하고 집중력이 키워지는 지적 놀이입니다.

이 책에서 제공하는 성경을 활용한 미로 퍼즐은 일반적인 형태의 획일적인 길 찾기 게임을 확장하여, 경로를 탐색하여 찾아간다는 미로 퍼즐의 정의는 같으나 다양한 종류의 미로 퍼즐을 제공하고 있습니다.

같은 단어 모두 연결

명암으로 표시된 곳에서 시작하여 네 글자로 된 성구가 반복해서 연결되도록 해 보세요. 예를 들어 "성령충만"이라는 네 글자의 성구라면, 성-령-충-만-성-령-충-만-성-령- …과 같이 반복되게 연결하는 것인데, 모든 칸을 한 번만 지나가도록 연결해 보세요. 한 칸에서 다른 칸으로 이동할 때는 수평, 수직, 대각선 모두 가능하며, 이어지는 선과 선은 서로 교차하지 않아야 합니다.

(예) 성령충만

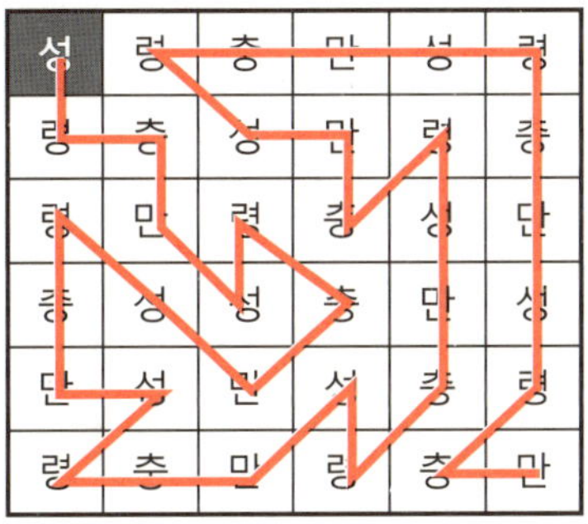

문제1

주께영광

주	영	광	광	주	영
영	께	주	영	께	광
광	께	께	주	주	께
영	주	영	광	광	영
광	께	영	께	주	께
주	께	광	주	영	광

예수사랑

예	수	랑	수	사	예
랑	사	사	예	랑	수
수	예	수	예	사	랑
랑	사	수	랑	사	예
예	수	예	사	수	수
사	랑	랑	예	사	랑

할렐루야

할	렐	할	렐	야	할
야	루	야	루	루	렐
렐	할	렐	렐	루	야
루	할	루	루	할	할
야	야	루	렐	야	렐
할	렐	야	할	루	야

임마누엘

임	마	누	임	마	엘
임	마	임	엘	누	임
마	엘	누	엘	마	누
엘	누	누	마	엘	임
마	임	임	임	엘	마
누	엘	마	누	누	엘

같은 단어 모두 연결

명암으로 표시된 곳에서 시작하여 네 글자로 된 성구가 반복해서 연결되도록 해 보세요. 예를 들어 "성령충만"이라는 네 글자의 성구라면, 성-령-충-만-성-령-충-만-성-령- …과 같이 반복되게 연결하는 것인데, 모든 칸을 한 번만 지나가도록 연결해 보세요. 한 칸에서 다른 칸으로 이동할 때는 수평, 수직, 대각선 모두 가능하며, 이어지는 선과 선은 서로 교차하지 않아야 합니다.

문제1

오직믿음

오	음	오	직	믿	음
오	직	믿	직	오	오
직	음	믿	믿	음	직
오	믿	오	직	믿	음
직	음	오	음	오	믿
믿	음	직	믿	직	음

천국복음

천	국	음	국	복	음
음	복	복	천	천	천
천	국	국	복	음	국
음	복	천	국	복	음
국	천	천	음	국	천
복	음	국	복	복	음

천지창조

조	창	창	지	조	천
천	지	조	천	창	지
지	천	조	천	지	조
조	창	창	지	창	천
천	지	천	지	지	창
조	창	조	창	천	조

오병이어

오	병	어	오	병	어
이	어	이	이	병	이
병	오	오	어	이	오
어	이	병	병	오	어
병	이	오	이	병	어
오	어	병	어	오	이

그리스도

그	리	도	그	리	도
도	스	스	그	도	스
리	스	리	스	리	그
그	도	리	스	스	도
리	스	그	그	도	리
그	도	리	스	도	그

삼위일체

체	삼	위	체	일	체
일	삼	체	일	삼	위
위	위	일	위	체	일
삼	일	일	삼	삼	위
체	위	체	일	체	체
삼	삼	위	삼	위	일

문제2

두 곳의 음영 중 어느 한 곳에서 시작하여 성경 단어가 반복하여 연결되도록 하며, 모든 칸에 대하여 한 번씩 지나가도록 연결하여 또 다른 음영에서 마치는 미로 퍼즐입니다. 한 칸에서 다른 칸으로 이동 할 때는 수평, 수직, 대각선 모두 가능하며 이어지는 선과 선은 서로 교차되지 않아야 합니다.

성부성자성령

성	령	자	성	부	**성**
부	자	성	부	자	성
성	성	성	성	령	성
령	성	자	령	성	부
부	자	성	부	성	성
성	성	령	성	**령**	자

예수그리스도

수	예	**예**	**도**	스	리
그	도	수	그	그	수
스	리	스	리	도	예
도	예	수	스	리	그
스	리	그	리	스	수
도	예	수	그	도	예

성령과불세례

세	례	령	과	세	례
과	불	성	불	령	성
령	성	령	성	불	과
례	세	과	불	례	세
령	불	례	세	과	**례**
성	과	성	령	불	세

유대베들레헴

유	베	들	베	들	헴
유	대	레	대	레	유
대	헴	유	헴	베	대
들	베	들	레	레	들
레	대	베	헴	유	대
헴	유	**헴**	레	들	베

천국복음전파

국	복	국	복	천	국
천	음	천	음	파	복
전	파	파	전	전	음
복	국	천	음	전	파
음	전	복	전	국	천
파	천	국	**파**	음	복

정답

문제1

주께영광

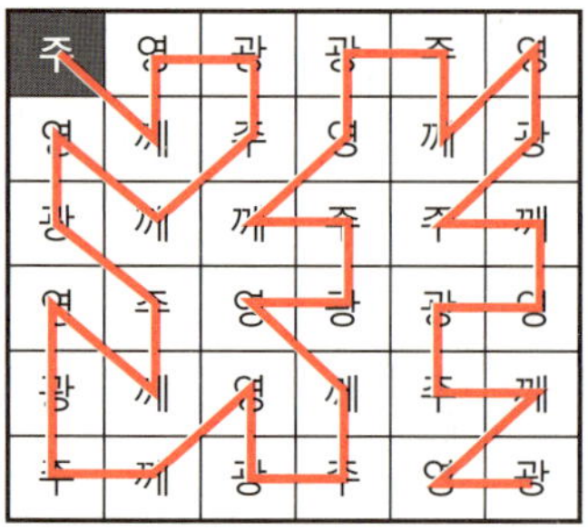

예수사랑

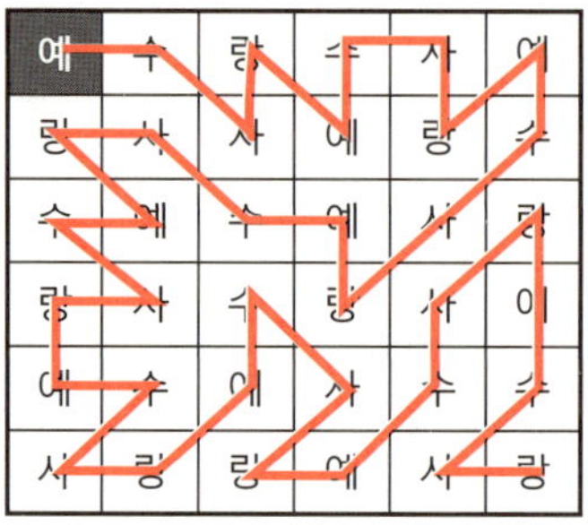

할렐루야

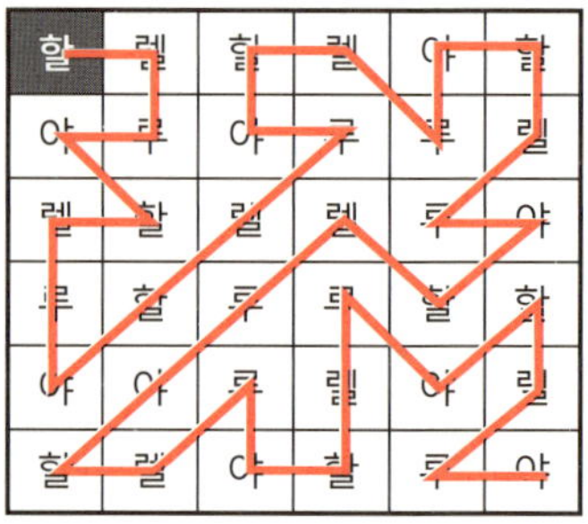

임마누엘

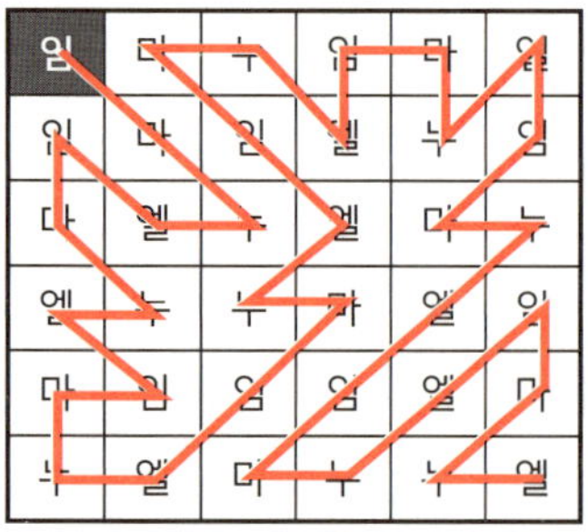

오직믿음

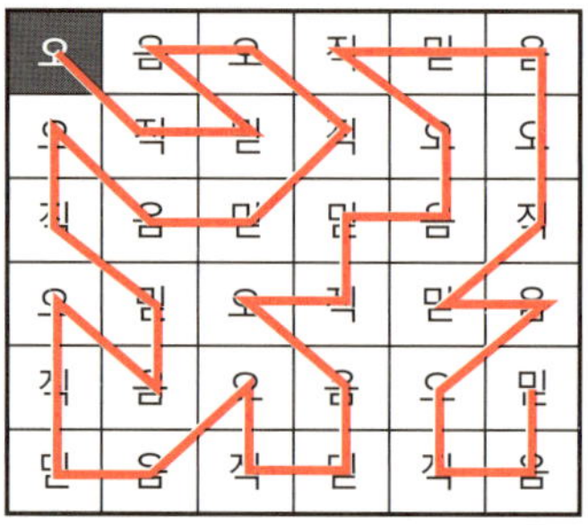

천국복음

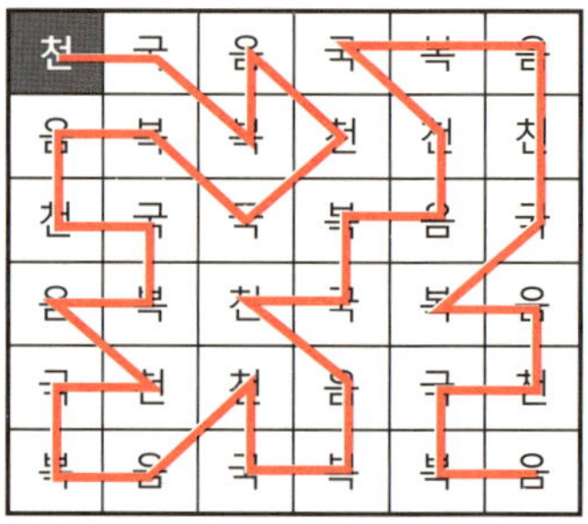

천지창조

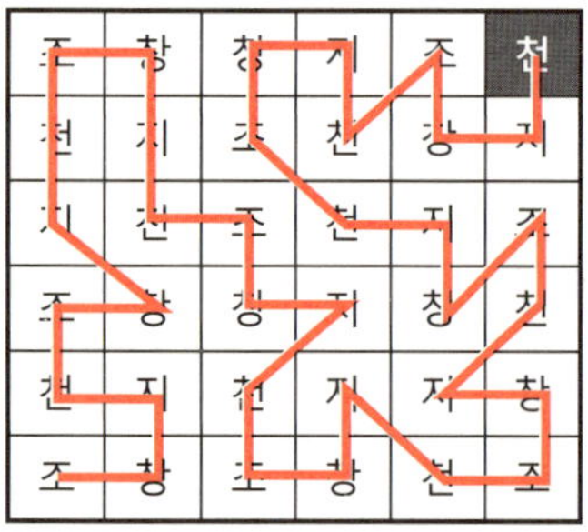

오병이어

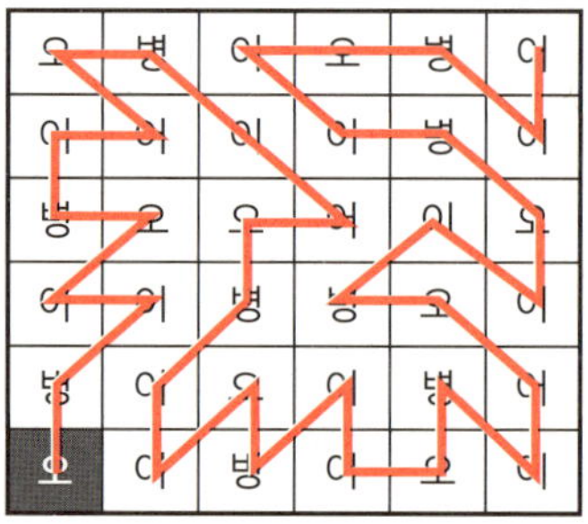

그리스도

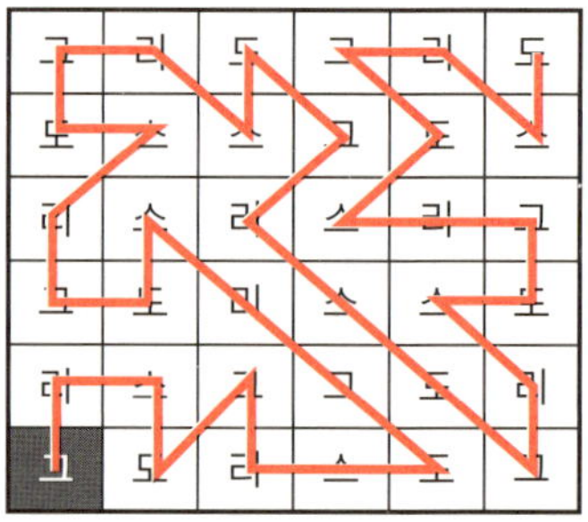

삼위일체

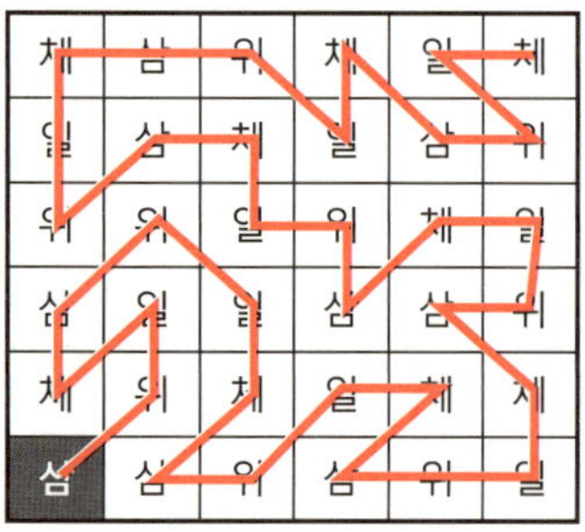

문제2

성부성자성령

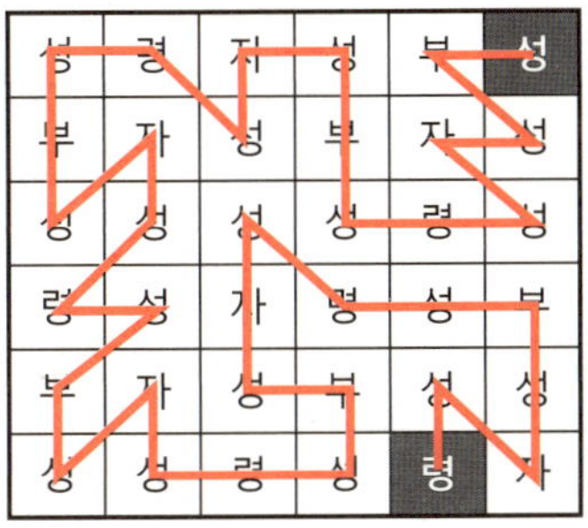

예수그리스도

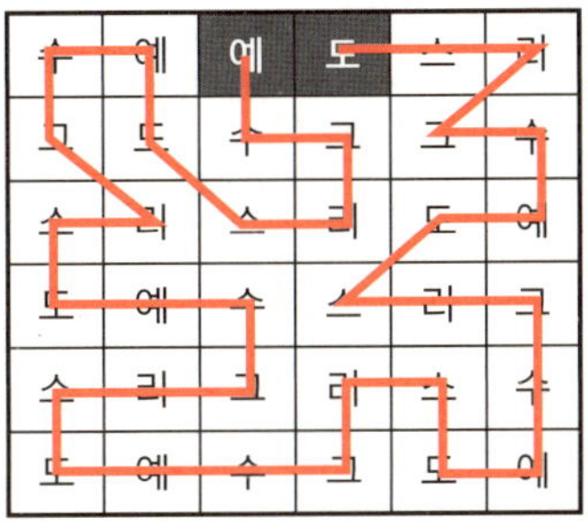

성령과불세례

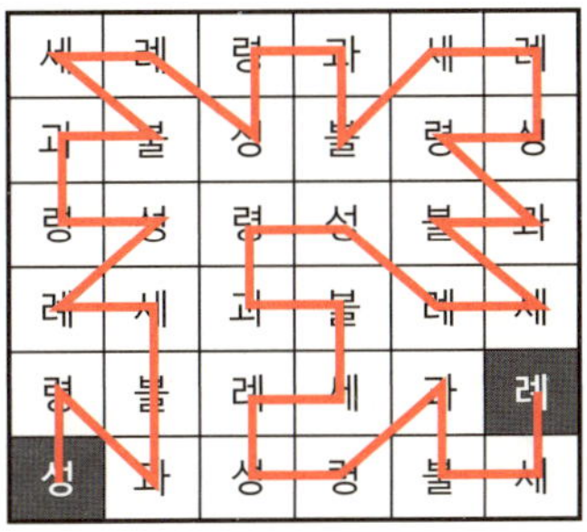

유대베들레헴

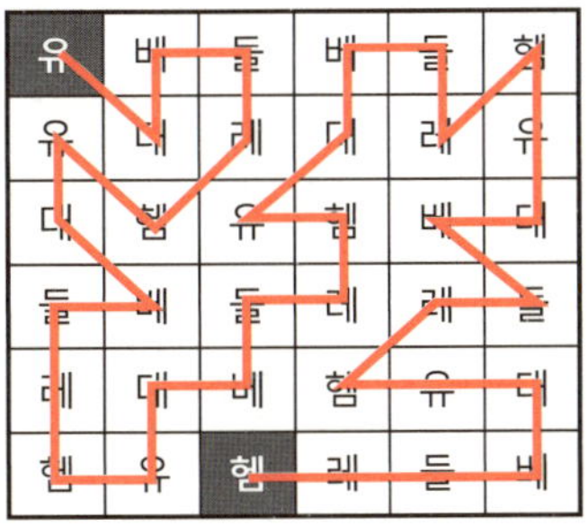

천국복음전파

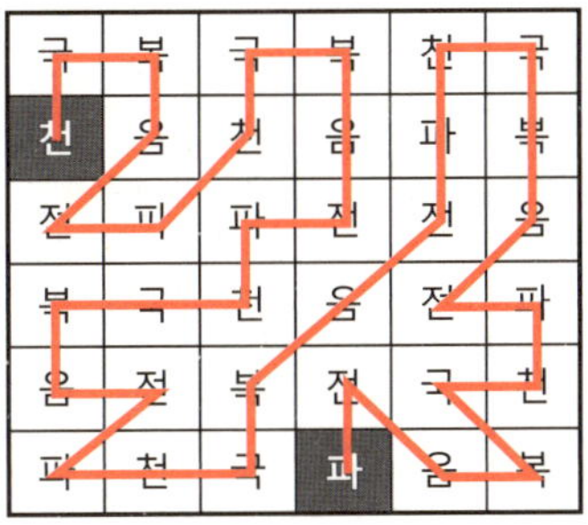

S에서 출발하여 F까지 도달하기

길 찾기 퍼즐입니다. S에서 출발하여 F에 최종적으로 도착하도록 길을 찾아갈 때 하-나-님으로 표시된 문을 지나가는데 하-나-님-하-나-님-하-나…와 같은 연속된 순서를 따라가야 합니다.

(예) 하나님

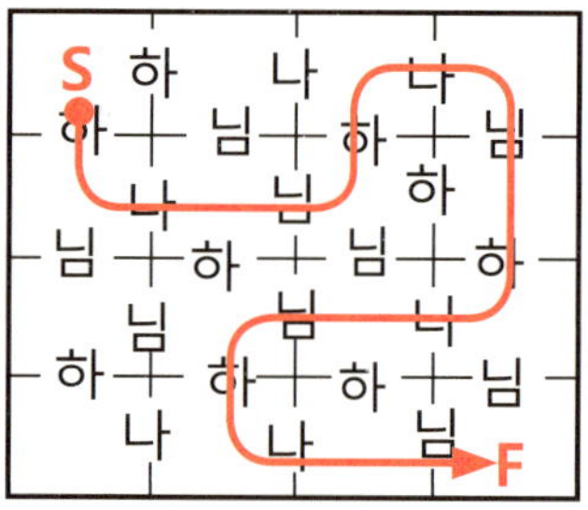

문제1 하나님

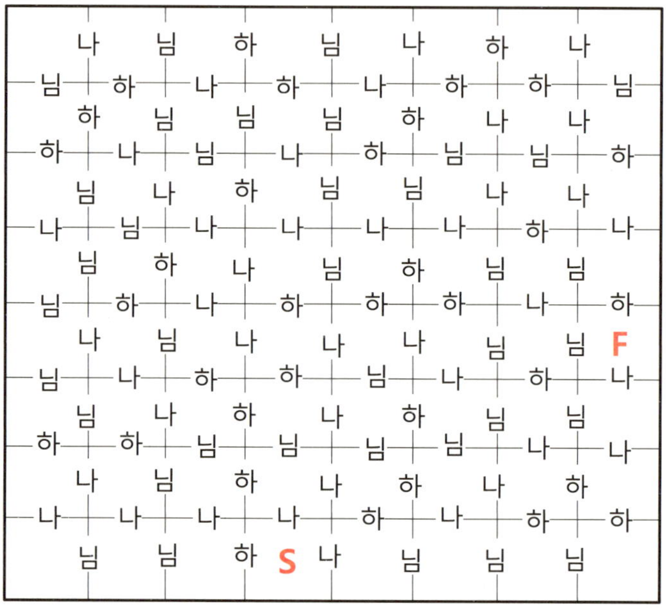

문제2 예수님

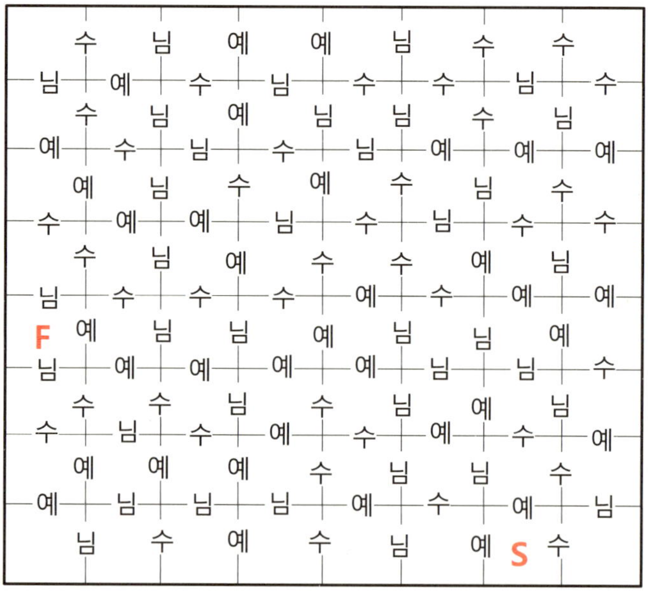

S에서 출발하여 F까지 도달하기

길 찾기 퍼즐입니다. S에서 출발하여 F에 최종적으로 도착하도록 길을 찾아갈 때 하-나-님으로 표시된 문을 지나가는데 하-나-님-하-나-님-하-나…와 같은 연속된 순서를 따라가야 합니다.

문제3 좁은문

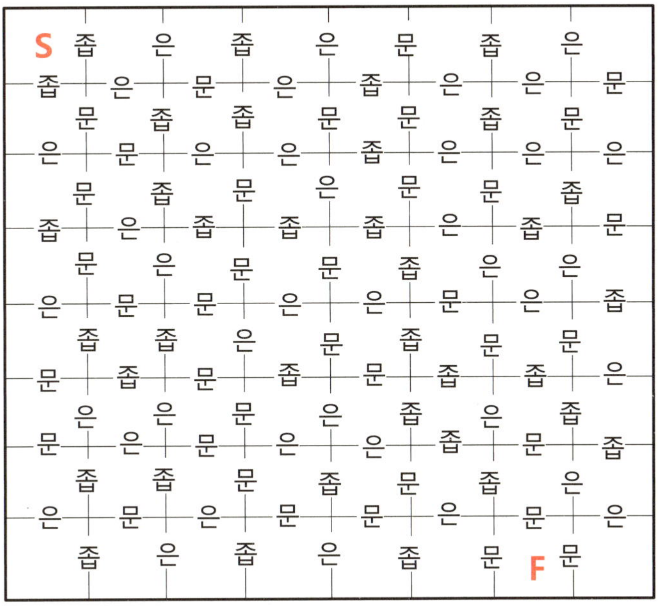

문제4 성령 충만

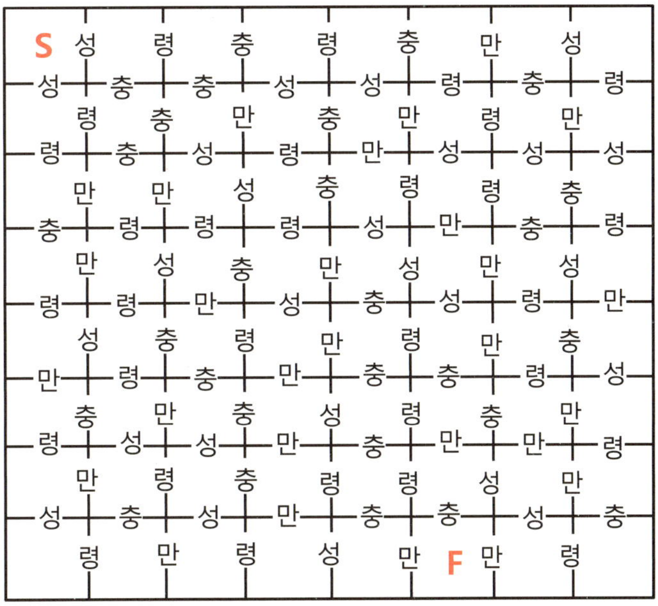

S에서 출발하여 F까지 도달하기

길 찾기 퍼즐입니다. S에서 출발하여 F에 최종적으로 도착하도록 길을 찾아갈 때 하-나-님으로 표시된 문을 지나가는데 하-나-님-하-나-님-하-나…와 같은 연속된 순서를 따라가야 합니다.

문제5 오직 예수

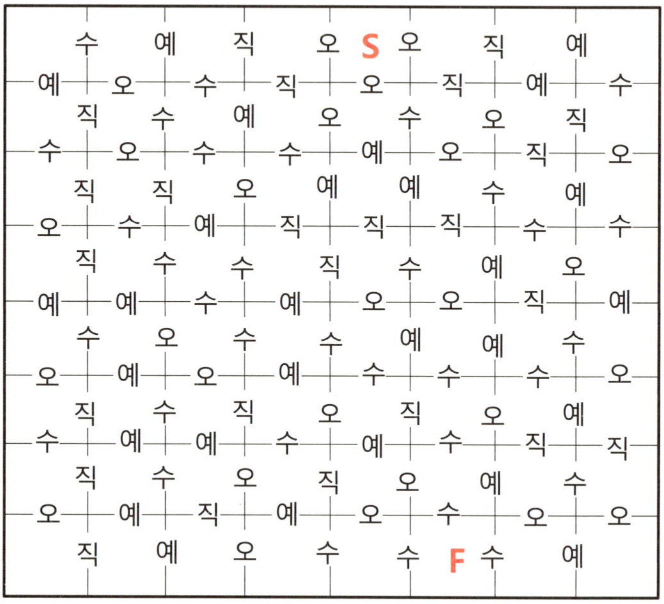

문제6 바른 믿음

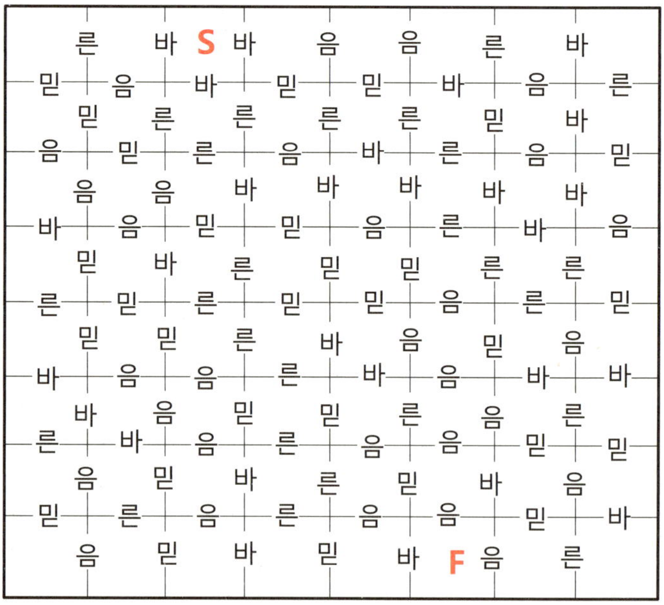

S에서 출발하여 F까지 도달하기

길 찾기 퍼즐입니다. S에서 출발하여 F에 최종적으로 도착하도록 길을 찾아갈 때 하-나-님으로 표시된 문을 지나가는데 하-나-님-하-나-님-하-나…와 같은 연속된 순서를 따라가야 합니다.

문제7 예수천당

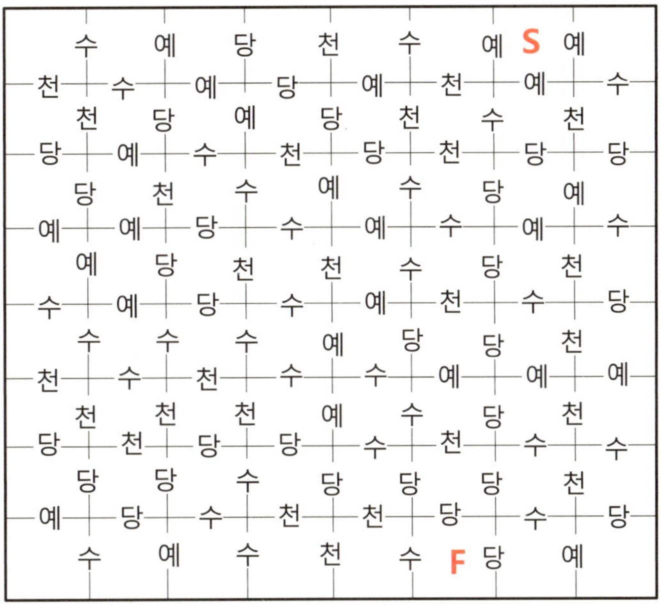

문제8 성령님

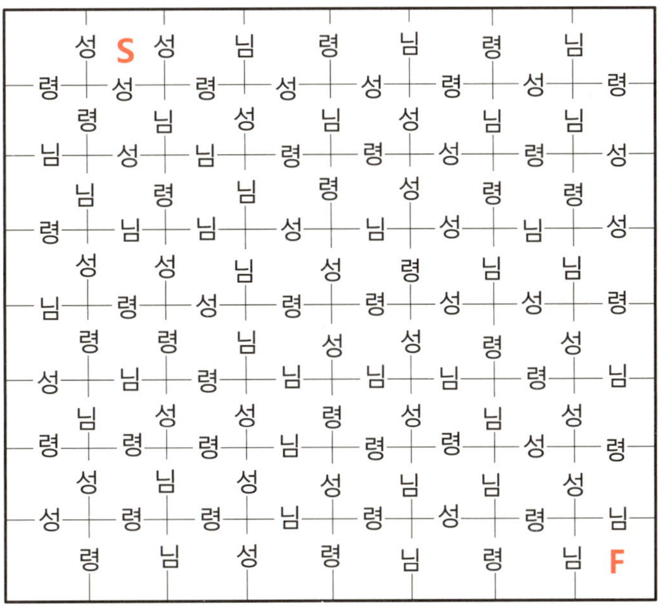

정답

문제1

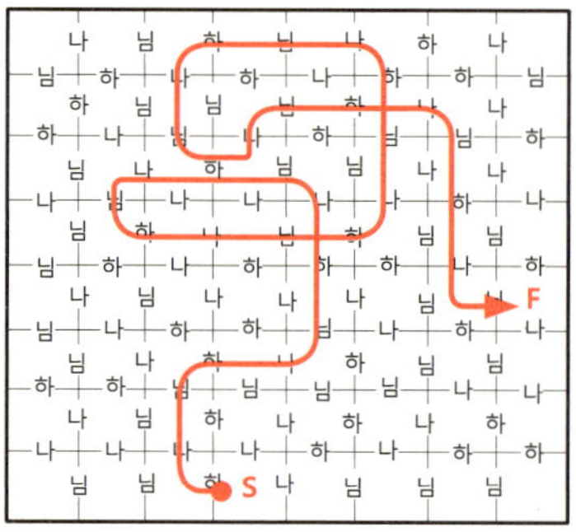

문제2

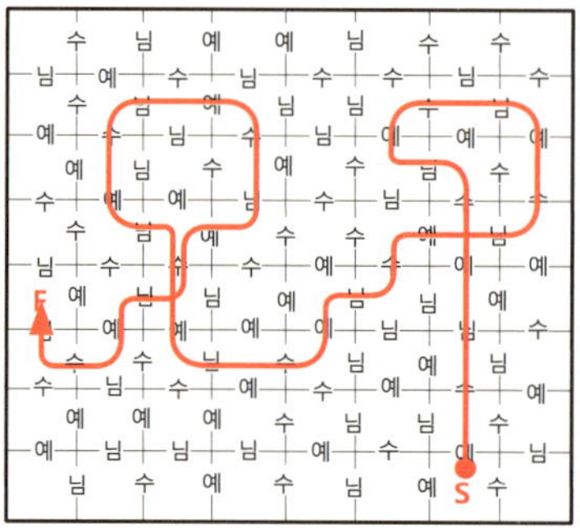

문제3

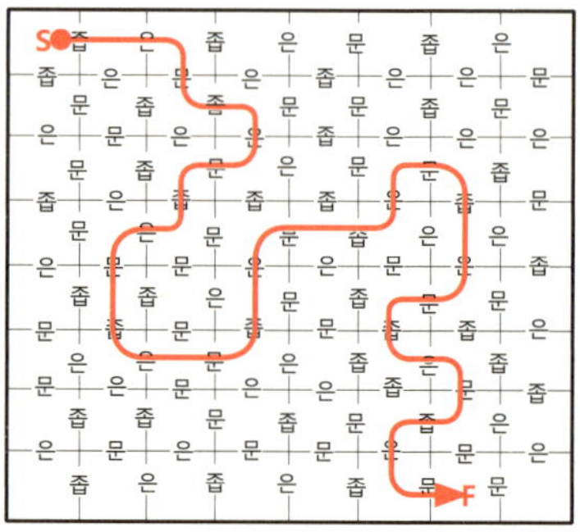

문제4

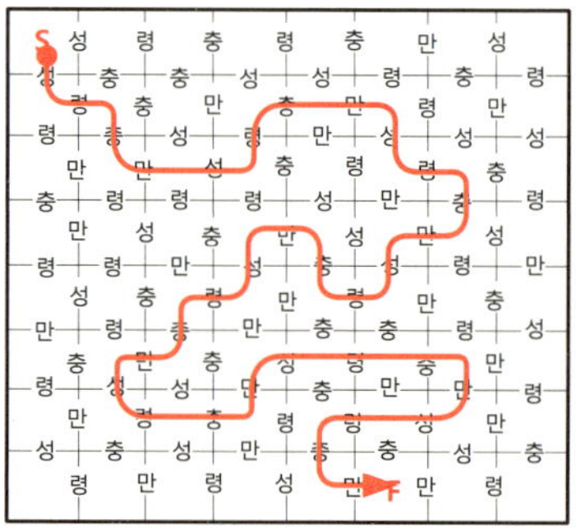

문제5

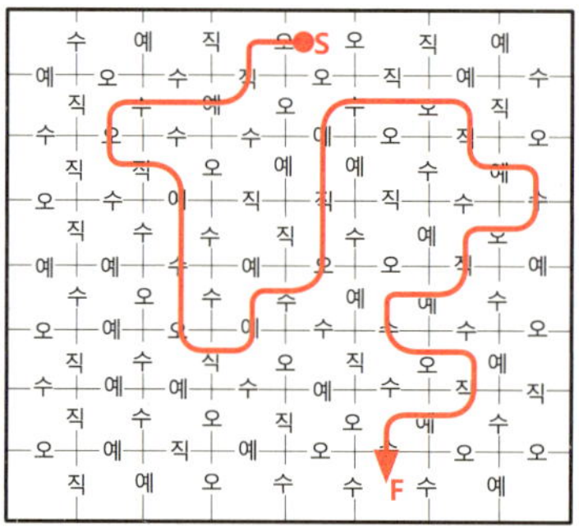

문제6

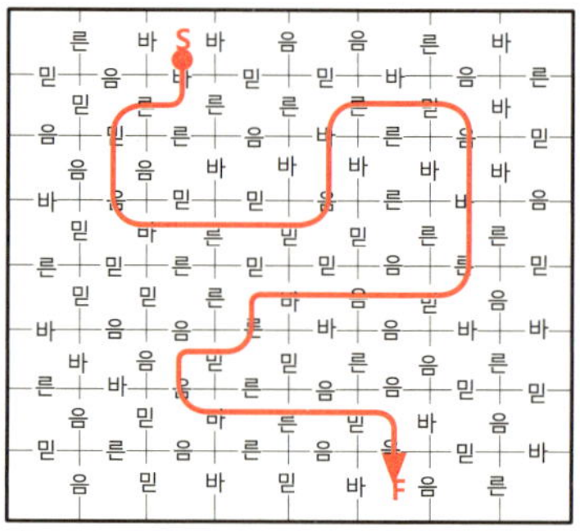

문제7

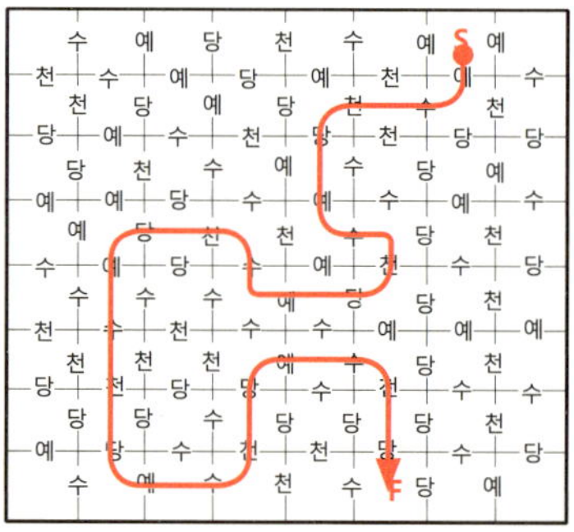

문제8

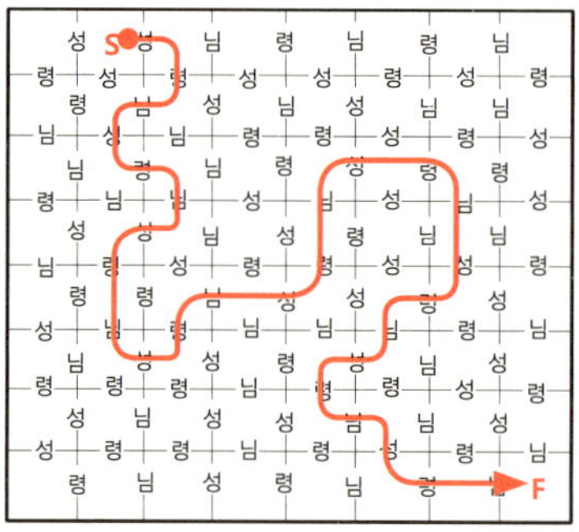

화성 수로

어떤 한 지점에서 시작하여 미로를 따라 모든 지점을 한 번씩 방문한 후 원래의 출발점으로 돌아오는 퍼즐 문제입니다. 모든 곳을 돌아오면 어떤 성경 문구가 나오는지 찾아보세요.

문제1

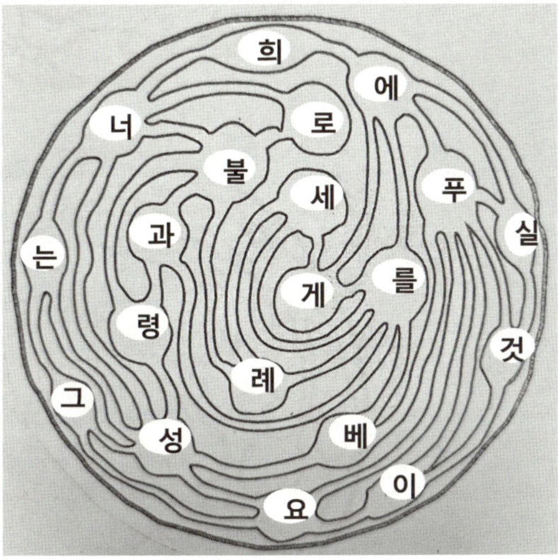

문제2

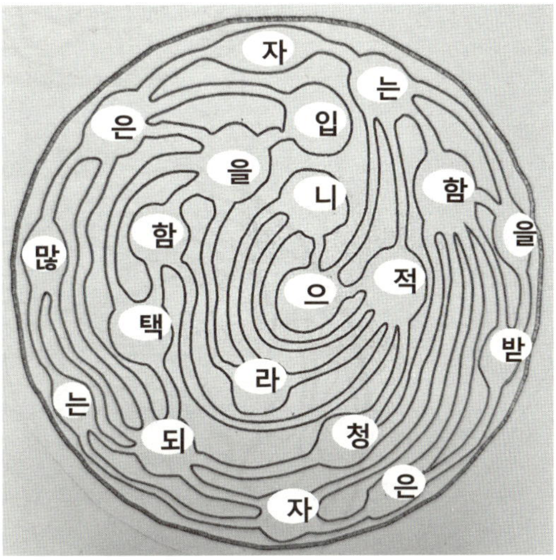

문제3

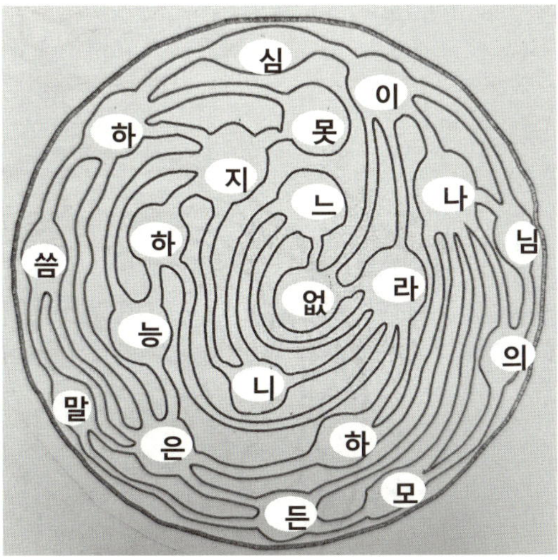

문제4

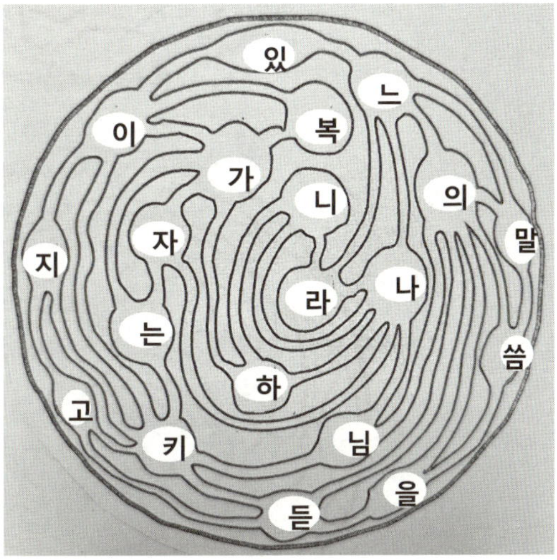

화성 수로

어떤 한 지점에서 시작하여 미로를 따라 모든 지점을 한 번씩 방문한 후 원래의 출발점으로 돌아오는 퍼즐 문제입니다. 모든 곳을 돌아오면 어떤 성경 문구가 나오는지 찾아보세요.

문제5

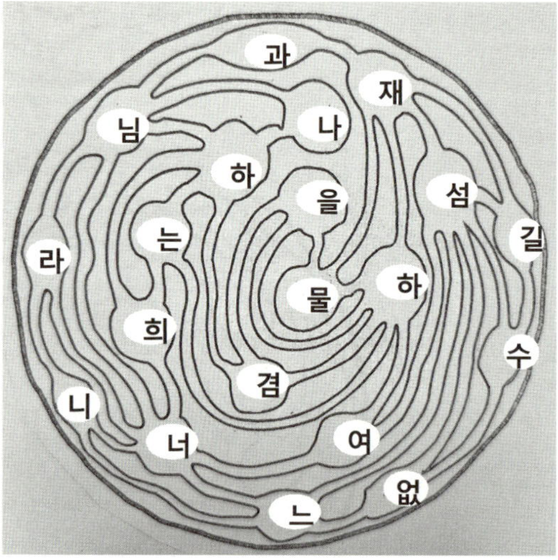

문제6

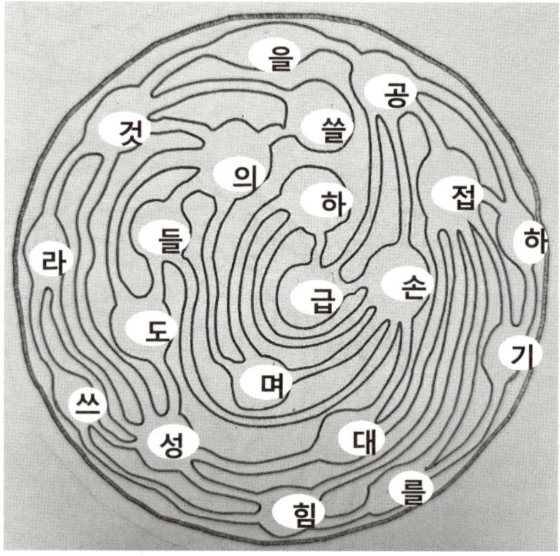

문제7

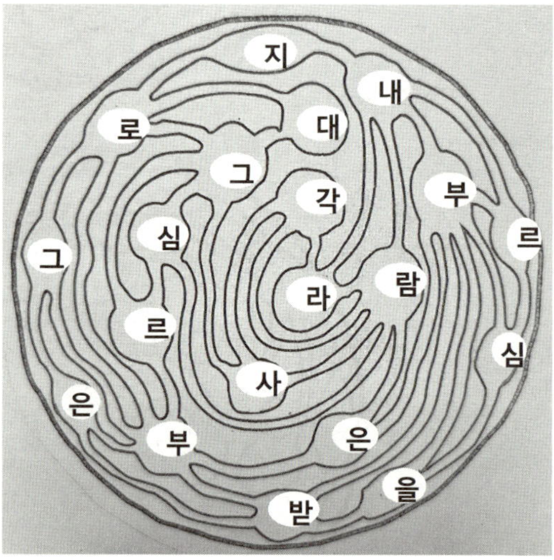

문제8

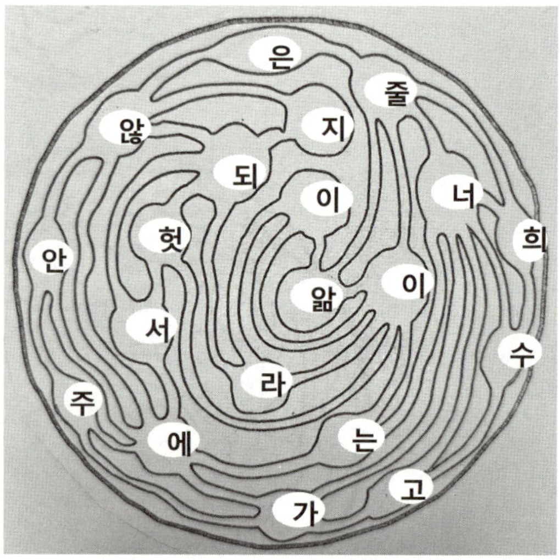

화성 수로

어떤 한 지점에서 시작하여 미로를 따라 모든 지점을 한 번씩 방문한 후 원래의 출발점으로 돌아오는 퍼즐 문제입니다. 모든 곳을 돌아오면 어떤 성경 문구가 나오는지 찾아보세요.

문제9

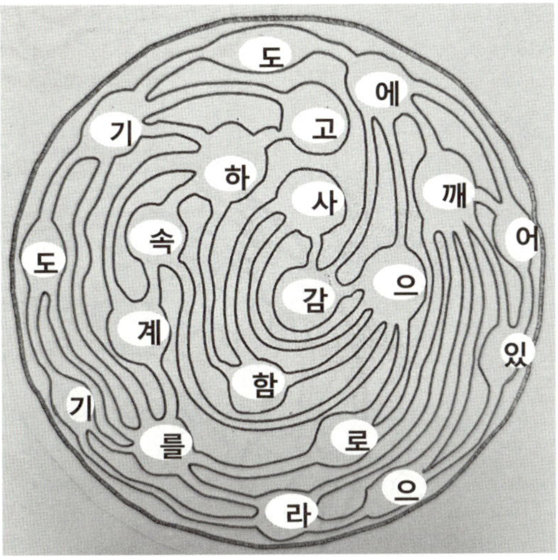

문제10

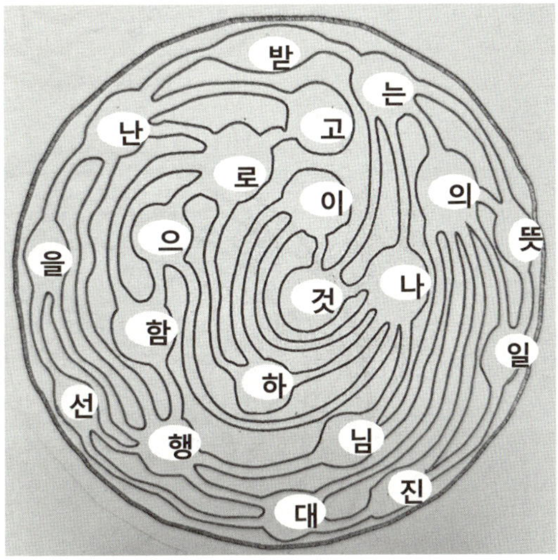

문제11

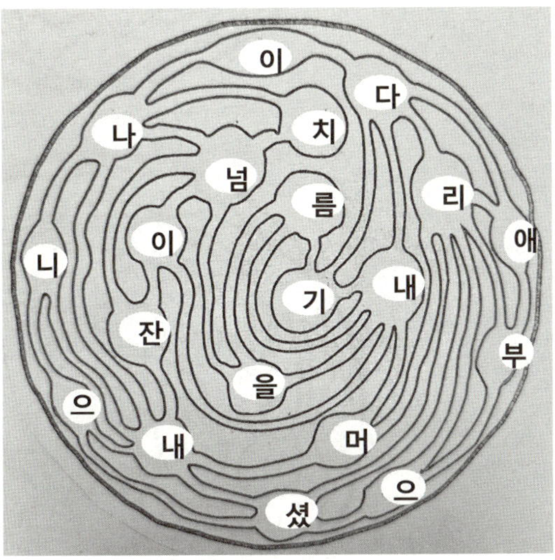

문제12

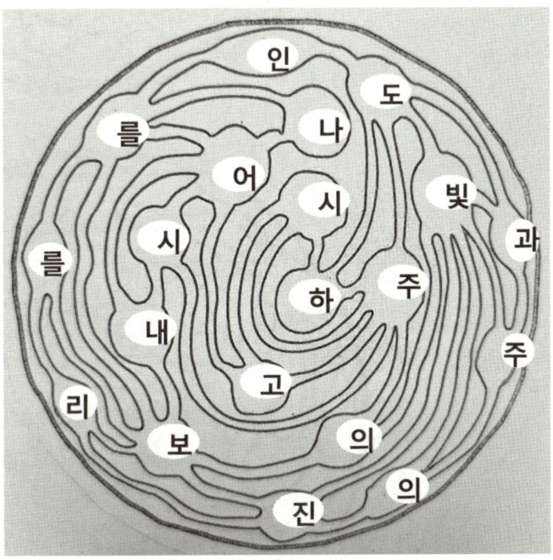

화성 수로

어떤 한 지점에서 시작하여 미로를 따라 모든 지점을 한 번씩 방문한 후 원래의 출발점으로 돌아오는 퍼즐 문제입니다. 모든 곳을 돌아오면 어떤 성경 문구가 나오는지 찾아보세요.

문제13

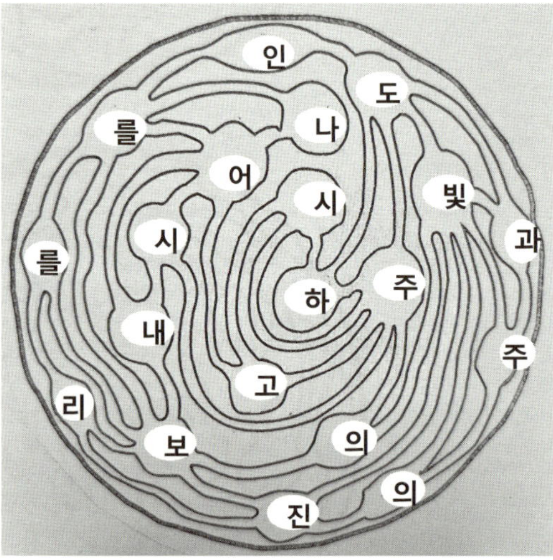

문제14

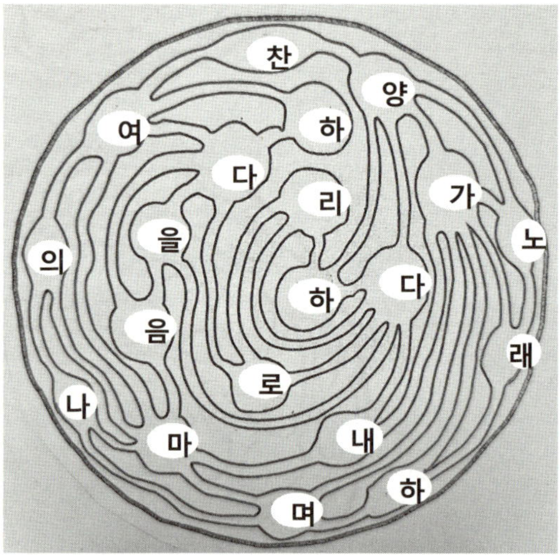

문제15

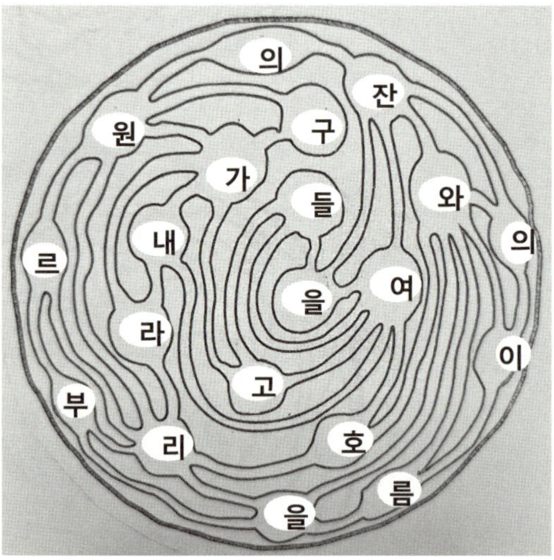

문제16

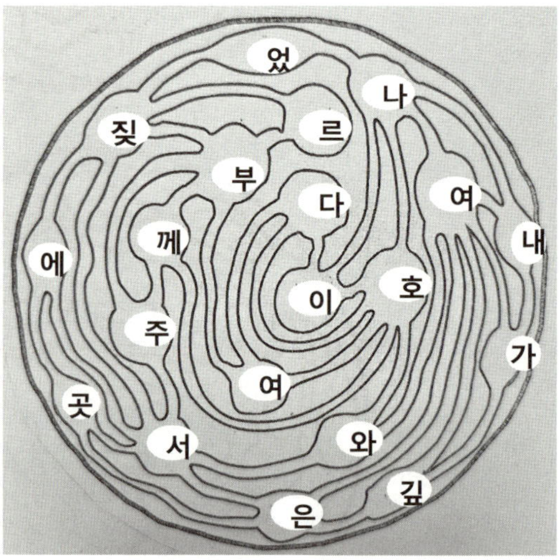

정답

문제1 그는 성령과 불로 너희에게 세례를 베푸실 것이요 (마태복음 3:11)

문제2 청함을 받은 자는 많되 택함을 입은 자는 적으니라 (마태복음 22:14)

문제3 하나님의 모든 말씀은 능하지 못하심이 없느니라 (누가복음 1:37)

문제4 하나님의 말씀을 듣고 지키는 자가 복이 있느니라 (누가복음 11:28)

문제5 너희는 하나님과 재물을 겸하여 섬길 수 없느니라 (누가복음 16:13)

문제6 성도들의 쓸 것을 공급하며 손 대접하기를 힘쓰라 (로마서 12:13)

문제7 각 사람은 부르심을 받은 그 부르심 그대로 지내라 (고린도전서 7:20)

문제8 이는 너희 수고가 주 안에서 헛되지 않은 줄 앎이라 (고린도전서 15:58)

문제9 기도를 계속하고 기도에 감사함으로 깨어 있으라 (골로새서 4:2)

문제10 선을 행함으로 고난 받는 것이 하나님의 뜻일진대 (베드로전서 3:17)

문제11 기름을 내 머리에 부으셨으니 내 잔이 넘치나이다 (시편 23:5)

문제12 주의 빛과 주의 진리를 보내시어 나를 인도하시고 (시편 43:3)

문제13 우슬초로 나를 정결하게 하소서 내가 정하리이다 (시편 51:7)

문제14 내가 노래하며 나의 마음을 다하여 찬양하리로다 (시편 108:1)

문제15 내가 구원의 잔을 들고 여호와의 이름을 부르리라 (시편 116:13)

문제16 여호와여 내가 깊은 곳에서 주께 부르짖었나이다 (시편 130:1)

벌집 미로

벌집 모양의 방이 여러 개 있고, 각 방에는 글자가 한 자씩 들어 있습니다. 어느 한 지점에서 시작하여 인접한 방을 지나가면서 모든 방을 한 번씩만 지나가도록 길을 연결하면 성경 구절이 만들어집니다. 어떤 성경 구절인지 찾아보세요.

문제1

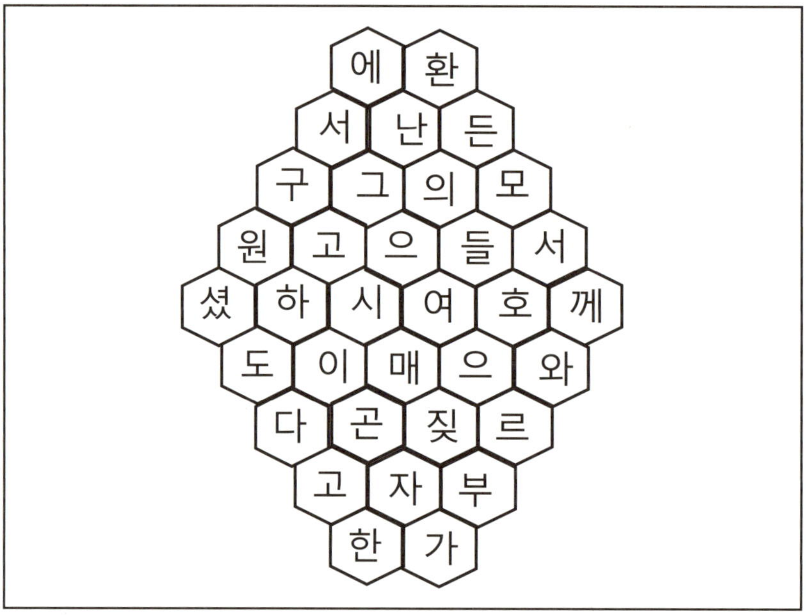

문제2

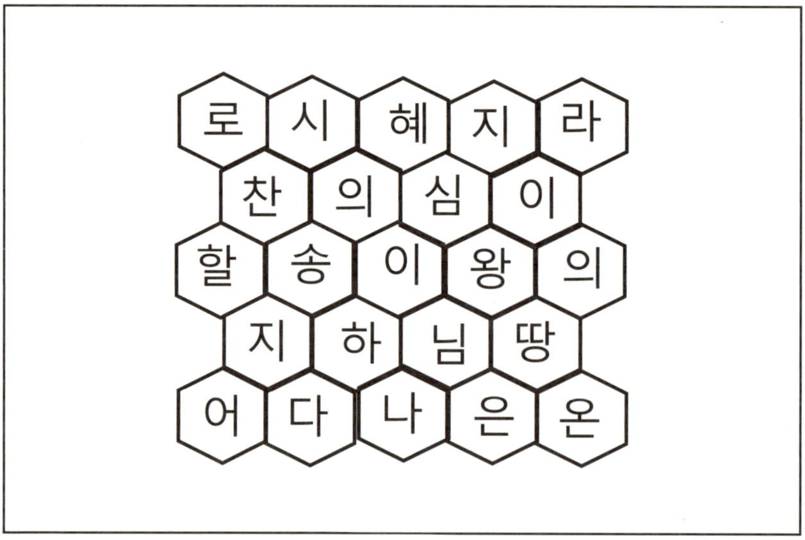

벌집 미로

벌집 모양의 방이 여러 개 있고, 각 방에는 글자가 한 자씩 들어 있습니다. 어느 한 지점에서 시작하여 인접한 방을 지나가면서 모든 방을 한 번씩만 지나가도록 길을 연결하면 성경 구절이 만들어집니다. 어떤 성경 구절인지 찾아보세요.

문제3

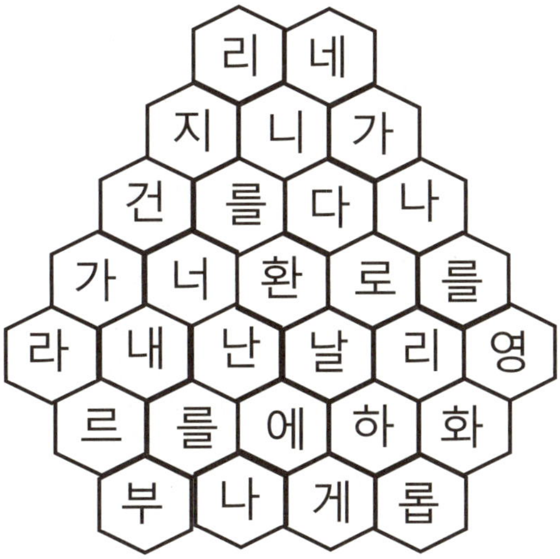

문제4

벌집 미로

벌집 모양의 방이 여러 개 있고, 각 방에는 글자가 한 자씩 들어 있습니다. 어느 한 지점에서 시작하여 인접한 방을 지나가면서 모든 방을 한 번씩만 지나가도록 길을 연결하면 성경 구절이 만들어집니다. 어떤 성경 구절인지 찾아보세요.

문제5

문제6

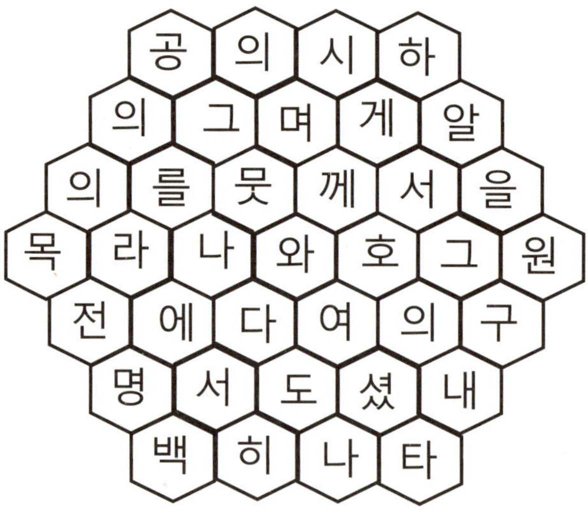

벌집 미로

벌집 모양의 방이 여러 개 있고, 각 방에는 글자가 한 자씩 들어 있습니다. 어느 한 지점에서 시작하여 인접한 방을 지나가면서 모든 방을 한 번씩만 지나가도록 길을 연결하면 성경 구절이 만들어집니다. 어떤 성경 구절인지 찾아보세요.

문제7

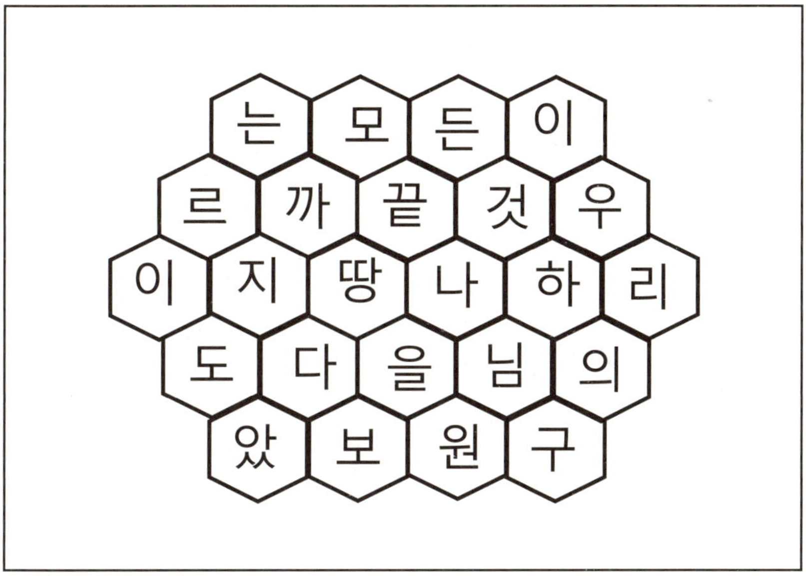

문제8

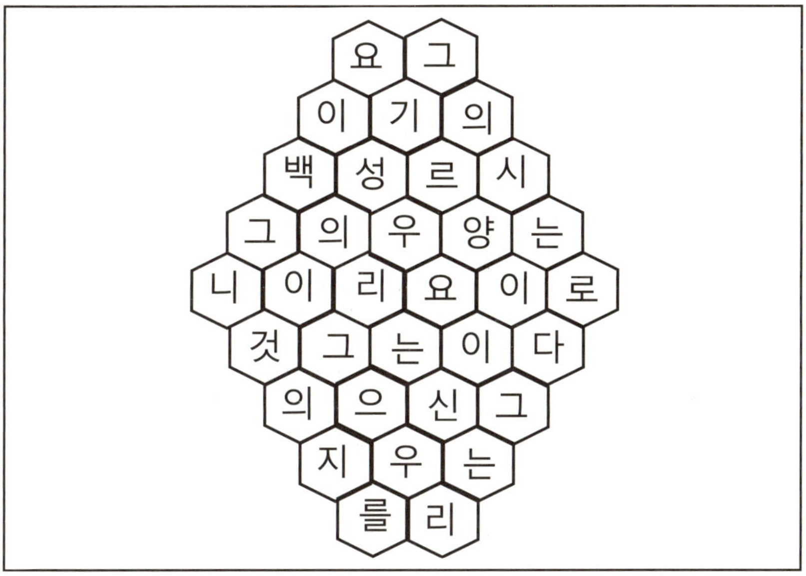

벌집 미로

벌집 모양의 방이 여러 개 있고, 각 방에는 글자가 한 자씩 들어 있습니다. 어느 한 지점에서 시작하여 인접한 방을 지나가면서 모든 방을 한 번씩만 지나가도록 길을 연결하면 성경 구절이 만들어집니다. 어떤 성경 구절인지 찾아보세요.

문제9

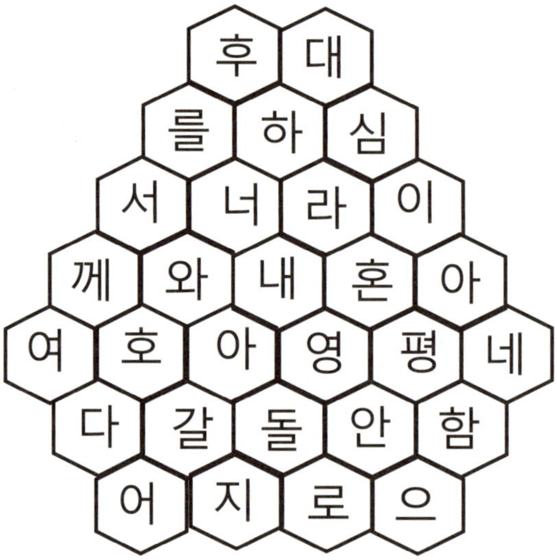

문제10

벌집 미로

벌집 모양의 방이 여러 개 있고, 각 방에는 글자가 한 자씩 들어 있습니다. 어느 한 지점에서 시작하여 인접한 방을 지나가면서 모든 방을 한 번씩만 지나가도록 길을 연결하면 성경 구절이 만들어집니다. 어떤 성경 구절인지 찾아보세요.

문제11

문제12

벌집 미로

벌집 모양의 방이 여러 개 있고, 각 방에는 글자가 한 자씩 들어 있습니다. 어느 한 지점에서 시작하여 인접한 방을 지나가면서 모든 방을 한 번씩만 지나가도록 길을 연결하면 성경 구절이 만들어집니다. 어떤 성경 구절인지 찾아보세요.

문제13

문제14

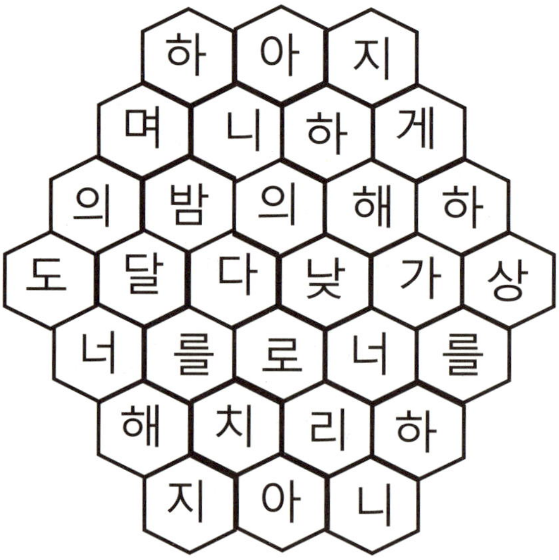

정답

문제1 교독문 21(시편 34편)
이 곤고한 자가 부르짖으매 여호와께서 들으시고 그의 모든 환난에서 구원하셨도다
문제2 교독문 25(시편 47편)
하나님은 온 땅의 왕이심이라 지혜의 시로 찬송할지어다
문제3 교독문 27(시편 51편)
하나님이여 내 속에 정한 마음을 창조하시고
문제4 교독문 26(시편 50편)
환난 날에 나를 부르라 내가 너를 건지리니 네가 나를 영화롭게 하리로다
문제5 교독문 35(시편 84편)
주의 제단에서 참새도 제 집을 얻고 제비도 새끼 둘 보금자리를 얻었나이다

문제6 교독문 42(시편 98편)
여호와께서 그의 구원을 알게 하시며 그의 공의를 뭇 나라의 목전에서 명백히 나타내셨도다
문제7 교독문 42(시편 98편)
땅끝까지 이르는 모든 것이 우리 하나님의 구원을 보았도다
문제8 교독문 44(시편 100편)
그는 우리를 지으신 이요 우리는 그의 것이니 그의 백성이요 그의 기르시는 양이로다
문제9 교독문 50(시편 116편)
내 영혼아 네 평안함으로 돌아갈지어다 여호와께서 너를 후대하심이라
문제10 교독문 44(시편 100편)
그에게 감사하며 그의 이름을 송축할지어다

문제11 교독문 50(시편 116편)
내게 주신 모든 은혜를 내가 여호와께 무엇으로 보답할까
문제12 교독문 51(시편 118편)
내가 고통 중에 여호와께 부르짖었더니 여호와께서 응답하시고 나를 넓은 곳에 세우셨도다
문제13 교독문 51(시편 118편)
여호와는 나의 능력과 찬송이시요 또 나의 구원이 되셨도다
문제14 교독문 53(시편 121편)
낮의 해가 너를 상하게 하지 아니하며 밤의 달도 너를 해치지 아니하리로다

동일 문구 n번 연결하여 도착하기

문제1

맨 윗줄 명암으로 표시된 곳(믿)에서 시작하여 맨 아랫줄 명암으로 표시된 곳(움)에서 마치되 "믿음의 선한 싸움"이 여덟 번 반복되도록 연결해 보세요. 한 칸에서 다른 칸으로 이동할 때는 수평, 수직, 대각선으로 이동할 수 있으며 이어지는 선과 선은 서로 교차되지 않아야 합니다.

선	의	믿	음	의	싸	한	선	의	한	움	싸	한	음	믿
한	음	음	선	한	선	움	움	음	선	믿	음	선	의	선
싸	의	싸	움	싸	믿	싸	선	믿	싸	움	선	믿	싸	한
움	믿	선	의	움	음	의	한	움	음	의	싸	한	움	선
움	음	의	한	음	선	한	싸	선	한	움	움	의	싸	움
싸	한	선	싸	믿	의	움	믿	의	선	싸	한	움	한	싸
한	의	움	믿	싸	움	의	음	싸	한	선	믿	의	선	한
선	믿	싸	한	의	음	믿	한	움	선	음	움	음	믿	선
의	음	움	선	믿	선	의	믿	선	의	한	싸	한	의	한
싸	선	의	음	의	한	음	한	움	싸	선	움	선	싸	음
움	한	싸	선	싸	의	믿	음	한	선	한	믿	의	믿	믿
움	믿	선	움	선	움	의	선	싸	움	음	음	움	선	싸
싸	한	의	한	싸	믿	음	한	믿	음	믿	의	한	음	한
싸	움	믿	음	움	음	선	움	싸	한	선	음	믿	믿	싸
한	선	의	음	믿	싸	의	선	한	싸	움	의	싸	움	의

동일 문구 n번 연결하여 도착하기

문제2

맨 윗줄 명암으로 표시된 곳(영)에서 시작하여 맨 아랫줄 명암으로 표시된 곳(양)에서 마치되 “영광의 주를 찬양”이 여덟 번 반복되도록 연결해 보세요. 한 칸에서 다른 칸으로 이동할 때는 수평, 수직, 대각선으로 이동할 수 있으며 이어지는 선과 선은 서로 교차되지 않아야 합니다.

영	광	의	영	양	영	광	의	주	를	찬	양	영	광	의
광	광	주	주	광	찬	영	광	를	의	광	영	주	양	주
주	의	를	찬	를	영	광	의	주	양	영	를	의	를	찬
를	찬	주	양	의	의	주	광	찬	의	광	광	양	찬	의
양	를	영	의	광	찬	영	를	양	를	의	양	양	찬	광
주	찬	주	영	광	영	찬	의	광	주	를	주	찬	영	주
양	의	양	를	의	양	를	양	주	의	주	를	의	광	를
주	를	영	찬	영	주	찬	주	의	영	광	주	양	를	의
의	찬	양	광	찬	를	광	영	양	주	광	찬	광	주	주
광	양	영	주	의	찬	의	광	찬	양	를	양	를	의	를
영	양	광	의	영	주	를	를	의	주	와	찬	양	광	찬
를	찬	주	광	를	양	영	주	양	를	양	영	주	영	양
주	의	양	찬	영	광	찬	의	광	영	주	의	찬	를	의
광	주	찬	의	양	주	광	찬	를	주	광	주	를	광	찬
영	를	를	주	광	영	광	의	주	찬	양	의	광	영	양

정답

문제1

선	의	믿	음	의	싸	한	선	의	한	움	싸	한	음	믿
한	음	음	선	한	선	움	움	음	선	믿	음	선	의	선
싸	의	싸	움	싸	믿	싸	선	믿	싸	움	선	믿	싸	한
움	믿	선	의	움	음	의	한	움	음	의	싸	한	움	선
움	음	의	한	음	선	한	싸	선	한	움	움	의	싸	움
싸	한	선	싸	믿	의	움	믿	의	선	싸	한	움	한	싸
한	의	움	믿	싸	움	의	음	싸	한	선	믿	의	선	한
선	믿	싸	한	의	음	믿	한	움	선	음	움	음	믿	선
의	음	움	선	믿	선	의	믿	선	의	한	싸	한	의	한
싸	선	의	음	의	한	음	한	움	싸	선	움	선	싸	음
움	한	싸	선	싸	의	믿	음	한	선	한	믿	의	믿	믿
움	믿	선	움	선	움	의	선	싸	움	음	음	움	선	싸
싸	한	의	한	싸	믿	음	한	믿	음	믿	의	한	음	한
싸	움	믿	음	움	음	선	움	싸	한	선	음	믿	믿	싸
한	선	의	음	믿	싸	의	선	한	싸	움	의	싸	움	의

문제2

영	광	의	영	양	영	광	의	주	를	찬	양	영	광	의
광	광	주	주	광	찬	영	광	를	의	광	영	주	양	주
주	의	를	찬	를	영	광	의	주	양	영	를	의	를	찬
를	찬	주	양	의	의	주	광	찬	의	광	광	양	찬	의
양	를	영	의	광	찬	영	를	양	를	의	양	양	찬	광
주	찬	주	영	광	영	찬	의	광	주	를	주	찬	영	주
양	의	양	를	의	양	를	양	주	의	주	를	의	광	를
주	를	영	찬	영	주	찬	주	의	영	광	주	양	를	의
의	찬	양	광	찬	를	광	영	양	주	광	찬	광	주	주
광	양	영	주	의	찬	의	광	찬	양	를	양	를	의	를
영	양	광	의	영	주	를	를	의	주	와	찬	양	광	찬
를	찬	주	광	를	양	영	주	양	를	양	영	주	영	양
주	의	양	찬	영	광	찬	의	광	영	주	의	찬	를	의
광	주	찬	의	양	주	광	찬	를	주	광	주	를	광	찬
영	를	를	주	광	영	광	의	주	찬	양	의	광	영	양

대각선 Drop

가장 윗줄의 어느 칸에서 시작하여 아래로 한 줄씩 내려가는데, 대각선 방향으로만 움직여서 다음 칸으로 이동할 수 있습니다. 대각선으로 이동하는 중에 '교만'이라는 단어는 지나갈 수 없으며, 또한 같은 단어로도 이동할 수 없습니다. 위와 같은 조건에 맞도록 이동하여 맨 밑줄까지 도착하는 경로를 찾아보세요.

문제1

은혜	인내	긍휼	온유	믿음	경외	사랑	자비
사랑	믿음	인내	은혜	교만	믿음	긍휼	인내
자비	사랑	믿음	교만	은혜	인내	온유	믿음
인내	자비	긍휼	믿음	인내	온유	교만	온유
자비	사랑	교만	은혜	인내	온유	경외	믿음
사랑	교만	긍휼	온유	은혜	인내	은혜	경외
경외	긍휼	믿음	교만	온유	은혜	인내	경외
온유	믿음	은혜	교만	경외	긍휼	교만	자비

문제2

믿음	충성	사랑	절제	인내	믿음	온유	소망
온유	사랑	절제	믿음	충성	인내	소망	절제
믿음	온유	소망	충성	교만	충성	믿음	사랑
사랑	절제	믿음	충성	교만	소망	사랑	온유
충성	교만	은혜	온유	충성	절제	교만	사랑
은혜	인내	온유	교만	온유	믿음	소망	충성
절제	은혜	인내	믿음	교만	소망	믿음	은혜
충성	교만	믿음	인내	믿음	절제	교만	인내

대각선 Drop

가장 윗줄의 어느 칸에서 시작하여 아래로 한 줄씩 내려가는데, 대각선 방향으로만 움직여서 다음 칸으로 이동할 수 있습니다. 대각선으로 이동하는 중에 '교만'이라는 단어는 지나갈 수 없으며, 또한 같은 단어로도 이동할 수 없습니다. 위와 같은 조건에 맞도록 이동하여 맨 밑줄까지 도착하는 경로를 찾아보세요.

문제3

믿음	충성	소망	절제	인내	믿음	온유	사랑
온유	사랑	절제	믿음	절제	인내	교만	소망
믿음	온유	소망	절제	교만	충성	믿음	절제
사랑	절제	믿음	소망	충성	교만	사랑	온유
충성	사랑	은혜	인내	충성	사랑	교만	믿음
교만	인내	사랑	은혜	온유	믿음	교만	충성
절제	사랑	인내	교만	교만	소망	믿음	은혜
충성	교만	사랑	인내	온유	믿음	소망	인내

문제4

은혜	인내	자비	온유	믿음	경외	사랑	자비
믿음	은혜	긍휼	은혜	교만	사랑	긍휼	온유
긍휼	교만	은혜	긍휼	경외	인내	온유	믿음
인내	자비	믿음	믿음	인내	경외	교만	사랑
경외	믿음	인내	교만	믿음	자비	사랑	은혜
사랑	교만	긍휼	인내	자비	온유	은혜	사랑
긍휼	경외	인내	교만	온유	자비	온유	경외
온유	믿음	교만	온유	경외	긍휼	자비	인내

정답

문제1

은혜	인내	긍휼	온유	믿음	경외	사랑	자비
사랑	믿음	인내	은혜	교만	믿음	긍휼	인내
자비	사랑	믿음	교만	은혜	인내	온유	믿음
인내	자비	긍휼	믿음	인내	온유	교만	온유
자비	사랑	교만	은혜	인내	온유	경외	믿음
사랑	교만	긍휼	온유	은혜	인내	은혜	경외
경외	긍휼	믿음	교만	온유	은혜	인내	경외
온유	믿음	은혜	교만	경외	긍휼	교만	자비

문제2

믿음	충성	사랑	절제	인내	믿음	온유	소망
온유	사랑	절제	믿음	충성	인내	소망	절제
믿음	온유	소망	충성	교만	충성	믿음	사랑
사랑	절제	믿음	충성	교만	소망	사랑	온유
충성	교만	은혜	온유	충성	절제	교만	사랑
은혜	인내	온유	교만	온유	믿음	소망	충성
절제	은혜	인내	믿음	교만	소망	믿음	은혜
충성	교만	믿음	인내	믿음	절제	교만	인내

문제3

믿음	충성	소망	절제	인내	믿음	온유	사랑
온유	사랑	절제	믿음	절제	인내	교만	소망
믿음	온유	소망	절제	교만	충성	믿음	절제
사랑	절제	믿음	소망	충성	교만	사랑	온유
충성	사랑	은혜	인내	충성	사랑	교만	믿음
교만	인내	사랑	은혜	온유	믿음	교만	충성
절제	사랑	인내	교만	교만	소망	믿음	은혜
충성	교만	사랑	인내	온유	믿음	소망	인내

문제4

은혜	인내	자비	온유	믿음	경외	사랑	자비
믿음	은혜	긍휼	은혜	교만	사랑	긍휼	온유
긍휼	교만	은혜	긍휼	경외	인내	온유	믿음
인내	자비	믿음	믿음	인내	경외	교만	사랑
경외	믿음	인내	교만	믿음	자비	사랑	은혜
사랑	교만	긍휼	인내	자비	온유	은혜	사랑
긍휼	경외	인내	교만	온유	자비	온유	경외
온유	믿음	교만	온유	경외	긍휼	자비	인내

Either way

퍼즐판 위에는 네 종류의 도형과 네 종류의 단어가 있고, 맨 왼쪽 상단에서 맨 오른쪽 하단으로 이동하는 경로를 찾는 미로입니다. 인접한 모양이 같거나 단어가 같아야 이동할 수 있습니다. 한 칸씩 수평 또는 수직으로 이동할 수 있으며, 대각선 이동은 허락되지 않습니다. 이동 경로를 찾아보세요.

문제1

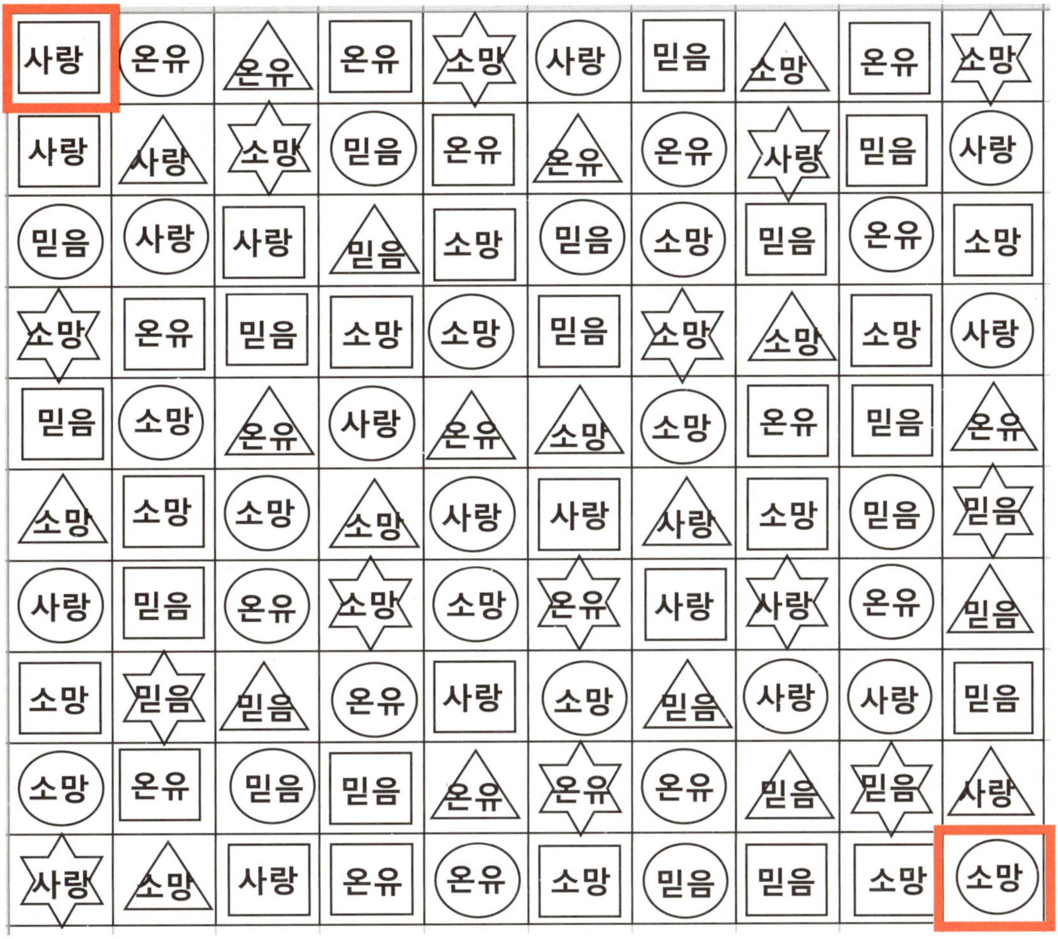

Either way

퍼즐판 위에는 네 종류의 도형과 네 종류의 단어가 있고, 맨 왼쪽 상단에서 맨 오른쪽 하단으로 이동하는 경로를 찾는 미로입니다. 인접한 모양이 같거나 단어가 같아야 이동할 수 있습니다. 한 칸씩 수평 또는 수직으로 이동할 수 있으며, 대각선 이동은 허락되지 않습니다. 이동 경로를 찾아보세요.

문제2

○ 은혜	□ 은혜	△ 경건	✡ 겸손	○ 인내	○ 은혜	□ 은혜	△ 은혜	✡ 은혜	✡ 인내
○ 경건	△ 은혜	△ 인내	□ 경건	○ 겸손	△ 겸손	□ 인내	△ 경건	○ 은혜	△ 인내
△ 경건	□ 겸손	○ 인내	○ 겸손	□ 인내	✡ 인내	□ 은혜	△ 경건	○ 은혜	✡ 겸손
△ 겸손	○ 인내	□ 인내	△ 경건	✡ 겸손	✡ 은혜	○ 은혜	✡ 경건	△ 경건	△ 겸손
△ 은혜	✡ 인내	□ 경건	□ 은혜	○ 은혜	○ 경건	○ 겸손	△ 인내	△ 인내	□ 겸손
□ 인내	✡ 은혜	□ 경건	○ 겸손	△ 인내	△ 겸손	✡ 겸손	○ 은혜	○ 은혜	✡ 겸손
□ 겸손	△ 겸손	△ 경건	△ 은혜	○ 은혜	○ 경건	□ 경건	○ 겸손	○ 인내	△ 겸손
△ 인내	○ 인내	□ 은혜	□ 경건	△ 은혜	○ 경건	□ 겸손	✡ 인내	✡ 겸손	○ 겸손
△ 인내	□ 겸손	○ 경건	○ 겸손	✡ 경건	✡ 인내	□ 겸손	△ 인내	○ 겸손	△ 은혜
○ 은혜	□ 경건	△ 경건	✡ 은혜	□ 겸손	△ 은혜	△ 인내	✡ 경건	○ 겸손	□ 겸손

Either way

퍼즐판 위에는 네 종류의 도형과 네 종류의 단어가 있고, 맨 왼쪽 상단에서 맨 오른쪽 하단으로 이동하는 경로를 찾는 미로입니다. 인접한 모양이 같거나 단어가 같아야 이동할 수 있습니다. 한 칸씩 수평 또는 수직으로 이동할 수 있으며, 대각선 이동은 허락되지 않습니다. 이동 경로를 찾아보세요.

문제3

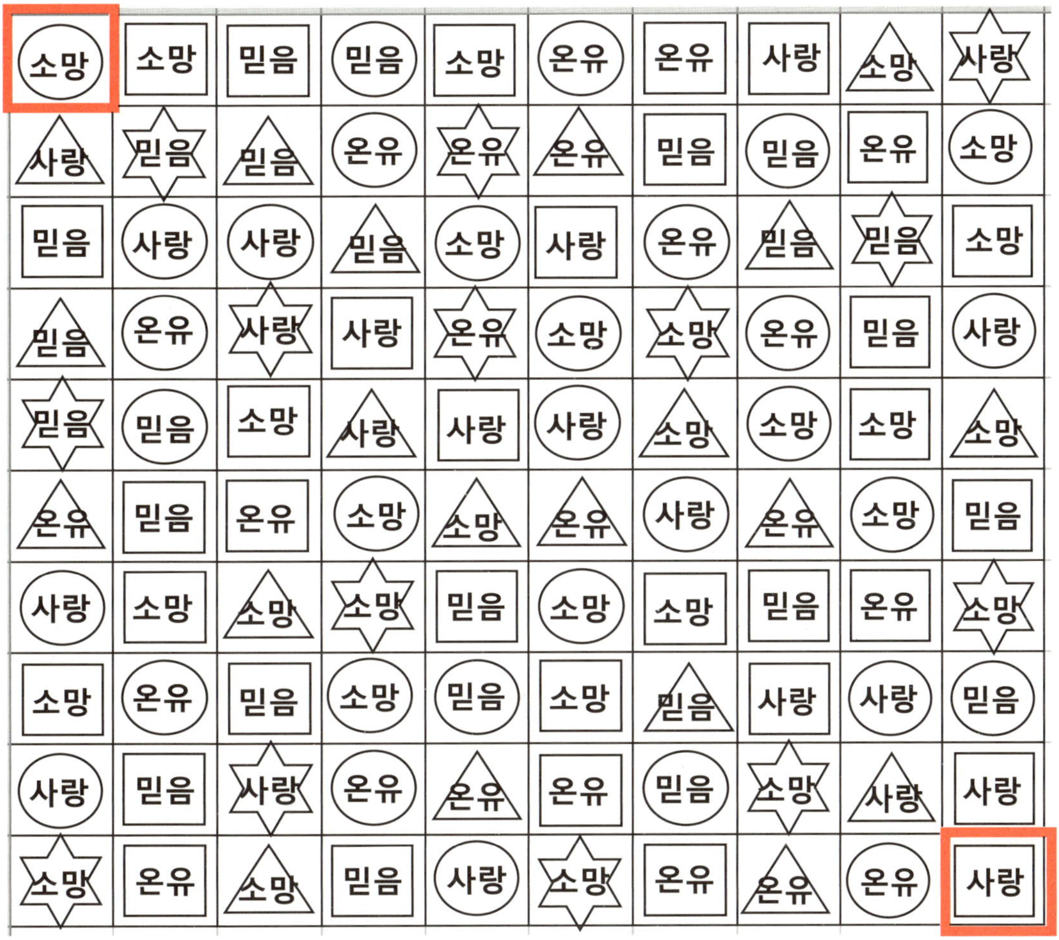

Either way

퍼즐판 위에는 네 종류의 도형과 네 종류의 단어가 있고, 맨 왼쪽 상단에서 맨 오른쪽 하단으로 이동하는 경로를 찾는 미로입니다. 인접한 모양이 같거나 단어가 같아야 이동할 수 있습니다. 한 칸씩 수평 또는 수직으로 이동할 수 있으며, 대각선 이동은 허락되지 않습니다. 이동 경로를 찾아보세요.

문제4

겸손	겸손	경건	인내	은혜	겸손	은혜	경건	경건	은혜
은혜	겸손	인내	겸손	인내	경건	겸손	경건	겸손	인내
겸손	겸손	인내	겸손	경건	은혜	경건	은혜	인내	인내
겸손	인내	겸손	경건	경건	은혜	은혜	경건	겸손	겸손
겸손	은혜	은혜	겸손	겸손	인내	겸손	경건	은혜	인내
겸손	인내	인내	겸손	경건	은혜	은혜	경건	인내	은혜
겸손	경건	경건	은혜	은혜	겸손	경건	인내	인내	겸손
겸손	은혜	경건	은혜	인내	인내	겸손	인내	겸손	경건
인내	은혜	경건	인내	겸손	겸손	경건	인내	은혜	경건
인내	은혜	은혜	은혜	은혜	인내	겸손	경건	은혜	은혜

정답

문제1

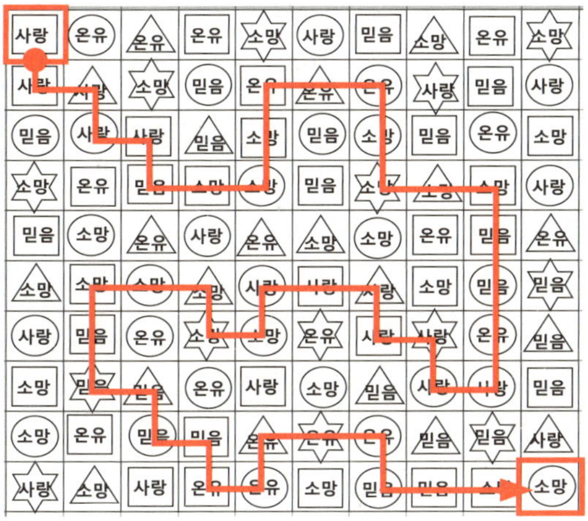

문제2

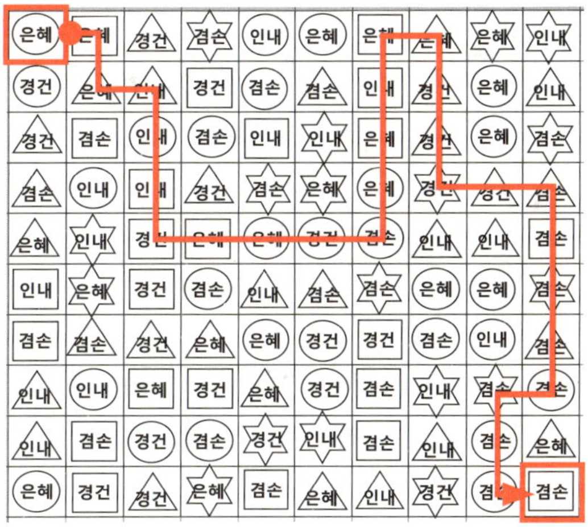

문제3

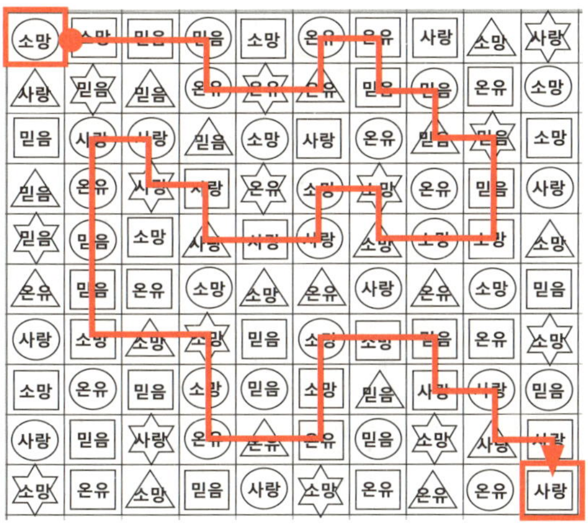

문제4

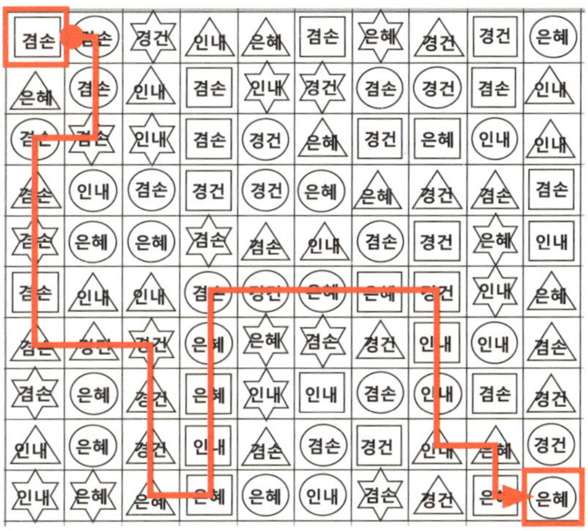

King's road

10x10 퍼즐판 위에 100자로 된 성경 문구가 모든 칸에 정확히 한 자씩 들어가야 하는 퍼즐입니다. 말씀이 연결되도록 글자를 넣어 보세요. 첫 자와 마지막 자를 포함하여 이미 상당수의 글자가 글자판 위에 쓰여 있습니다. 성경 문구는 가로, 세로, 대각선 어느 방향으로든 한 번에 한 칸씩만 움직일 수 있습니다.

문제1

"**피**차 사랑의 빚 외에는 아무에게든지 아무 빚도 지지 말라 남을 사랑하는 자는 율법을 다 이루었느니라 간음하지 말라, 살인하지 말라, 도둑질하지 말라, 탐내지 말라 한 것과 그 외에 다른 계명이 있을지라도 네 이웃을 네 자신과 같이 사랑하라 하신 그 말**씀**" 가운데 다 들었느니라 (로마서 13:8~9)

					외			계	명
질	하	탐	한	것			자		
	내	지		같	랑			네	
도						그			
라	말		하		씀			네	지
								도	
	하	니		랑		무	다		
음		피		의				랑	는
		에	외	든	도	말			
	무							을	

King's road

10x10 퍼즐판 위에 100자로 된 성경 문구가 모든 칸에 정확히 한 자씩 들어가야 하는 퍼즐입니다. 말씀이 연결되도록 글자를 넣어 보세요. 첫 자와 마지막 자를 포함하여 이미 상당수의 글자가 글자판 위에 쓰여 있습니다. 성경 문구는 가로, 세로, 대각선 어느 방향으로든 한 번에 한 칸씩만 움직일 수 있습니다.

문제2

"**아**버지께서 아들에게 주신 모든 사람에게 영생을 주게 하시려고 만민을 다스리는 권세를 아들에게 주셨음이로소이다 영생은 곧 유일하신 참 하나님과 그가 보내신 자 예수 그리스도를 아는 것이니이다 아버지께서 내게 하라고 주신 일을 내가 이루**어**" 아버지를 이 세상에서 영화롭게 하였사오니 (요한복음 17:2~4)

	리					서			
		를	것				하	께	
	도		아	주	일			들	
자		니				아			게
신		가			가		모		게
	유		과		어			람	
		신	님		에	아		을	
생		참					주		
	이	소	셨		권			민	시
		이				다	만		

King's road

10x10 퍼즐판 위에 100자로 된 성경 문구가 모든 칸에 정확히 한 자씩 들어가야 하는 퍼즐입니다. 말씀이 연결되도록 글자를 넣어 보세요. 첫 자와 마지막 자를 포함하여 이미 상당수의 글자가 글자판 위에 쓰여 있습니다. 성경 문구는 가로, 세로, 대각선 어느 방향으로든 한 번에 한 칸씩만 움직일 수 있습니다.

문제3

"**여**호와는 네게 복을 주시고 너를 지키시기를 원하며 여호와는 그의 얼굴을 네게 비추사 은혜 베푸시기를 원하며 여호와는 그 얼굴을 네게로 향하여 드사 평강 주시기를 원하노라 할지니라 하라 그들은 이같이 내 이름으로 이스라엘 자손에게 축복할**지**"니 내가 그들에게 복을 주리라 (민수기 6:24~27)

			네			혜			
시		복			사		푸	원	를
	너			게					며
	시	**여**	을	굴	기			와	
키					**지**			하	
원			네		할		스		
하	의				에	게		으	
					자				할
	는	향	사		내			라	
				드	이		하		

King's road

10x10 퍼즐판 위에 100자로 된 성경 문구가 모든 칸에 정확히 한 자씩 들어가야 하는 퍼즐입니다. 말씀이 연결되도록 글자를 넣어 보세요. 첫 자와 마지막 자를 포함하여 이미 상당수의 글자가 글자판 위에 쓰여 있습니다. 성경 문구는 가로, 세로, 대각선 어느 방향으로든 한 번에 한 칸씩만 움직일 수 있습니다.

문제4

"**나**는 너희에게 이르노니 너희 원수를 사랑하며 너희를 박해하는 자를 위하여 기도하라 이같이 한즉 하늘에 계신 너희 아버지의 아들이 되리니 이는 하나님이 그 해를 악인과 선인에게 비추시며 비를 의로운 자와 불의한 자에게 내려 주심이라 너희가 **너**"희를 사랑하는 자를 사랑하면 무슨 상이 있으리요 세리도 이같이 아니하느냐 (마태복음 5:44~46)

라					희				
	이				를	며	사		희
	즉		자	위		를	**나**		게
한	에			해	를		원	희	
								너	
	나	게					선	니	
희	너			희		**너**	이	인	
		는		한			추		
	의	지		불		운	로	시	
				니				를	

King's road

10x10 퍼즐판 위에 100자로 된 성경 문구가 모든 칸에 정확히 한 자씩 들어가야 하는 퍼즐입니다. 말씀이 연결되도록 글자를 넣어 보세요. 첫 자와 마지막 자를 포함하여 이미 상당수의 글자가 글자판 위에 쓰여 있습니다. 성경 문구는 가로, 세로, 대각선 어느 방향으로든 한 번에 한 칸씩만 움직일 수 있습니다.

문제5

"**너**희는 무엇을 먹을까 무엇을 마실까 하여 구하지 말며 근심하지도 말라 이 모든 것은 세상 백성들이 구하는 것이라 너희 아버지께서는 이런 것이 너희에게 있어야 할 것을 아시느니라 다만 너희는 그의 나라를 구하라 그리하면 이런 것들을 너희에게 **더**"하시리라 (누가복음 12:29~31)

께		는					을		
	버			것	야			라	
	아	희					너		니
			게		하	런	들		는
라	는		는		라	것	**더**		그
	을		**너**						
엇				이				나	
마	을	무						상	
			며	말	하	말			
까		여			지			모	든

King's road

10x10 퍼즐판 위에 100자로 된 성경 문구가 모든 칸에 정확히 한 자씩 들어가야 하는 퍼즐입니다. 말씀이 연결되도록 글자를 넣어 보세요. 첫 자와 마지막 자를 포함하여 이미 상당수의 글자가 글자판 위에 쓰여 있습니다. 성경 문구는 가로, 세로, 대각선 어느 방향으로든 한 번에 한 칸씩만 움직일 수 있습니다.

문제6

"**내**가 진실로 진실로 너희에게 이르노니 내 말을 듣고 또 나 보내신 이를 믿는 자는 영생을 얻었고 심판에 이르지 아니하나니 사망에서 생명으로 옮겼느니라 진실로 진실로 너희에게 이르노니 죽은 자들이 하나님의 아들의 음성을 들을 때가 오나니 곧 **이**"때라 듣는 자는 살아나리라 (요한복음 5:24~25)

명	으		니		진				르
		옮		진			희		노
	에		사		로		**내**		자
하						가			
		아	판	에			**이**	나	
자	영		고			을			하
		을			로	진			
믿	를					이			님
			말				로		
	보	또			희			들	

정답

성경 문구의 연결을 쉽게 알 수 있도록 숫자로 보여주고 있습니다. 글자 연결을 확인해 보세요.

문제1

지	말	라	과	그	외	에	다	계	명
질	하	탐	한	것	과	신	자	든	이
독	내	지	라	갈	랑	하	라	네	있
도	라	말	이	사	말	그	하	을	을
라	말	지	하	었	씀	신	옷	네	지
말	살	인	느	사	루	이	이	도	라
지	하	니	차	랑	아	무	다	법	을
음	라	피	빛	의	지	빛	을	랑	는
간	는	에	외	든	도	말	사	하	자
아	무	에	게	지	지	라	남	을	는

					외			계	명
질	하	탐	한	것			자		
	내	지		갈	랑			네	
도						그			
라	말		하		씀			네	지
								도	
	하	니		랑		무	다		
음		피		의				랑	는
		에	외	든	도	말			
	무							을	

58	59	60	68	69	70	71	72	74	75
56	57	61	66	67	89	88	87	73	76
55	62	63	65	90	93	94	95	86	77
54	53	64	91	92	99	98	96	85	78
47	52	51	50	38	100	97	84	82	79
46	48	49	39	3	37	36	83	81	80
45	44	40	2	4	16	17	35	33	32
43	41	1	6	5	15	18	34	27	31
42	9	8	7	14	19	22	26	28	30
10	11	12	13	20	21	23	24	25	29

문제2

그	리	아	는	지	께	서	내	게	서
수	스	를	것	버	고	라	하	께	아
예	도	이	아	주	일	버	지	들	에
자	내	니	다	신	을	아	신	주	게
신	보	가	이	이	가	내	모	에	게
곧	유	그	과	루	어	들	든	람	영
은	일	신	님	나	에	아	사	을	생
생	한	참	하	주	게	를	주	게	하
영	이	소	셨	는	권	세	을	민	시
다	로	이	음	리	스	다	만	고	려

	리					서			
		를	것				하	께	
	도		아	주	일			들	
자		니				아			게
신		가			가		모		게
	유		과		어			람	
		신	님		에	아		을	
생		참					주		
	이	소	셨		권			민	시
		이				다	만		

70	71	75	76	84	85	86	87	88	5
69	72	74	77	83	91	90	89	4	6
68	73	78	82	92	94	2	3	7	8
67	65	79	81	93	95	1	11	10	9
66	64	63	80	98	97	96	12	16	17
52	53	62	61	99	100	38	13	15	18
51	54	56	60	59	39	37	14	20	19
50	55	57	58	41	40	36	21	22	23
49	47	46	42	33	34	35	29	28	24
48	45	44	43	32	31	30	27	26	25

문제3

주	을	게	네	는	추	혜	베	시	기
시	고	복	와	비	사	은	푸	원	를
를	너	호	네	게	업	그	는	하	며
지	시	여	을	굴	기	를	원	와	여
키	기	굴	을	시	지	복	이	하	호
원	를	업	네	주	할	축	스	로	노
하	의	에	강	손	에	게	라	으	라
며	그	로	평	이	자	엘	틈	그	할
여	는	향	사	갈	내	이	들	라	지
호	와	하	여	드	이	은	하	라	니

			네			혜			
시		복			사		푸	원	를
	너			게					며
	시	여	을	굴	기			와	
키					지			하	
원			네		할		스		
하	의				에	게		으	
					자				할
	는	향	사		내			라	
				드	이		하		

9	8	6	5	4	34	37	38	40	41
10	11	7	3	33	35	36	39	43	42
13	12	2	31	32	51	50	49	44	45
14	16	1	30	52	66	67	68	48	46
15	17	29	53	65	100	98	89	69	47
19	18	28	54	64	99	97	90	88	70
20	27	55	63	94	95	96	91	87	71
21	26	56	62	83	93	92	86	78	72
22	25	57	61	82	84	85	79	77	73
23	24	58	59	60	81	80	76	75	74

문제4

라	하	도	기	여	희	너	하	랑	너
갈	이	하	를	하	를	며	사	는	희
이	즉	늘	자	위	박	를	나	에	게
한	에	는	하	해	를	수	원	희	이
계	님	이	그	해	악	인	과	너	르
신	나	게	내	려	주	심	선	니	노
희	너	하	에	희	가	너	이	인	에
아	버	는	자	한	너	라	추	비	게
아	의	지	이	붙	의	운	로	시	며
들	이	되	리	니	와	자	의	를	비

라					희				
	이				를	며	사		희
	즉		자	위		를	나		게
한	에			해	를		원	희	
								너	
	나	게					선	니	
희	너			희		너	이	인	
		는		한			추		
	의	지		붙		운	로	시	
				니				를	

35	34	33	32	31	21	20	18	17	3
37	36	41	28	30	22	19	16	2	4
38	40	42	27	29	23	15	1	5	6
39	43	26	25	24	66	14	13	12	7
44	62	63	64	65	7	68	69	11	8
45	61	90	91	92	93	94	70	10	9
47	46	60	89	98	99	100	95	71	72
48	49	59	88	87	97	96	75	74	73
52	51	50	58	85	86	82	81	76	77
53	54	55	56	57	84	83	80	79	78

문제5

께	서	는	이	런	할	것	을	아	시
지	버	너	이	것	야	만	다	라	느
희	아	희	있	어	면	이	너	희	니
너	이	에	게	리	하	런	들	을	는
라	는	것	는	그	라	것	더	너	그
무	을	희	너	하	하	게	에	희	의
엇	먹	까	구	이	구	를	라	나	세
마	을	무	근	심	들	성	백	상	은
실	을	엇	며	말	하	말	라	이	것
까	하	여	구	하	지	지	도	모	든

께		는					을		
	버			것	야			라	
	아	희					너		니
			게		하	런	들		는
라	는		는		라	것	더		그
	을		너						
엇				이				나	
마	을	무						상	
			며	말	하	말			
까		여			지			모	든

52	53	54	55	56	66	67	68	69	70
51	50	59	58	57	65	75	74	73	71
48	49	60	63	64	90	91	76	77	72
47	45	61	62	88	89	92	94	95	78
46	3	44	43	87	86	93	100	96	79
4	8	2	1	42	85	99	98	97	80
5	7	9	41	40	84	83	82	81	35
13	6	10	23	24	39	38	37	36	34
14	12	11	22	21	25	28	29	30	33
15	16	17	18	19	20	26	27	31	32

문제6

명	으	느	니	라	진	에	게	이	르
생	로	옮	겼	진	로	실	희	니	노
서	에	망	사	실	로	너	내	죽	자
하	나	니	지	르	이	가	오	은	들
는	니	아	판	에	진	가	이	나	이
자	영	심	고	실	때	을	곧	니	하
는	생	을	얻	었	로	진	들	을	나
믿	를	내	니	노	르	이	실	성	님
신	이	나	말	을	에	게	로	음	의
내	보	또	고	든	희	너	의	들	아

명	으		니		진				르
		옮		진			희		노
	에		사		로		내		자
하						가			
		아	판	에			이	나	
자	영		고			을			하
		을			로	진			
믿	를					이			님
			말				로		
	보	또			희			들	

55	56	60	61	62	63	71	72	73	74
54	57	58	59	66	65	64	70	76	75
53	52	51	50	67	68	69	1	77	79
47	48	49	44	43	42	2	96	78	80
32	46	45	40	41	3	95	100	97	81
31	33	39	38	4	94	93	99	98	82
30	34	35	36	37	5	6	92	91	83
29	28	17	16	15	14	13	7	90	84
26	27	23	18	19	11	12	8	89	85
25	24	22	21	20	10	9	88	87	86

꼬리에 꼬리를 무는

박스 안에는 단어들이 있고, 퍼즐판에는 초성들이 있습니다. 단어의 일부를 사용하여서 초성 끝말잇기를 하는 퍼즐입니다. 박스 안의 어떤 단어 하나와 매칭되는 초성을 찾아서 맨 윗줄에서 시작하여, 끝말잇기로 연결된 미로가 맨 아랫줄까지 연결되면 퍼즐이 완성됩니다. 단어가 바뀔 때마다 미로의 방향은 상하좌우 대각선으로 자유롭게 꺾입니다.

문제1

미스바 천국 역청
옥중서신 계시록 창세기
온역 나오미 신명기
아브라함 예수님 인장반지
청지기 바리새인
기드온 지옥 시편

ㅎ	ㅂ	ㄹ	ㅇ	ㄴ	ㄱ	ㄷ	ㅍ	ㅋ	ㅁ	ㅅ	ㅈ	ㅊ	ㅌ
ㅁ	ㄴ	ㄱ	ㅇ	ㅍ	ㄹ	ㅎ	ㅅ	ㅊ	ㅇ	ㅌ	ㄷ	ㅎ	ㅁ
ㅈ	ㄷ	ㅁ	ㅊ	ㅎ	ㄴ	ㅋ	ㄱ	ㅇ	ㅌ	ㅂ	ㅊ	ㅇ	ㄱ
ㄱ	ㅂ	ㅍ	ㅅ	ㅈ	ㅂ	ㅅ	ㅎ	ㅁ	ㄱ	ㄷ	ㅍ	ㄹ	ㅈ
ㅎ	ㄹ	ㅈ	ㅇ	ㅂ	ㄹ	ㅊ	ㅇ	ㅈ	ㅊ	ㅅ	ㄱ	ㅊ	ㅌ
ㅌ	ㅁ	ㄹ	ㅍ	ㄹ	ㅅ	ㄴ	ㅊ	ㄹ	ㅅ	ㅌ	ㅈ	ㅂ	ㄴ
ㄱ	ㅈ	ㄱ	ㅂ	ㅅ	ㅎ	ㅅ	ㄷ	ㅇ	ㅈ	ㅅ	ㅅ	ㅇ	ㅊ
ㄴ	ㅋ	ㄹ	ㅎ	ㅇ	ㅈ	ㅂ	ㅈ	ㅋ	ㄹ	ㅋ	ㅁ	ㅎ	ㅁ
ㄹ	ㅁ	ㅇ	ㅈ	ㅌ	ㅅ	ㄷ	ㅋ	ㅊ	ㅁ	ㄴ	ㄱ	ㅅ	ㅌ
ㅌ	ㅊ	ㄱ	ㅂ	ㅅ	ㅊ	ㅈ	ㄱ	ㅊ	ㅂ	ㄷ	ㅍ	ㅅ	ㄱ
ㅇ	ㅍ	ㅁ	ㅂ	ㅋ	ㄱ	ㅎ	ㅅ	ㅈ	ㅇ	ㄱ	ㅎ	ㄹ	ㅋ
ㅅ	ㅂ	ㅌ	ㄷ	ㅅ	ㅇ	ㅍ	ㄴ	ㅌ	ㅇ	ㅂ	ㅅ	ㄱ	ㅇ
ㅌ	ㅁ	ㄱ	ㅎ	ㅈ	ㅁ	ㅂ	ㅈ	ㄹ	ㅁ	ㅊ	ㅎ	ㅍ	ㅁ
ㅎ	ㅂ	ㅎ	ㅊ	ㄴ	ㅂ	ㄷ	ㅌ	ㅊ	ㅈ	ㄹ	ㅋ	ㄱ	ㅅ
ㄴ	ㅇ	ㅈ	ㅌ	ㅅ	ㅊ	ㅎ	ㅅ	ㄱ	ㅍ	ㅊ	ㅇ	ㅎ	ㅈ

꼬리에 꼬리를 무는

박스 안에는 단어들이 있고, 퍼즐판에는 초성들이 있습니다. 단어의 일부를 사용하여서 초성 끝말잇기를 하는 퍼즐입니다. 박스 안의 어떤 단어 하나와 매칭되는 초성을 찾아서 맨 윗줄에서 시작하여, 끝말잇기로 연결된 미로가 맨 아랫줄까지 연결되면 퍼즐이 완성됩니다. 단어가 바뀔 때마다 미로의 방향은 상하좌우 대각선으로 자유롭게 꺾입니다.

문제2

베드로 마가
요한 다니엘 엘리야
시내산
야고보 보아스 스테반
로마
아브라함 반석
다윗
말라기 성령 가룟유다
마태

ㄱ	ㅌ	ㅂ	ㄹ	ㅁ	ㅋ	ㅊ	ㅅ	ㄴ	ㅎ	ㅈ	ㅍ	ㅇ	ㄷ
ㄹ	ㅂ	ㅅ	ㄷ	ㅇ	ㄴ	ㄹ	ㅈ	ㅊ	ㅂ	ㄱ	ㅁ	ㅈ	ㄹ
ㅁ	ㅈ	ㄹ	ㅇ	ㄹ	ㅋ	ㅁ	ㄱ	ㅅ	ㄴ	ㅊ	ㅇ	ㄱ	ㅂ
ㅇ	ㄱ	ㅋ	ㅁ	ㅌ	ㅅ	ㅊ	ㄷ	ㅌ	ㅇ	ㄹ	ㄷ	ㅈ	ㅁ
ㄴ	ㅅ	ㄷ	ㅎ	ㄱ	ㅈ	ㄴ	ㅌ	ㄹ	ㄱ	ㅁ	ㅋ	ㅅ	ㄷ
ㅎ	ㅁ	ㅂ	ㄹ	ㅈ	ㅁ	ㅂ	ㅅ	ㅂ	ㅌ	ㅋ	ㅂ	ㅇ	ㄹ
ㄱ	ㅌ	ㅇ	ㅊ	ㄴ	ㅇ	ㄱ	ㅎ	ㅈ	ㄷ	ㄱ	ㅌ	ㅋ	ㅈ
ㅅ	ㄷ	ㅌ	ㄷ	ㅅ	ㅊ	ㅎ	ㄷ	ㅋ	ㅂ	ㅎ	ㄴ	ㅁ	ㅅ
ㅂ	ㅈ	ㄴ	ㅊ	ㅁ	ㅍ	ㅂ	ㄴ	ㄱ	ㅇ	ㄹ	ㄷ	ㄱ	ㅂ
ㄴ	ㅁ	ㅌ	ㅇ	ㄹ	ㅇ	ㄱ	ㅋ	ㄹ	ㅎ	ㅈ	ㅅ	ㅇ	ㅋ
ㅊ	ㄱ	ㄹ	ㅅ	ㅍ	ㄷ	ㄱ	ㅎ	ㅍ	ㄷ	ㅁ	ㄴ	ㅅ	ㄷ
ㄹ	ㅈ	ㄷ	ㅈ	ㄹ	ㅊ	ㄴ	ㅂ	ㅇ	ㅅ	ㅅ	ㅇ	ㅍ	ㅂ
ㄴ	ㅇ	ㅂ	ㅊ	ㄱ	ㅅ	ㅍ	ㅈ	ㅅ	ㄴ	ㄷ	ㅎ	ㄱ	ㅍ
ㅋ	ㅅ	ㅁ	ㄴ	ㅇ	ㄹ	ㅊ	ㄱ	ㅁ	ㅍ	ㅎ	ㅂ	ㅅ	ㄹ
ㄱ	ㅌ	ㄷ	ㅈ	ㅂ	ㄴ	ㄷ	ㅋ	ㄹ	ㅇ	ㅅ	ㅇ	ㄷ	ㅅ

꼬리에 꼬리를 무는

박스 안에는 단어들이 있고, 퍼즐판에는 초성들이 있습니다. 단어의 일부를 사용하여서 초성 끝말잇기를 하는 퍼즐입니다. 박스 안의 어떤 단어 하나와 매칭되는 초성을 찾아서 맨 윗줄에서 시작하여, 끝말잇기로 연결된 미로가 맨 아랫줄까지 연결되면 퍼즐이 완성됩니다. 단어가 바뀔 때마다 미로의 방향은 상하좌우 대각선으로 자유롭게 꺾입니다.

문제3

야이로
갈릴리
요한
엘리사
보혜사
느보산
야고보
로마
아벳느고
사마리아
아브라함
사울
찬송
할렐루야
사무엘
마리아

ㄱ	ㅌ	ㄷ	ㄹ	ㅁ	ㅊ	ㅋ	ㅅ	ㅇ	ㄴ	ㅈ	ㅂ	ㅎ	ㅍ
ㅎ	ㅈ	ㅎ	ㅊ	ㅈ	ㅂ	ㅍ	ㄷ	ㅍ	ㅁ	ㅋ	ㅌ	ㄹ	ㅅ
ㄹ	ㅋ	ㅅ	ㅂ	ㅌ	ㄴ	ㅎ	ㅈ	ㅂ	ㅅ	ㅈ	ㄷ	ㄹ	ㅋ
ㄷ	ㄹ	ㄱ	ㅇ	ㅈ	ㅍ	ㄷ	ㅇ	ㄹ	ㅌ	ㅂ	ㄱ	ㅇ	ㅈ
ㅌ	ㅈ	ㅊ	ㅎ	ㄴ	ㅁ	ㅋ	ㅊ	ㅈ	ㅎ	ㅍ	ㅊ	ㄷ	ㄴ
ㅇ	ㅅ	ㄹ	ㅈ	ㅂ	ㅎ	ㄴ	ㅍ	ㅅ	ㅋ	ㅇ	ㄱ	ㅅ	ㄹ
ㄱ	ㅋ	ㄴ	ㄹ	ㅁ	ㄴ	ㅊ	ㅇ	ㅁ	ㅎ	ㄴ	ㅁ	ㅋ	ㄷ
ㅊ	ㅂ	ㅎ	ㄱ	ㅋ	ㄹ	ㅅ	ㄹ	ㅇ	ㄹ	ㅋ	ㅈ	ㅂ	ㅎ
ㄹ	ㄷ	ㅁ	ㅍ	ㅅ	ㅁ	ㅎ	ㅈ	ㅌ	ㄱ	ㅅ	ㅊ	ㅍ	ㄱ
ㅇ	ㅈ	ㅈ	ㅇ	ㄹ	ㅊ	ㅌ	ㄴ	ㄹ	ㅂ	ㅁ	ㄴ	ㅇ	ㅁ
ㅌ	ㄱ	ㅊ	ㅇ	ㅎ	ㅅ	ㄱ	ㅁ	ㄹ	ㄷ	ㅊ	ㄹ	ㅅ	ㄷ
ㄷ	ㅂ	ㅋ	ㅁ	ㅇ	ㄹ	ㅁ	ㄹ	ㅇ	ㅋ	ㅋ	ㄱ	ㅂ	ㅈ
ㅍ	ㄹ	ㄴ	ㅈ	ㅎ	ㄹ	ㅍ	ㅌ	ㅂ	ㅈ	ㅂ	ㅇ	ㅁ	ㄹ
ㄱ	ㅇ	ㄴ	ㅌ	ㄷ	ㅋ	ㄹ	ㅊ	ㄹ	ㅎ	ㄴ	ㅍ	ㅎ	ㅇ
ㅈ	ㅁ	ㅅ	ㄱ	ㅂ	ㄴ	ㅁ	ㅇ	ㅎ	ㄷ	ㄹ	ㅅ	ㅂ	ㄱ

꼬리에 꼬리를 무는

박스 안에는 단어들이 있고, 퍼즐판에는 초성들이 있습니다. 단어의 일부를 사용하여서 초성 끝말잇기를 하는 퍼즐입니다. 박스 안의 어떤 단어 하나와 매칭되는 초성을 찾아서 맨 윗줄에서 시작하여, 끝말잇기로 연결된 미로가 맨 아랫줄까지 연결되면 퍼즐이 완성됩니다. 단어가 바뀔 때마다 미로의 방향은 상하좌우 대각선으로 자유롭게 꺾입니다.

문제4

기묘자 시내산 요한 신명기 보혜사 나일강 도피성 그리스도 비느하스 로마 석류나무 반석 자비 스데반 성육신 나사로

ㅁ	ㄱ	ㅅ	ㅍ	ㄹ	ㅋ	ㅇ	ㄴ	ㅈ	ㅂ	ㅎ	ㄷ	ㅌ	ㅊ
ㅈ	ㅅ	ㄹ	ㅅ	ㄱ	ㅎ	ㄷ	ㅊ	ㅂ	ㄱ	ㅋ	ㅁ	ㅂ	ㄹ
ㄹ	ㅇ	ㅍ	ㅅ	ㅌ	ㅈ	ㄴ	ㅂ	ㅁ	ㅍ	ㄷ	ㅎ	ㄴ	ㅇ
ㅊ	ㄷ	ㅂ	ㅁ	ㄷ	ㅅ	ㅎ	ㅊ	ㄹ	ㅅ	ㅋ	ㅅ	ㅂ	ㅈ
ㅍ	ㄴ	ㅋ	ㅍ	ㅎ	ㄱ	ㅍ	ㅂ	ㅌ	ㅈ	ㄹ	ㄱ	ㅍ	ㄷ
ㄱ	ㅌ	ㅅ	ㅂ	ㅊ	ㄷ	ㄹ	ㅅ	ㅈ	ㄴ	ㅎ	ㅇ	ㅁ	ㅋ
ㅁ	ㅋ	ㄹ	ㅇ	ㅂ	ㅎ	ㅅ	ㅁ	ㄴ	ㅂ	ㄹ	ㅈ	ㄹ	ㄱ
ㅇ	ㅍ	ㄹ	ㄴ	ㅅ	ㅁ	ㄱ	ㄹ	ㅌ	ㄴ	ㅋ	ㄴ	ㄹ	ㅌ
ㄷ	ㄴ	ㅁ	ㅊ	ㄴ	ㅊ	ㅅ	ㅂ	ㄹ	ㅎ	ㅇ	ㅎ	ㅊ	ㅅ
ㅎ	ㄱ	ㅌ	ㅁ	ㄴ	ㅈ	ㄷ	ㅍ	ㄴ	ㅅ	ㅈ	ㄱ	ㅂ	ㄷ
ㅂ	ㄹ	ㅋ	ㅇ	ㄱ	ㅎ	ㅇ	ㄹ	ㅋ	ㅂ	ㄷ	ㄹ	ㅌ	ㅇ
ㄴ	ㅎ	ㄷ	ㅍ	ㄹ	ㅅ	ㄴ	ㅈ	ㅎ	ㅁ	ㅅ	ㅂ	ㅅ	ㅎ
ㅅ	ㅈ	ㄱ	ㅁ	ㄹ	ㅂ	ㅌ	ㄱ	ㅅ	ㅎ	ㄹ	ㅍ	ㄹ	ㄱ
ㄷ	ㅋ	ㅂ	ㅊ	ㄷ	ㄱ	ㅋ	ㄹ	ㄷ	ㅌ	ㅂ	ㅎ	ㄴ	ㅍ
ㄱ	ㅌ	ㄹ	ㄴ	ㅅ	ㅇ	ㅁ	ㅊ	ㅈ	ㄴ	ㅋ	ㅇ	ㅁ	ㅂ

꼬리에 꼬리를 무는

박스 안에는 단어들이 있고, 퍼즐판에는 초성들이 있습니다. 단어의 일부를 사용하여서 초성 끝말잇기를 하는 퍼즐입니다. 박스 안의 어떤 단어 하나와 매칭되는 초성을 찾아서 맨 윗줄에서 시작하여, 끝말잇기로 연결된 미로가 맨 아랫줄까지 연결되면 퍼즐이 완성됩니다. 단어가 바뀔 때마다 미로의 방향은 상하좌우 대각선으로 자유롭게 꺾입니다.

문제5

아볼로

살렘왕

안수 신명기

보혜사

벨사살

수태고지

소아시아

이집트

스룹바벨 나일강

사울

절제

가나안

지성소

로고스

ㄹ	ㅋ	ㅊ	ㄴ	ㅁ	ㅌ	ㅇ	ㅈ	ㅍ	ㅂ	ㄷ	ㅎ	ㅅ	ㄱ
ㄷ	ㅂ	ㅎ	ㄹ	ㅇ	ㅅ	ㅋ	ㅍ	ㄴ	ㅅ	ㅁ	ㄷ	ㄴ	ㅅ
ㄱ	ㅈ	ㄴ	ㅌ	ㄹ	ㄱ	ㅁ	ㅊ	ㅂ	ㅈ	ㅅ	ㅇ	ㅋ	ㅍ
ㅎ	ㄹ	ㅍ	ㄷ	ㅇ	ㅈ	ㅌ	ㅎ	ㅅ	ㅎ	ㅌ	ㅍ	ㄷ	ㄴ
ㅅ	ㅎ	ㄱ	ㅊ	ㅁ	ㅂ	ㅁ	ㅇ	ㄹ	ㅅ	ㄱ	ㅁ	ㅌ	ㅇ
ㄹ	ㅂ	ㅋ	ㅈ	ㄴ	ㅎ	ㅅ	ㅎ	ㅇ	ㅂ	ㅈ	ㅈ	ㄱ	ㄹ
ㅁ	ㄷ	ㅌ	ㅅ	ㅌ	ㅇ	ㄹ	ㅈ	ㄹ	ㅊ	ㄷ	ㅇ	ㅎ	ㅁ
ㅇ	ㄱ	ㅍ	ㄴ	ㅌ	ㅂ	ㅍ	ㄴ	ㅋ	ㅂ	ㅌ	ㅂ	ㄴ	ㅌ
ㄹ	ㅎ	ㅁ	ㅍ	ㅂ	ㄹ	ㅅ	ㅌ	ㅈ	ㅁ	ㄱ	ㅊ	ㄷ	ㄹ
ㅊ	ㅈ	ㅅ	ㅊ	ㄱ	ㅎ	ㅇ	ㅂ	ㄹ	ㅊ	ㅇ	ㅎ	ㅈ	ㄱ
ㄷ	ㅋ	ㅂ	ㅅ	ㄹ	ㅂ	ㅂ	ㅁ	ㄷ	ㄱ	ㅌ	ㄹ	ㄴ	ㅋ
ㄱ	ㅇ	ㄹ	ㅁ	ㅂ	ㅇ	ㅅ	ㅋ	ㅎ	ㅊ	ㅅ	ㄷ	ㅍ	ㅂ
ㅍ	ㄴ	ㄷ	ㄱ	ㅈ	ㅋ	ㅅ	ㅍ	ㄱ	ㅂ	ㅅ	ㅎ	ㅊ	ㅅ
ㅂ	ㅎ	ㅌ	ㅍ	ㅁ	ㄹ	ㅂ	ㅊ	ㄹ	ㅈ	ㄴ	ㅇ	ㄱ	ㅎ
ㅈ	ㄱ	ㅅ	ㄹ	ㅇ	ㅋ	ㄴ	ㄷ	ㅎ	ㅁ	ㅋ	ㄷ	ㄹ	ㅂ

꼬리에 꼬리를 무는

박스 안에는 단어들이 있고, 퍼즐판에는 초성들이 있습니다. 단어의 일부를 사용하여서 초성 끝말잇기를 하는 퍼즐입니다. 박스 안의 어떤 단어 하나와 매칭되는 초성을 찾아서 맨 윗줄에서 시작하여, 끝말잇기로 연결된 미로가 맨 아랫줄까지 연결되면 퍼즐이 완성됩니다. 단어가 바뀔 때마다 미로의 방향은 상하좌우 대각선으로 자유롭게 꺾입니다.

문제6

병거성
느보산
요한
전신갑주
기드온
나일강
물매돌
사도행전
사울
단풍나무
무교전병
성전
돌단
안드레
전제물
주기도문

ㄷ	ㅌ	ㅅ	ㄹ	ㅋ	ㅁ	ㄴ	ㅈ	ㅍ	ㅂ	ㅇ	ㄱ	ㅊ	ㅎ
ㅁ	ㅊ	ㄷ	ㅂ	ㅇ	ㄴ	ㅌ	ㅅ	ㄹ	ㄷ	ㅈ	ㄱ	ㅍ	ㄷ
ㅎ	ㅈ	ㅎ	ㅍ	ㅎ	ㅈ	ㅇ	ㄴ	ㅎ	ㄱ	ㅋ	ㅂ	ㅁ	ㅋ
ㄱ	ㅁ	ㅈ	ㅂ	ㄴ	ㅌ	ㄱ	ㅋ	ㅇ	ㅅ	ㄷ	ㅊ	ㄱ	ㄹ
ㅌ	ㄷ	ㅇ	ㅈ	ㄹ	ㅊ	ㅁ	ㅈ	ㄴ	ㅂ	ㅈ	ㅇ	ㅅ	ㅈ
ㅂ	ㅂ	ㅅ	ㅎ	ㅁ	ㅁ	ㄷ	ㄹ	ㅌ	ㄷ	ㅍ	ㄴ	ㅌ	ㄱ
ㅊ	ㄴ	ㄹ	ㅂ	ㅂ	ㄹ	ㅅ	ㄷ	ㅍ	ㄴ	ㅁ	ㅁ	ㄹ	ㄷ
ㅇ	ㅍ	ㄱ	ㅁ	ㅊ	ㅌ	ㅈ	ㅂ	ㅅ	ㅍ	ㄹ	ㄱ	ㅊ	ㅂ
ㄴ	ㅎ	ㄷ	ㅌ	ㅋ	ㄴ	ㅎ	ㄱ	ㅌ	ㅈ	ㅈ	ㅋ	ㅈ	ㅇ
ㅈ	ㄱ	ㅅ	ㄹ	ㄱ	ㅍ	ㄹ	ㅍ	ㄹ	ㅅ	ㅎ	ㅅ	ㄱ	ㅂ
ㅁ	ㅊ	ㅍ	ㅂ	ㅊ	ㄷ	ㄹ	ㅊ	ㄱ	ㅊ	ㅍ	ㅂ	ㅈ	ㅅ
ㅌ	ㄷ	ㄴ	ㅇ	ㅁ	ㄴ	ㅌ	ㅈ	ㄹ	ㅅ	ㄹ	ㅌ	ㅁ	ㄱ
ㄱ	ㄹ	ㅈ	ㅅ	ㄱ	ㅈ	ㅇ	ㅎ	ㄱ	ㄷ	ㅎ	ㄴ	ㅇ	ㅈ
ㅋ	ㅂ	ㅎ	ㄷ	ㅈ	ㅂ	ㅁ	ㅈ	ㅊ	ㄷ	ㅂ	ㅊ	ㅁ	ㅎ
ㄷ	ㅁ	ㄱ	ㅊ	ㄴ	ㅅ	ㄷ	ㄴ	ㅇ	ㅍ	ㅁ	ㅋ	ㄱ	ㄹ

꼬리에 꼬리를 무는

박스 안에는 단어들이 있고, 퍼즐판에는 초성들이 있습니다. 단어의 일부를 사용하여서 초성 끝말잇기를 하는 퍼즐입니다. 박스 안의 어떤 단어 하나와 매칭되는 초성을 찾아서 맨 윗줄에서 시작하여, 끝말잇기로 연결된 미로가 맨 아랫줄까지 연결되면 퍼즐이 완성됩니다. 단어가 바뀔 때마다 미로의 방향은 상하좌우 대각선으로 자유롭게 꺾입니다.

문제7

위로자
지성소
요한
활시위
베드로
나사로
무화과
에벤에셀
인장반지
신랑
로뎀나무
과부
부활
자유인
성육신
마리아

ㅌ	ㄱ	ㅋ	ㅅ	ㄷ	ㅊ	ㅂ	ㄴ	ㅈ	ㅍ	ㄹ	ㅇ	ㅎ	ㅁ
ㅎ	ㅁ	ㅎ	ㄴ	ㄹ	ㅋ	ㅅ	ㅈ	ㅂ	ㅊ	ㅂ	ㄱ	ㅌ	ㄴ
ㅂ	ㄷ	ㅈ	ㅊ	ㅍ	ㄹ	ㄷ	ㄴ	ㅁ	ㅍ	ㄴ	ㅋ	ㄷ	ㅇ
ㄱ	ㅊ	ㅌ	ㅇ	ㅋ	ㅅ	ㅌ	ㅈ	ㅋ	ㅎ	ㅂ	ㅂ	ㅅ	ㄹ
ㅋ	ㄹ	ㅈ	ㄹ	ㄴ	ㅋ	ㄱ	ㅍ	ㅁ	ㅌ	ㄱ	ㅎ	ㄱ	ㄴ
ㅂ	ㅊ	ㄱ	ㅁ	ㅅ	ㅎ	ㅂ	ㅌ	ㅎ	ㅂ	ㅊ	ㅊ	ㅁ	ㅈ
ㄴ	ㅇ	ㅎ	ㄹ	ㅌ	ㅇ	ㅈ	ㅅ	ㅁ	ㅌ	ㅅ	ㄷ	ㅇ	ㄱ
ㅅ	ㅎ	ㅊ	ㅅ	ㅁ	ㅂ	ㅇ	ㅌ	ㅇ	ㄴ	ㅍ	ㅈ	ㄹ	ㅊ
ㅌ	ㄷ	ㄴ	ㅎ	ㅈ	ㅌ	ㄹ	ㅁ	ㄷ	ㅌ	ㅁ	ㄴ	ㅋ	ㄷ
ㄱ	ㅍ	ㅋ	ㄷ	ㅇ	ㅊ	ㅈ	ㅇ	ㅇ	ㅎ	ㅅ	ㅇ	ㄱ	ㅌ
ㅎ	ㅅ	ㅂ	ㅁ	ㄴ	ㄹ	ㅂ	ㅈ	ㅂ	ㅊ	ㅈ	ㄷ	ㅂ	ㅁ
ㅇ	ㅊ	ㄹ	ㅅ	ㅇ	ㅌ	ㅂ	ㅋ	ㄷ	ㅂ	ㄱ	ㅊ	ㅈ	ㄴ
ㅁ	ㄷ	ㄱ	ㅋ	ㅍ	ㅈ	ㅊ	ㅁ	ㅎ	ㅇ	ㅋ	ㄹ	ㄷ	ㅊ
ㅌ	ㅈ	ㅎ	ㅂ	ㅅ	ㅌ	ㅅ	ㅍ	ㅇ	ㄱ	ㅁ	ㅍ	ㅅ	ㅂ
ㄱ	ㅅ	ㅁ	ㄴ	ㅇ	ㄱ	ㅊ	ㅅ	ㅌ	ㄷ	ㅎ	ㄴ	ㅊ	ㄹ

꼬리에 꼬리를 무는

박스 안에는 단어들이 있고, 퍼즐판에는 초성들이 있습니다. 단어의 일부를 사용하여서 초성 끝말잇기를 하는 퍼즐입니다. 박스 안 의 어떤 단어 하나와 매칭되는 초성을 찾아서 맨 윗줄에서 시작하여, 끝말잇기로 연결된 미로가 맨 아랫줄까지 연결되면 퍼즐이 완성됩니다. 단어가 바뀔 때마다 미로의 방향은 상하좌우 대각선으로 자유롭게 꺾입니다.

문제8

십자가 야베스 성령 무교병 보혜사 다니엘 가룟유다 그리스도 스올 석류나무 충만 나일강 병거성 올무 엘리야 나사로

ㄱ	ㅌ	ㅈ	ㄴ	ㅇ	ㅋ	ㅅ	ㅍ	ㄹ	ㅁ	ㅊ	ㄷ	ㅎ	ㅂ
ㄴ	ㅊ	ㅍ	ㅁ	ㅎ	ㅈ	ㄹ	ㅌ	ㅂ	ㅋ	ㄱ	ㅇ	ㅈ	ㅅ
ㅎ	ㄷ	ㄹ	ㄹ	ㄱ	ㅎ	ㄷ	ㅈ	ㅌ	ㄴ	ㅅ	ㄴ	ㅌ	ㄷ
ㅊ	ㅂ	ㄱ	ㅌ	ㅋ	ㄹ	ㅊ	ㅋ	ㄱ	ㅇ	ㄹ	ㅍ	ㄱ	ㅇ
ㄹ	ㅋ	ㅍ	ㅁ	ㅇ	ㄴ	ㅇ	ㅅ	ㅊ	ㅂ	ㅈ	ㄴ	ㅂ	ㄹ
ㅅ	ㅊ	ㄴ	ㅈ	ㅅ	ㄱ	ㅎ	ㄷ	ㄴ	ㅇ	ㅎ	ㅅ	ㅈ	ㄴ
ㅎ	ㄷ	ㅂ	ㄹ	ㄷ	ㅋ	ㄹ	ㅂ	ㅅ	ㄴ	ㄹ	ㅋ	ㅁ	ㅂ
ㄱ	ㅁ	ㅌ	ㅁ	ㅎ	ㅊ	ㅅ	ㅍ	ㄷ	ㅈ	ㅂ	ㅇ	ㅊ	ㄷ
ㅅ	ㅊ	ㅈ	ㅇ	ㅅ	ㅁ	ㄱ	ㅈ	ㅁ	ㅇ	ㅂ	ㅎ	ㄹ	ㅌ
ㄴ	ㅎ	ㄱ	ㅂ	ㅎ	ㅈ	ㅂ	ㅌ	ㄴ	ㅅ	ㅍ	ㅂ	ㄴ	ㄱ
ㅈ	ㅇ	ㅋ	ㅌ	ㄷ	ㄱ	ㅎ	ㄹ	ㅈ	ㄹ	ㅇ	ㄹ	ㅇ	ㅁ
ㄴ	ㅂ	ㄹ	ㅁ	ㅇ	ㅅ	ㅋ	ㅇ	ㅌ	ㅁ	ㅎ	ㅊ	ㄷ	ㅋ
ㅅ	ㅍ	ㄱ	ㅊ	ㅍ	ㄴ	ㅂ	ㄷ	ㄹ	ㅍ	ㄱ	ㅁ	ㅈ	ㄹ
ㅎ	ㄷ	ㄴ	ㅌ	ㄹ	ㄱ	ㅇ	ㅁ	ㅎ	ㅅ	ㄱ	ㅂ	ㅅ	ㅊ
ㄱ	ㅂ	ㅇ	ㅁ	ㄷ	ㅈ	ㄹ	ㅍ	ㄹ	ㅌ	ㅂ	ㄴ	ㅇ	ㄱ

꼬리에 꼬리를 무는

박스 안에는 단어들이 있고, 퍼즐판에는 초성들이 있습니다. 단어의 일부를 사용하여서 초성 끝말잇기를 하는 퍼즐입니다. 박스 안의 어떤 단어 하나와 매칭되는 초성을 찾아서 맨 윗줄에서 시작하여, 끝말잇기로 연결된 미로가 맨 아랫줄까지 연결되면 퍼즐이 완성됩니다. 단어가 바뀔 때마다 미로의 방향은 상하좌우 대각선으로 자유롭게 꺾입니다.

문제9

요단강
산 제사
바울
세례 요한
보혜사
사박다니
사마리아
모세
자주장사
석류나무
반석
인내
아라랏산
강포자
갈릴리
니고데모

ㅎ	ㅇ	ㅋ	ㅅ	ㄴ	ㅊ	ㄹ	ㅍ	ㅂ	ㄷ	ㅈ	ㄱ	ㅌ	ㅁ
ㅂ	ㄱ	ㄷ	ㅇ	ㄷ	ㅌ	ㅈ	ㄴ	ㅅ	ㄹ	ㅊ	ㅁ	ㅋ	ㄹ
ㄷ	ㅁ	ㅊ	ㄱ	ㅁ	ㅁ	ㄹ	ㅋ	ㅍ	ㅌ	ㄷ	ㅍ	ㅊ	ㅂ
ㅍ	ㅈ	ㅎ	ㅍ	ㅍ	ㅈ	ㅅ	ㅂ	ㅇ	ㄱ	ㅎ	ㅈ	ㅇ	ㄹ
ㄱ	ㄷ	ㅋ	ㅈ	ㅈ	ㅈ	ㅅ	ㅁ	ㄴ	ㅊ	ㅂ	ㄹ	ㄱ	ㅊ
ㅊ	ㅇ	ㅂ	ㅁ	ㅋ	ㄴ	ㅊ	ㅁ	ㅌ	ㄹ	ㅎ	ㄴ	ㅋ	ㄷ
ㅌ	ㄴ	ㄷ	ㅌ	ㅅ	ㅎ	ㄱ	ㅍ	ㄹ	ㅌ	ㅁ	ㅍ	ㅇ	ㅈ
ㅁ	ㅈ	ㅍ	ㅋ	ㄷ	ㄹ	ㅁ	ㅂ	ㅈ	ㅇ	ㄹ	ㄹ	ㅅ	ㅂ
ㅂ	ㄱ	ㅅ	ㄱ	ㅅ	ㅂ	ㅊ	ㄹ	ㅌ	ㅋ	ㅎ	ㅈ	ㅁ	ㅁ
ㅊ	ㅍ	ㅁ	ㅇ	ㅁ	ㄴ	ㄹ	ㄴ	ㄷ	ㅂ	ㅅ	ㅊ	ㅅ	ㄹ
ㄴ	ㅇ	ㄷ	ㅎ	ㅋ	ㅈ	ㄱ	ㅇ	ㅋ	ㅁ	ㅂ	ㅇ	ㄱ	ㅍ
ㅈ	ㅅ	ㅌ	ㅅ	ㅂ	ㄷ	ㅅ	ㅎ	ㄴ	ㅅ	ㄹ	ㄹ	ㅎ	ㄴ
ㅁ	ㅋ	ㄹ	ㄹ	ㅁ	ㅈ	ㅂ	ㅁ	ㅎ	ㅊ	ㅈ	ㄴ	ㅋ	ㅇ
ㄷ	ㅇ	ㅎ	ㄹ	ㄹ	ㄴ	ㄱ	ㅍ	ㄷ	ㄹ	ㅁ	ㅍ	ㄷ	ㅌ
ㅎ	ㅈ	ㅌ	ㄱ	ㅊ	ㄷ	ㅅ	ㅇ	ㅂ	ㄹ	ㄱ	ㅅ	ㅎ	ㄴ

꼬리에 꼬리를 무는

박스 안에는 단어들이 있고, 퍼즐판에는 초성들이 있습니다. 단어의 일부를 사용하여서 초성 끝말잇기를 하는 퍼즐입니다. 박스 안의 어떤 단어 하나와 매칭되는 초성을 찾아서 맨 윗줄에서 시작하여, 끝말잇기로 연결된 미로가 맨 아랫줄까지 연결되면 퍼즐이 완성됩니다. 단어가 바뀔 때마다 미로의 방향은 상하좌우 대각선으로 자유롭게 꺾입니다.

문제10

야이로 막달라
요한 말라기 보혜사
요단강
매매증서 바돌로매
로마 느헤미야
석류나무
스바
장막 로고스
관원장
서기관

ㅅ	ㄱ	ㅌ	ㅎ	ㄹ	ㄷ	ㅋ	ㅍ	ㄴ	ㅈ	ㅇ	ㅁ	ㅊ	ㅂ
ㅇ	ㅊ	ㅁ	ㄴ	ㅌ	ㅂ	ㄹ	ㅎ	ㅂ	ㅅ	ㄷ	ㅈ	ㄱ	ㅋ
ㅍ	ㄴ	ㅇ	ㅂ	ㅈ	ㅋ	ㅁ	ㅌ	ㅎ	ㄴ	ㅊ	ㅍ	ㅋ	ㄹ
ㅅ	ㅌ	ㅍ	ㅁ	ㄹ	ㅇ	ㅎ	ㅂ	ㄷ	ㅇ	ㅁ	ㄷ	ㅅ	ㅍ
ㅎ	ㅂ	ㄱ	ㅇ	ㅊ	ㅇ	ㅊ	ㅍ	ㄴ	ㄱ	ㅈ	ㅌ	ㄱ	ㅁ
ㄴ	ㅊ	ㄹ	ㅎ	ㅋ	ㄹ	ㄷ	ㅂ	ㅈ	ㅋ	ㅎ	ㅂ	ㅇ	ㅊ
ㅇ	ㅋ	ㅈ	ㅅ	ㄱ	ㅈ	ㅋ	ㄱ	ㅋ	ㄷ	ㄱ	ㅈ	ㅁ	ㄴ
ㄹ	ㄱ	ㅇ	ㅅ	ㅎ	ㄴ	ㄷ	ㅁ	ㅎ	ㅂ	ㅎ	ㄹ	ㅂ	ㅈ
ㅊ	ㅍ	ㄷ	ㅂ	ㄷ	ㄹ	ㅁ	ㅌ	ㄹ	ㄴ	ㅂ	ㅊ	ㄱ	ㅌ
ㅂ	ㄹ	ㅅ	ㅌ	ㅇ	ㄱ	ㅁ	ㅇ	ㄷ	ㅋ	ㅎ	ㄷ	ㅋ	ㄴ
ㅈ	ㅈ	ㅁ	ㅅ	ㅍ	ㅌ	ㅈ	ㄹ	ㅎ	ㅂ	ㄱ	ㅁ	ㅅ	ㅇ
ㄱ	ㄷ	ㅌ	ㄹ	ㄴ	ㅁ	ㅅ	ㄱ	ㄱ	ㅊ	ㅅ	ㅎ	ㅌ	ㄹ
ㅁ	ㅋ	ㄱ	ㅇ	ㅎ	ㅅ	ㅊ	ㅎ	ㅅ	ㅇ	ㅎ	ㅁ	ㅍ	ㅈ
ㅅ	ㄴ	ㅎ	ㅊ	ㄱ	ㅁ	ㅌ	ㄹ	ㅍ	ㅂ	ㅈ	ㄹ	ㄷ	ㅂ
ㅍ	ㅈ	ㄹ	ㅌ	ㅁ	ㅇ	ㄴ	ㅂ	ㄱ	ㅅ	ㅊ	ㄷ	ㅋ	ㄹ

꼬리에 꼬리를 무는

박스 안에는 단어들이 있고, 퍼즐판에는 초성들이 있습니다. 단어의 일부를 사용하여서 초성 끝말잇기를 하는 퍼즐입니다. 박스 안의 어떤 단어 하나와 매칭되는 초성을 찾아서 맨 윗줄에서 시작하여, 끝말잇기로 연결된 미로가 맨 아랫줄까지 연결되면 퍼즐이 완성됩니다. 단어가 바뀔 때마다 미로의 방향은 상하좌우 대각선으로 자유롭게 꺾입니다.

문제11

살로메
다대오
메시야
누가
예수님
갈릴리
벨사살
예레미야
야벳
스룹바벨
이신칭의
반석
자비
오순절
야긴과 보아스
벳새다

ㅌ	ㅎ	ㄱ	ㅌ	ㄷ	ㅈ	ㅁ	ㅇ	ㅊ	ㄹ	ㄴ	ㅅ	ㅂ	ㅋ
ㄱ	ㅋ	ㅂ	ㄹ	ㄴ	ㅊ	ㄹ	ㅅ	ㄴ	ㅍ	ㅈ	ㄷ	ㄱ	ㅁ
ㅁ	ㄴ	ㅋ	ㅁ	ㅅ	ㅁ	ㅎ	ㅈ	ㅁ	ㅂ	ㄹ	ㅊ	ㅂ	ㅌ
ㅌ	ㅈ	ㄱ	ㅍ	ㅇ	ㄱ	ㄱ	ㅂ	ㅇ	ㅅ	ㄷ	ㅈ	ㄷ	ㄴ
ㅊ	ㅂ	ㅊ	ㄹ	ㅅ	ㄱ	ㄹ	ㅌ	ㄹ	ㅁ	ㅅ	ㅁ	ㅈ	ㄹ
ㄱ	ㄷ	ㄴ	ㅈ	ㄷ	ㅈ	ㅍ	ㅂ	ㅋ	ㄷ	ㅈ	ㄱ	ㄷ	ㅅ
ㅅ	ㅍ	ㅂ	ㄱ	ㅋ	ㅂ	ㅂ	ㅈ	ㅍ	ㄴ	ㄹ	ㄴ	ㅊ	ㄷ
ㄷ	ㄱ	ㅅ	ㅁ	ㄴ	ㄹ	ㄷ	ㅅ	ㅅ	ㅎ	ㅁ	ㅂ	ㄱ	ㅈ
ㅋ	ㅌ	ㄷ	ㅌ	ㅈ	ㄱ	ㅎ	ㅁ	ㅅ	ㄹ	ㅁ	ㅌ	ㄷ	ㄹ
ㄷ	ㄴ	ㄹ	ㅊ	ㅂ	ㅁ	ㅈ	ㅋ	ㅎ	ㄴ	ㅎ	ㅅ	ㅈ	ㄴ
ㅈ	ㄹ	ㅈ	ㄱ	ㄷ	ㅅ	ㅌ	ㄱ	ㅍ	ㅂ	ㅎ	ㅂ	ㅇ	ㅋ
ㄷ	ㅅ	ㅁ	ㅅ	ㅍ	ㄹ	ㄴ	ㅎ	ㄹ	ㅊ	ㅅ	ㄹ	ㅊ	ㅅ
ㅊ	ㄷ	ㄴ	ㄷ	ㄱ	ㅁ	ㅍ	ㅇ	ㄷ	ㄷ	ㅎ	ㅂ	ㅈ	ㄱ
ㄱ	ㅈ	ㅁ	ㅋ	ㅌ	ㅂ	ㅎ	ㅅ	ㅊ	ㅂ	ㅌ	ㄴ	ㅍ	ㅋ
ㅎ	ㅍ	ㅊ	ㄹ	ㅅ	ㄴ	ㅂ	ㅈ	ㄱ	ㅈ	ㄷ	ㅋ	ㅁ	ㅌ

꼬리에 꼬리를 무는

박스 안에는 단어들이 있고, 퍼즐판에는 초성들이 있습니다. 단어의 일부를 사용하여서 초성 끝말잇기를 하는 퍼즐입니다. 박스 안의 어떤 단어 하나와 매칭되는 초성을 찾아서 맨 윗줄에서 시작하여, 끝말잇기로 연결된 미로가 맨 아랫줄까지 연결되면 퍼즐이 완성됩니다. 단어가 바뀔 때마다 미로의 방향은 상하좌우 대각선으로 자유롭게 꺾입니다.

문제12

골고다 물두멍 사도 교법사 유교병 베드로 사두개인 산상설교 성산 거제물 십자가 인자 자유 다윗성 오직주님 병거

ㅂ	ㅎ	ㄹ	ㅍ	ㅇ	ㄴ	ㅈ	ㄷ	ㅊ	ㅁ	ㄱ	ㅌ	ㅋ	ㅅ
ㄴ	ㄱ	ㅈ	ㅁ	ㄷ	ㅋ	ㅅ	ㅂ	ㄹ	ㅌ	ㅍ	ㄱ	ㅊ	ㅇ
ㅇ	ㅋ	ㅁ	ㅅ	ㅍ	ㅂ	ㄷ	ㅊ	ㄱ	ㄷ	ㅇ	ㅌ	ㄷ	ㅎ
ㄷ	ㅈ	ㅊ	ㄷ	ㄱ	ㅌ	ㄴ	ㅁ	ㅎ	ㅂ	ㄹ	ㅇ	ㅈ	ㄷ
ㅁ	ㅂ	ㄴ	ㅈ	ㅅ	ㄹ	ㅈ	ㅍ	ㅇ	ㅅ	ㅅ	ㅎ	ㅍ	ㅊ
ㅋ	ㄴ	ㅇ	ㅂ	ㄴ	ㅂ	ㅇ	ㅅ	ㅍ	ㅅ	ㅌ	ㅁ	ㄱ	ㅅ
ㄹ	ㅍ	ㅅ	ㅁ	ㅇ	ㅋ	ㄷ	ㅌ	ㅂ	ㅅ	ㅎ	ㅅ	ㅊ	ㄴ
ㅊ	ㅈ	ㄷ	ㅂ	ㄹ	ㄱ	ㅎ	ㄱ	ㅋ	ㄱ	ㄹ	ㄱ	ㅂ	ㅋ
ㄹ	ㅇ	ㅌ	ㄹ	ㅇ	ㅋ	ㅊ	ㅇ	ㄴ	ㅈ	ㅍ	ㅋ	ㄹ	ㅇ
ㅌ	ㄴ	ㄹ	ㅈ	ㅅ	ㅈ	ㅇ	ㅌ	ㅅ	ㅁ	ㅂ	ㄷ	ㄱ	ㅌ
ㄷ	ㅈ	ㅍ	ㅁ	ㅋ	ㅊ	ㅌ	ㄱ	ㅇ	ㄱ	ㅊ	ㄴ	ㅅ	ㅁ
ㅅ	ㅍ	ㄷ	ㅋ	ㄴ	ㅈ	ㅁ	ㅋ	ㅂ	ㅈ	ㄷ	ㅋ	ㅂ	ㅈ
ㄹ	ㅂ	ㅌ	ㅈ	ㅎ	ㅁ	ㅈ	ㄱ	ㅎ	ㅍ	ㅁ	ㄹ	ㄱ	ㅂ
ㅎ	ㅊ	ㄹ	ㄹ	ㅇ	ㄷ	ㅎ	ㅍ	ㄹ	ㄴ	ㅎ	ㅌ	ㄷ	ㅎ
ㄹ	ㅍ	ㄴ	ㅋ	ㅎ	ㅁ	ㄷ	ㅁ	ㅅ	ㅌ	ㄱ	ㅈ	ㅊ	ㅇ

꼬리에 꼬리를 무는

박스 안에는 단어들이 있고, 퍼즐판에는 초성들이 있습니다. 단어의 일부를 사용하여서 초성 끝말잇기를 하는 퍼즐입니다. 박스 안의 어떤 단어 하나와 매칭되는 초성을 찾아서 맨 윗줄에서 시작하여, 끝말잇기로 연결된 미로가 맨 아랫줄까지 연결되면 퍼즐이 완성됩니다. 단어가 바뀔 때마다 미로의 방향은 상하좌우 대각선으로 자유롭게 꺾입니다.

문제13

수리아 나사로 오메가
요한 관유 보혜사
가나안 석류나무 벨드사살
로마
왕관 스룹바벨
안수 아모스
성육신
살렘 왕

ㅌ	ㅍ	ㄹ	ㅈ	ㅁ	ㄱ	ㅇ	ㄴ	ㅅ	ㄷ	ㅋ	ㅂ	ㅇ	ㅊ
ㅎ	ㅅ	ㅁ	ㅊ	ㅂ	ㄷ	ㅇ	ㄹ	ㅈ	ㄴ	ㅌ	ㅁ	ㅅ	ㄴ
ㅌ	ㅈ	ㅍ	ㄹ	ㄱ	ㅅ	ㅋ	ㅂ	ㄱ	ㅌ	ㄱ	ㅎ	ㅍ	ㅈ
ㅂ	ㄴ	ㄷ	ㅊ	ㅇ	ㅈ	ㅁ	ㄷ	ㅅ	ㅊ	ㅎ	ㄴ	ㅋ	ㅁ
ㅇ	ㄷ	ㅍ	ㅂ	ㄹ	ㄴ	ㅌ	ㅅ	ㅁ	ㄹ	ㅇ	ㅈ	ㅇ	ㅌ
ㄱ	ㅈ	ㅈ	ㄱ	ㅅ	ㄷ	ㅇ	ㅊ	ㄱ	ㅂ	ㅅ	ㅅ	ㅎ	ㄹ
ㅋ	ㄴ	ㅁ	ㅋ	ㅊ	ㅈ	ㅁ	ㅊ	ㅋ	ㅍ	ㄷ	ㄹ	ㄷ	ㄱ
ㅂ	ㅊ	ㄴ	ㅌ	ㅍ	ㄴ	ㅋ	ㄱ	ㅂ	ㄹ	ㅎ	ㅇ	ㅋ	ㅂ
ㅁ	ㅅ	ㅅ	ㅎ	ㄷ	ㅊ	ㅇ	ㅁ	ㅎ	ㅈ	ㅁ	ㅌ	ㄴ	ㅇ
ㅁ	ㅍ	ㄱ	ㅂ	ㅎ	ㅅ	ㅂ	ㅂ	ㄹ	ㅅ	ㅂ	ㅅ	ㅈ	ㄱ
ㄱ	ㅎ	ㄹ	ㅌ	ㄴ	ㅊ	ㅎ	ㄷ	ㅎ	ㄷ	ㄱ	ㄹ	ㅁ	ㅋ
ㅈ	ㅍ	ㅇ	ㅁ	ㅈ	ㄹ	ㅅ	ㅍ	ㅅ	ㅋ	ㅍ	ㅇ	ㄱ	ㅂ
ㅅ	ㅌ	ㄷ	ㅂ	ㄱ	ㅇ	ㅎ	ㅇ	ㄹ	ㅅ	ㅊ	ㄷ	ㅈ	ㅁ
ㅊ	ㅎ	ㅋ	ㅎ	ㅇ	ㅎ	ㄱ	ㅎ	ㅌ	ㄴ	ㄹ	ㄱ	ㅅ	ㅇ
ㅌ	ㅍ	ㅂ	ㄱ	ㄹ	ㅈ	ㄷ	ㅇ	ㅎ	ㅅ	ㅁ	ㅍ	ㅊ	ㄴ

꼬리에 꼬리를 무는

박스 안에는 단어들이 있고, 퍼즐판에는 초성들이 있습니다. 단어의 일부를 사용하여서 초성 끝말잇기를 하는 퍼즐입니다. 박스 안의 어떤 단어 하나와 매칭되는 초성을 찾아서 맨 윗줄에서 시작하여, 끝말잇기로 연결된 미로가 맨 아랫줄까지 연결되면 퍼즐이 완성됩니다. 단어가 바뀔 때마다 미로의 방향은 상하좌우 대각선으로 자유롭게 꺾입니다.

문제14

산헤드린
기묘자
절기
무교절
나일강
도피성
인장반지
로마
단풍나무
소아시아
반석
자비
아라랏산
자유인
보혜사
지성소

<table>
<tr><td>ㅍ</td><td>ㄱ</td><td>ㅌ</td><td>ㅂ</td><td>ㄷ</td><td>ㅇ</td><td>ㄹ</td><td>ㅋ</td><td>ㄴ</td><td>ㅈ</td><td>ㅁ</td><td>ㅅ</td><td>ㅊ</td><td>ㄷ</td></tr>
<tr><td>ㅂ</td><td>ㄴ</td><td>ㅇ</td><td>ㄷ</td><td>ㅍ</td><td>ㅈ</td><td>ㅁ</td><td>ㅊ</td><td>ㅅ</td><td>ㅎ</td><td>ㅌ</td><td>ㄱ</td><td>ㅋ</td><td>ㄹ</td></tr>
<tr><td>ㅈ</td><td>ㅋ</td><td>ㄱ</td><td>ㅊ</td><td>ㄴ</td><td>ㅅ</td><td>ㅇ</td><td>ㄷ</td><td>ㅂ</td><td>ㄴ</td><td>ㄹ</td><td>ㅎ</td><td>ㅁ</td><td>ㅎ</td></tr>
<tr><td>ㅁ</td><td>ㅅ</td><td>ㄹ</td><td>ㅍ</td><td>ㅁ</td><td>ㄱ</td><td>ㅈ</td><td>ㅍ</td><td>ㅎ</td><td>ㅌ</td><td>ㅋ</td><td>ㄱ</td><td>ㅂ</td><td>ㅇ</td></tr>
<tr><td>ㅊ</td><td>ㅈ</td><td>ㅇ</td><td>ㄱ</td><td>ㅌ</td><td>ㄷ</td><td>ㄴ</td><td>ㄱ</td><td>ㅁ</td><td>ㅈ</td><td>ㅅ</td><td>ㅈ</td><td>ㅌ</td><td>ㅁ</td></tr>
<tr><td>ㄷ</td><td>ㅎ</td><td>ㅋ</td><td>ㅎ</td><td>ㄴ</td><td>ㅇ</td><td>ㄹ</td><td>ㅂ</td><td>ㅅ</td><td>ㅇ</td><td>ㅁ</td><td>ㅎ</td><td>ㅋ</td><td>ㅂ</td></tr>
<tr><td>ㄹ</td><td>ㄱ</td><td>ㅊ</td><td>ㄴ</td><td>ㄷ</td><td>ㅋ</td><td>ㅅ</td><td>ㅁ</td><td>ㅈ</td><td>ㅇ</td><td>ㅈ</td><td>ㅂ</td><td>ㅈ</td><td>ㅇ</td></tr>
<tr><td>ㅎ</td><td>ㅋ</td><td>ㅂ</td><td>ㅅ</td><td>ㅁ</td><td>ㄹ</td><td>ㅌ</td><td>ㄷ</td><td>ㅊ</td><td>ㅎ</td><td>ㅇ</td><td>ㅈ</td><td>ㅅ</td><td>ㄱ</td></tr>
<tr><td>ㅅ</td><td>ㄷ</td><td>ㅌ</td><td>ㄱ</td><td>ㅈ</td><td>ㅇ</td><td>ㅂ</td><td>ㅎ</td><td>ㄹ</td><td>ㄴ</td><td>ㅍ</td><td>ㅁ</td><td>ㅅ</td><td>ㅊ</td></tr>
<tr><td>ㅁ</td><td>ㅊ</td><td>ㄹ</td><td>ㅇ</td><td>ㄴ</td><td>ㅋ</td><td>ㄱ</td><td>ㅅ</td><td>ㅌ</td><td>ㅈ</td><td>ㅂ</td><td>ㅇ</td><td>ㅎ</td><td>ㄷ</td></tr>
<tr><td>ㄱ</td><td>ㅈ</td><td>ㄴ</td><td>ㅍ</td><td>ㅅ</td><td>ㅂ</td><td>ㅊ</td><td>ㅇ</td><td>ㄹ</td><td>ㄷ</td><td>ㅅ</td><td>ㅌ</td><td>ㄱ</td><td>ㅋ</td></tr>
<tr><td>ㅌ</td><td>ㅅ</td><td>ㅋ</td><td>ㅂ</td><td>ㄹ</td><td>ㄷ</td><td>ㅅ</td><td>ㄹ</td><td>ㄹ</td><td>ㅇ</td><td>ㅎ</td><td>ㅁ</td><td>ㅇ</td><td>ㅂ</td></tr>
<tr><td>ㅂ</td><td>ㄱ</td><td>ㄹ</td><td>ㄷ</td><td>ㅍ</td><td>ㅅ</td><td>ㅎ</td><td>ㅎ</td><td>ㅁ</td><td>ㅇ</td><td>ㅂ</td><td>ㅌ</td><td>ㄴ</td><td>ㅈ</td></tr>
<tr><td>ㄷ</td><td>ㅊ</td><td>ㄴ</td><td>ㅁ</td><td>ㄱ</td><td>ㅇ</td><td>ㄷ</td><td>ㅋ</td><td>ㄷ</td><td>ㄹ</td><td>ㅈ</td><td>ㅅ</td><td>ㅍ</td><td>ㅊ</td></tr>
<tr><td>ㅍ</td><td>ㅅ</td><td>ㄷ</td><td>ㅂ</td><td>ㅊ</td><td>ㄴ</td><td>ㄹ</td><td>ㅈ</td><td>ㅎ</td><td>ㅇ</td><td>ㄱ</td><td>ㅁ</td><td>ㅌ</td><td>ㄹ</td></tr>
</table>

꼬리에 꼬리를 무는

박스 안에는 단어들이 있고, 퍼즐판에는 초성들이 있습니다. 단어의 일부를 사용하여서 초성 끝말잇기를 하는 퍼즐입니다. 박스 안의 어떤 단어 하나와 매칭되는 초성을 찾아서 맨 윗줄에서 시작하여, 끝말잇기로 연결된 미로가 맨 아랫줄까지 연결되면 퍼즐이 완성됩니다. 단어가 바뀔 때마다 미로의 방향은 상하좌우 대각선으로 자유롭게 꺾입니다.

문제15

주기도문 원돌감람나무

능력 포도주 문설주 보혜사

도피성 그리스도

당원 무할례당

스데반 무소불능 주상

자비

성육신

상수리나무

ㄱ	ㅌ	ㅅ	ㅂ	ㅍ	ㅎ	ㄴ	ㅋ	ㄹ	ㅊ	ㄷ	ㅇ	ㅈ	ㅁ
ㅇ	ㄴ	ㅊ	ㄱ	ㅋ	ㄷ	ㅁ	ㅌ	ㅈ	ㅎ	ㅌ	ㅅ	ㅋ	ㄹ
ㄷ	ㅁ	ㄹ	ㅅ	ㄴ	ㅇ	ㅈ	ㄱ	ㄷ	ㅁ	ㅌ	ㄱ	ㅎ	ㅊ
ㅎ	ㅈ	ㅋ	ㅁ	ㄱ	ㄷ	ㅎ	ㅊ	ㅅ	ㅇ	ㅅ	ㅁ	ㄴ	ㄹ
ㄱ	ㅇ	ㅅ	ㄹ	ㅈ	ㄴ	ㅁ	ㅌ	ㄷ	ㅎ	ㅁ	ㅈ	ㅎ	ㅅ
ㄹ	ㄴ	ㅎ	ㅌ	ㄷ	ㅊ	ㅇ	ㄱ	ㅌ	ㅈ	ㅅ	ㅌ	ㅋ	ㅁ
ㄷ	ㅋ	ㅁ	ㄱ	ㄴ	ㅅ	ㄹ	ㅈ	ㅎ	ㅇ	ㅅ	ㄹ	ㅅ	ㅊ
ㅅ	ㄴ	ㅊ	ㄹ	ㅇ	ㅈ	ㅎ	ㅁ	ㅊ	ㄱ	ㄹ	ㅋ	ㅌ	ㄷ
ㅇ	ㅌ	ㅁ	ㅊ	ㄷ	ㅅ	ㅇ	ㄴ	ㅌ	ㄷ	ㄴ	ㅈ	ㄹ	ㄱ
ㄷ	ㄹ	ㄴ	ㄱ	ㅈ	ㅋ	ㄷ	ㄷ	ㄹ	ㅎ	ㅁ	ㅇ	ㅅ	ㅁ
ㄱ	ㅊ	ㅅ	ㅌ	ㄷ	ㄴ	ㄱ	ㄹ	ㅁ	ㅋ	ㅈ	ㅁ	ㅊ	ㅎ
ㅋ	ㅇ	ㅌ	ㄹ	ㅁ	ㅈ	ㄹ	ㅌ	ㄷ	ㄱ	ㄴ	ㅌ	ㅅ	ㅇ
ㅌ	ㄴ	ㅁ	ㅅ	ㄷ	ㅎ	ㄴ	ㅇ	ㅊ	ㅈ	ㅎ	ㄹ	ㄱ	ㅌ
ㄹ	ㅈ	ㅇ	ㄱ	ㅊ	ㅅ	ㅁ	ㅅ	ㅂ	ㄴ	ㅌ	ㄷ	ㅁ	ㄴ
ㅅ	ㅍ	ㄴ	ㄷ	ㅁ	ㄱ	ㅌ	ㅇ	ㅊ	ㄹ	ㅎ	ㅈ	ㄹ	ㅌ

꼬리에 꼬리를 무는

박스 안에는 단어들이 있고, 퍼즐판에는 초성들이 있습니다. 단어의 일부를 사용하여서 초성 끝말잇기를 하는 퍼즐입니다. 박스 안의 어떤 단어 하나와 매칭되는 초성을 찾아서 맨 윗줄에서 시작하여, 끝말잇기로 연결된 미로가 맨 아랫줄까지 연결되면 퍼즐이 완성됩니다. 단어가 바뀔 때마다 미로의 방향은 상하좌우 대각선으로 자유롭게 꺾입니다.

문제16

호세아 시내산
요한 인장반지 기묘자
신명기 소아시아
로마 아비가일
아나니아 나일강
반석
자비 자유인
지성소
일월성신

ㅅ	ㄱ	ㅍ	ㅊ	ㄹ	ㅋ	ㅂ	ㅇ	ㄴ	ㅁ	ㅈ	ㄷ	ㅌ	ㅎ
ㅈ	ㅇ	ㄴ	ㅁ	ㄷ	ㄱ	ㅌ	ㅅ	ㅍ	ㄹ	ㅋ	ㅂ	ㅅ	ㄱ
ㄹ	ㅌ	ㅋ	ㅂ	ㅅ	ㄴ	ㅇ	ㅎ	ㄷ	ㅊ	ㄱ	ㅇ	ㅍ	ㅁ
ㅁ	ㅊ	ㄷ	ㅇ	ㄹ	ㅈ	ㅂ	ㄱ	ㄴ	ㅅ	ㅌ	ㅂ	ㅎ	ㅇ
ㅂ	ㅎ	ㅅ	ㅎ	ㄴ	ㅍ	ㄷ	ㅈ	ㅋ	ㅇ	ㅁ	ㄱ	ㄹ	ㄱ
ㄴ	ㅋ	ㄷ	ㄱ	ㅌ	ㅅ	ㅇ	ㅁ	ㄹ	ㅍ	ㅈ	ㅇ	ㅂ	ㅍ
ㄱ	ㅌ	ㅅ	ㅇ	ㄹ	ㅁ	ㄴ	ㅊ	ㅂ	ㄷ	ㅇ	ㅋ	ㅊ	ㅅ
ㅊ	ㄹ	ㅁ	ㅍ	ㅂ	ㅇ	ㄱ	ㅅ	ㅍ	ㅅ	ㅌ	ㅈ	ㄴ	ㄷ
ㅅ	ㅂ	ㄱ	ㄷ	ㅈ	ㄴ	ㄱ	ㅁ	ㅅ	ㅈ	ㅂ	ㄹ	ㅇ	ㅋ
ㄴ	ㅌ	ㅅ	ㅂ	ㅇ	ㅁ	ㅊ	ㄷ	ㅋ	ㅈ	ㅅ	ㅁ	ㄱ	ㄹ
ㄷ	ㄱ	ㅁ	ㄹ	ㅈ	ㅈ	ㅅ	ㄴ	ㅂ	ㅊ	ㅅ	ㅇ	ㅂ	ㅁ
ㄹ	ㅇ	ㅂ	ㄴ	ㅁ	ㅇ	ㄷ	ㅈ	ㅇ	ㅅ	ㅇ	ㅅ	ㅈ	ㄱ
ㅌ	ㅋ	ㅅ	ㄱ	ㅂ	ㅎ	ㅇ	ㅍ	ㄴ	ㄹ	ㄴ	ㅁ	ㄷ	ㅇ
ㅁ	ㅇ	ㄷ	ㅈ	ㅋ	ㄴ	ㄹ	ㅎ	ㄴ	ㅌ	ㅅ	ㅂ	ㄱ	ㅊ
ㅍ	ㄱ	ㅊ	ㄴ	ㅁ	ㅅ	ㄷ	ㅂ	ㅇ	ㅋ	ㄹ	ㅈ	ㅌ	ㅇ

꼬리에 꼬리를 무는

박스 안에는 단어들이 있고, 퍼즐판에는 초성들이 있습니다. 단어의 일부를 사용하여서 초성 끝말잇기를 하는 퍼즐입니다. 박스 안의 어떤 단어 하나와 매칭되는 초성을 찾아서 맨 윗줄에서 시작하여, 끝말잇기로 연결된 미로가 맨 아랫줄까지 연결되면 퍼즐이 완성됩니다. 단어가 바뀔 때마다 미로의 방향은 상하좌우 대각선으로 자유롭게 꺾입니다.

문제17

가시관
다니엘
요한
찬송가
나일강
보혜사
엘리사
그리스도
성찬
비스하스
사도행전
전병
장자
자비
관원장
병거성

ㅍ	ㅂ	ㅋ	ㄷ	ㄹ	ㅌ	ㄷ	ㅊ	ㅁ	ㄴ	ㅅ	ㄱ	ㅈ	ㅇ
ㅊ	ㅁ	ㅈ	ㄴ	ㅅ	ㅇ	ㅎ	ㄱ	ㅋ	ㅂ	ㄷ	ㄹ	ㅌ	ㄴ
ㄱ	ㅋ	ㅂ	ㅇ	ㄹ	ㅅ	ㄷ	ㄹ	ㅁ	ㄴ	ㅇ	ㅅ	ㅈ	ㅊ
ㄹ	ㅌ	ㄷ	ㄴ	ㅂ	ㄷ	ㅈ	ㄱ	ㅅ	ㅊ	ㅍ	ㅁ	ㅎ	ㅇ
ㅇ	ㅎ	ㄹ	ㅁ	ㅊ	ㅎ	ㅎ	ㅋ	ㄴ	ㅂ	ㄷ	ㅈ	ㅌ	ㄱ
ㅁ	ㅊ	ㅅ	ㅇ	ㅂ	ㅈ	ㅈ	ㄹ	ㅌ	ㄱ	ㅋ	ㅊ	ㄴ	ㄷ
ㄱ	ㅈ	ㄷ	ㅍ	ㄴ	ㅎ	ㅂ	ㄱ	ㅅ	ㅅ	ㅇ	ㄹ	ㅁ	ㅍ
ㅅ	ㅎ	ㅊ	ㄱ	ㅈ	ㅇ	ㅁ	ㅋ	ㅎ	ㅊ	ㅂ	ㄴ	ㅊ	ㄷ
ㅍ	ㅁ	ㄹ	ㅎ	ㅂ	ㄴ	ㄹ	ㄱ	ㅅ	ㅎ	ㄷ	ㅈ	ㅅ	ㅋ
ㅇ	ㄴ	ㅌ	ㄷ	ㅅ	ㅋ	ㅊ	ㄱ	ㅈ	ㅂ	ㅌ	ㄹ	ㄱ	ㅁ
ㄷ	ㅈ	ㅂ	ㅁ	ㄱ	ㄹ	ㄴ	ㅍ	ㅅ	ㅊ	ㅇ	ㅌ	ㅂ	ㅈ
ㄹ	ㄱ	ㅇ	ㅈ	ㄷ	ㅊ	ㅅ	ㅇ	ㅋ	ㄱ	ㅎ	ㄴ	ㅁ	ㄹ
ㅁ	ㅊ	ㅅ	ㄱ	ㄹ	ㅂ	ㄴ	ㅌ	ㅇ	ㄷ	ㅍ	ㅊ	ㅋ	ㅈ
ㅂ	ㄹ	ㄴ	ㅇ	ㅅ	ㅁ	ㅎ	ㅈ	ㅋ	ㅊ	ㅈ	ㄱ	ㅎ	ㄷ
ㅊ	ㄷ	ㅈ	ㅋ	ㄴ	ㄹ	ㄱ	ㅍ	ㅈ	ㅅ	ㅁ	ㅇ	ㅂ	ㅌ

꼬리에 꼬리를 무는

박스 안에는 단어들이 있고, 퍼즐판에는 초성들이 있습니다. 단어의 일부를 사용하여서 초성 끝말잇기를 하는 퍼즐입니다. 박스 안의 어떤 단어 하나와 매칭되는 초성을 찾아서 맨 윗줄에서 시작하여, 끝말잇기로 연결된 미로가 맨 아랫줄까지 연결되면 퍼즐이 완성됩니다. 단어가 바뀔 때마다 미로의 방향은 상하좌우 대각선으로 자유롭게 꺾입니다.

문제18

기손강
나사로
사도
보디발
베드로
유교병
로뎀나무
과원지기
요나
거제물
무화과
인자
강보
발등상
상수리나무
병거

ㅂ	ㅋ	ㅅ	ㄱ	ㅇ	ㅁ	ㄴ	ㄹ	ㅈ	ㄷ	ㅊ	ㅇ	ㅌ	ㅍ
ㄷ	ㄹ	ㄴ	ㅊ	ㅎ	ㅋ	ㅈ	ㅌ	ㅂ	ㄹ	ㅅ	ㄴ	ㅁ	ㄱ
ㄱ	ㅌ	ㅇ	ㄷ	ㅂ	ㅎ	ㅁ	ㅍ	ㄷ	ㄴ	ㅎ	ㅋ	ㄹ	ㅊ
ㅅ	ㅁ	ㅊ	ㅈ	ㄴ	ㄱ	ㅎ	ㄴ	ㄹ	ㅅ	ㅍ	ㄷ	ㅂ	ㄹ
ㅌ	ㄷ	ㄱ	ㄹ	ㅅ	ㅂ	ㅁ	ㅋ	ㅇ	ㅁ	ㄴ	ㅈ	ㅅ	ㅍ
ㅇ	ㅍ	ㅋ	ㅁ	ㅊ	ㄷ	ㅂ	ㅎ	ㅌ	ㅂ	ㅎ	ㄱ	ㅎ	ㄴ
ㅊ	ㅂ	ㄴ	ㅅ	ㄱ	ㅍ	ㄹ	ㅅ	ㄱ	ㅇ	ㅈ	ㄱ	ㅇ	ㅈ
ㄱ	ㄹ	ㅎ	ㅌ	ㅇ	ㄷ	ㅋ	ㅂ	ㅊ	ㅎ	ㅅ	ㅎ	ㅌ	ㅁ
ㄴ	ㅅ	ㄱ	ㄷ	ㅎ	ㄴ	ㅁ	ㅂ	ㅂ	ㄱ	ㅋ	ㄹ	ㅂ	ㄷ
ㅎ	ㅂ	ㅋ	ㅁ	ㅊ	ㅈ	ㄱ	ㄷ	ㅌ	ㄴ	ㄷ	ㅁ	ㅅ	ㅇ
ㅌ	ㄷ	ㅅ	ㅍ	ㅅ	ㄷ	ㅂ	ㅇ	ㄹ	ㅅ	ㅂ	ㄱ	ㅈ	ㄴ
ㅁ	ㅎ	ㄹ	ㄷ	ㅅ	ㅋ	ㅅ	ㅊ	ㄱ	ㅈ	ㄴ	ㅌ	ㅊ	ㅋ
ㅂ	ㅋ	ㅈ	ㄱ	ㄹ	ㅌ	ㄹ	ㄴ	ㄷ	ㅎ	ㅇ	ㅂ	ㅁ	ㅍ
ㅌ	ㅅ	ㄴ	ㅇ	ㄴ	ㅍ	ㅂ	ㄱ	ㅈ	ㅁ	ㄹ	ㅋ	ㅌ	ㄷ
ㄷ	ㅌ	ㅋ	ㅈ	ㅁ	ㄹ	ㄴ	ㅅ	ㅇ	ㅂ	ㅍ	ㄱ	ㅊ	ㅎ

정답

문제1

나오미 – 미스바 – 바리새인
– 인장반지 – 지옥 – 옥중서신
– 신명기 – 기드온 – 온역 – 역청
– 청지기

ㅎ	ㅂ	ㄹ	ㅇ	ㄴ	ㄱ	ㄷ	ㅍ	ㅋ	ㅁ	ㅅ	ㅈ	ㅊ	ㅌ
ㅁ	ㄴ	ㄱ	ㅇ	ㅍ	ㄹ	ㅎ	ㅅ	ㅊ	ㅇ	ㅌ	ㄷ	ㅎ	ㅁ
ㅈ	ㄷ	ㅁ	ㅊ	ㅎ	ㄴ	ㅋ	ㄱ	ㅇ	ㅌ	ㅂ	ㅊ	ㅇ	ㄱ
ㄱ	ㅂ	ㅍ	ㅅ	ㅈ	ㅂ	ㅅ	ㅎ	ㅁ	ㄱ	ㄷ	ㅍ	ㄹ	ㅈ
ㅎ	ㄹ	ㅈ	ㅇ	ㅂ	ㄹ	ㅊ	ㅇ	ㅈ	ㅊ	ㅅ	ㄱ	ㅊ	ㅌ
ㅌ	ㅁ	ㄹ	ㅍ	ㄹ	ㅅ	ㄴ	ㅊ	ㄹ	ㅅ	ㅌ	ㅈ	ㅂ	ㄴ
ㄱ	ㅈ	ㄱ	ㅂ	ㅅ	ㅎ	ㅅ	ㄷ	ㅇ	ㅈ	ㅅ	ㅅ	ㅇ	ㅊ
ㄴ	ㅋ	ㄹ	ㅎ	ㅇ	ㅈ	ㅂ	ㅈ	ㅋ	ㄹ	ㅋ	ㅁ	ㅎ	ㅁ
ㄹ	ㅁ	ㅇ	ㅈ	ㅌ	ㅅ	ㄷ	ㅋ	ㅊ	ㅁ	ㄴ	ㄱ	ㅅ	ㅌ
ㅌ	ㅊ	ㄱ	ㅂ	ㅅ	ㅊ	ㅈ	ㄱ	ㅊ	ㅂ	ㄷ	ㅍ	ㅅ	ㄱ
ㅇ	ㅍ	ㅁ	ㅂ	ㅋ	ㄱ	ㅎ	ㅅ	ㅈ	ㅇ	ㄱ	ㅎ	ㄹ	ㅋ
ㅅ	ㅂ	ㅌ	ㄷ	ㅅ	ㅇ	ㅍ	ㄴ	ㅌ	ㅇ	ㅂ	ㅅ	ㄱ	ㅇ
ㅌ	ㅁ	ㄱ	ㅎ	ㅈ	ㅁ	ㅂ	ㅈ	ㄹ	ㅁ	ㅊ	ㅎ	ㅍ	ㅁ
ㅎ	ㅂ	ㅎ	ㅊ	ㄴ	ㅂ	ㄷ	ㅌ	ㅊ	ㅈ	ㄹ	ㅋ	ㄱ	ㅅ
ㄴ	ㅇ	ㅈ	ㅌ	ㅅ	ㅊ	ㅎ	ㅅ	ㄱ	ㅍ	ㅊ	ㅇ	ㅎ	ㅈ

문제2

베드로 – 로마 – 마가
– 가룟유다 – 다니엘
– 엘리야 – 야고보 – 보아스
– 스데반 – 반석

ㄱ	ㅌ	ㅂ	ㄹ	ㅁ	ㅋ	ㅊ	ㅅ	ㄴ	ㅎ	ㅈ	ㅍ	ㅇ	ㄷ
ㄹ	ㅂ	ㅅ	ㄷ	ㅇ	ㄴ	ㄹ	ㅈ	ㅊ	ㅂ	ㄱ	ㅁ	ㅈ	ㄹ
ㅁ	ㅈ	ㄹ	ㅇ	ㄹ	ㅋ	ㅁ	ㄱ	ㅅ	ㄴ	ㅊ	ㅇ	ㄱ	ㅂ
ㅇ	ㄱ	ㅋ	ㅁ	ㅌ	ㅅ	ㅊ	ㄷ	ㅌ	ㅇ	ㄹ	ㄷ	ㅈ	ㅁ
ㄴ	ㅅ	ㄷ	ㅎ	ㄱ	ㅈ	ㄴ	ㅌ	ㄹ	ㄱ	ㅁ	ㅋ	ㅅ	ㄷ
ㅎ	ㅁ	ㅂ	ㄹ	ㅈ	ㅁ	ㅂ	ㅅ	ㅂ	ㅌ	ㅋ	ㅂ	ㅇ	ㄹ
ㄱ	ㅌ	ㅇ	ㅊ	ㄴ	ㅇ	ㄱ	ㅎ	ㅈ	ㄷ	ㄱ	ㅌ	ㅋ	ㅈ
ㅅ	ㄷ	ㅌ	ㄷ	ㅅ	ㅊ	ㅎ	ㄷ	ㅋ	ㅂ	ㅎ	ㄴ	ㅁ	ㅅ
ㅂ	ㅈ	ㄴ	ㅊ	ㅁ	ㅍ	ㅂ	ㄴ	ㄱ	ㅇ	ㄹ	ㄷ	ㄱ	ㅂ
ㄴ	ㅁ	ㅌ	ㅇ	ㄹ	ㅇ	ㄱ	ㅋ	ㄹ	ㅎ	ㅈ	ㅅ	ㅇ	ㅋ
ㅊ	ㄱ	ㄹ	ㅅ	ㅍ	ㄷ	ㄱ	ㅎ	ㅍ	ㄷ	ㅁ	ㄴ	ㅅ	ㄷ
ㄹ	ㅈ	ㄷ	ㅈ	ㄹ	ㅊ	ㄴ	ㅂ	ㅇ	ㅅ	ㅅ	ㅇ	ㅍ	ㅂ
ㄴ	ㅇ	ㅂ	ㅊ	ㄱ	ㅅ	ㅍ	ㅈ	ㅅ	ㄴ	ㄷ	ㅎ	ㄱ	ㅍ
ㅋ	ㅅ	ㅁ	ㄴ	ㅇ	ㄹ	ㅊ	ㄱ	ㅁ	ㅍ	ㅎ	ㅂ	ㅅ	ㄹ
ㄱ	ㅌ	ㄷ	ㅈ	ㅂ	ㄴ	ㄷ	ㅋ	ㄹ	ㅇ	ㅅ	ㅇ	ㄷ	ㅅ

문제3

할렐루야 – 야고보 – 보혜사
– 사무엘 – 엘리사
– 사마리아 – 야이로
– 로마 – 마리아
– 아브라함

ㄱ	ㅌ	ㄷ	ㄹ	ㅁ	ㅊ	ㅋ	ㅅ	ㅇ	ㄴ	ㅈ	ㅂ	ㅎ	ㅍ
ㅎ	ㅈ	ㅎ	ㅊ	ㅈ	ㅂ	ㅍ	ㄷ	ㅍ	ㅁ	ㅋ	ㅌ	ㄹ	ㅅ
ㄹ	ㅋ	ㅅ	ㅂ	ㅌ	ㄴ	ㅎ	ㅈ	ㅂ	ㅅ	ㅈ	ㄷ	ㄹ	ㅋ
ㄷ	ㄹ	ㄱ	ㅇ	ㅈ	ㅍ	ㄷ	ㅇ	ㄹ	ㅌ	ㅂ	ㄱ	ㅇ	ㅈ
ㅌ	ㅈ	ㅊ	ㅎ	ㄴ	ㅁ	ㅋ	ㅊ	ㅈ	ㅎ	ㅍ	ㅊ	ㄷ	ㄴ
ㅇ	ㅅ	ㄹ	ㅈ	ㅂ	ㅎ	ㄴ	ㅍ	ㅅ	ㅋ	ㅇ	ㄱ	ㅅ	ㄹ
ㄱ	ㅋ	ㄴ	ㄹ	ㅁ	ㄴ	ㅊ	ㅇ	ㅁ	ㅎ	ㄴ	ㅁ	ㅋ	ㄷ
ㅊ	ㅂ	ㅎ	ㄱ	ㅋ	ㄹ	ㅅ	ㄹ	ㅇ	ㄹ	ㅋ	ㅈ	ㅂ	ㅎ
ㄹ	ㄷ	ㅁ	ㅍ	ㅅ	ㅁ	ㅎ	ㅈ	ㅌ	ㄱ	ㅅ	ㅊ	ㅍ	ㄱ
ㅇ	ㅈ	ㅈ	ㅇ	ㄹ	ㅊ	ㅌ	ㄴ	ㄹ	ㅂ	ㅁ	ㄴ	ㅇ	ㅁ
ㅌ	ㄱ	ㅊ	ㅇ	ㅎ	ㅅ	ㄱ	ㅁ	ㄹ	ㄷ	ㅊ	ㄹ	ㅅ	ㄷ
ㄷ	ㅂ	ㅋ	ㅁ	ㅇ	ㄹ	ㅁ	ㄹ	ㅇ	ㅋ	ㅋ	ㄱ	ㅂ	ㅈ
ㅍ	ㄹ	ㄴ	ㅈ	ㅎ	ㄹ	ㅍ	ㅌ	ㅂ	ㅈ	ㅂ	ㅇ	ㅁ	ㄹ
ㄱ	ㅇ	ㄴ	ㅌ	ㄷ	ㅋ	ㄹ	ㅊ	ㄹ	ㅎ	ㄴ	ㅍ	ㅎ	ㅇ
ㅈ	ㅁ	ㅅ	ㄱ	ㅂ	ㄴ	ㅁ	ㅇ	ㅎ	ㄷ	ㄹ	ㅅ	ㅂ	ㄱ

문제4

그리스도 – 도피성 – 성육신
– 신명기 – 기묘자 – 자비
– 비느하스 – 스데반 – 반석
– 석류나무

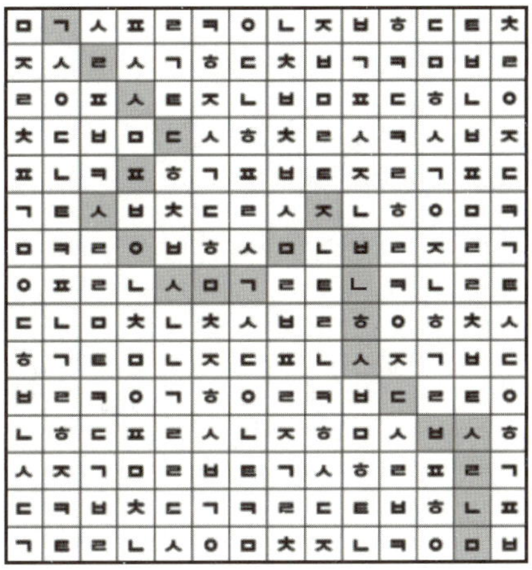

문제5

가나안 – 안수 – 수태고지
– 지성소 – 소아시아
– 아볼로 – 로고스
– 스룹바벨 – 벨사살
– 살렘왕

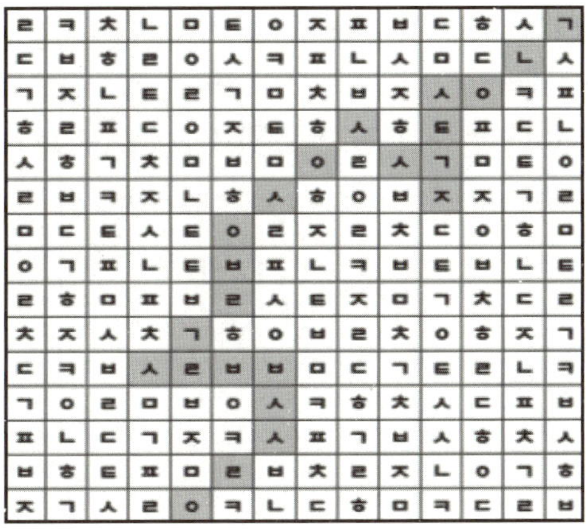

문제6

사도행전 – 전제물 – 물맷돌
– 돌단 – 단풍나무
– 무교전병 – 병거성 – 성전
– 전신갑주 – 주기도문

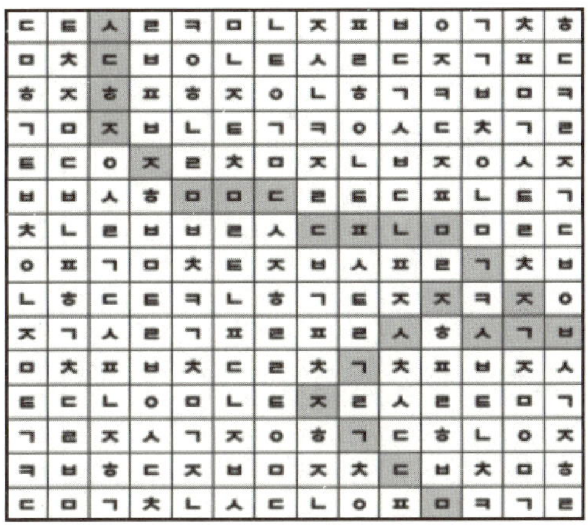

문제7

나사로 - 로뎀나무 - 무화과 - 과부 - 부활 - 활시위 - 위로자 - 자유인 - 인장반지 - 지성소

ㅌ	ㄱ	ㅋ	ㅅ	ㄷ	ㅊ	ㅂ	ㄴ	ㅈ	ㅍ	ㄹ	ㅇ	ㅎ	ㅁ
ㅎ	ㅁ	ㅎ	ㄴ	ㄹ	ㅋ	ㅅ	ㅈ	ㅂ	ㅊ	ㅂ	ㄱ	ㅌ	ㄴ
ㅂ	ㄷ	ㅈ	ㅊ	ㅍ	ㄹ	ㄷ	ㄴ	ㅁ	ㅍ	ㄴ	ㅋ	ㄷ	ㅇ
ㄱ	ㅊ	ㅌ	ㅇ	ㅋ	ㅅ	ㅌ	ㅈ	ㅋ	ㅎ	ㅂ	ㅂ	ㅅ	ㄹ
ㅋ	ㄹ	ㅈ	ㄹ	ㄴ	ㅋ	ㄱ	ㅍ	ㅁ	ㅌ	ㄱ	ㅎ	ㄱ	ㄴ
ㅂ	ㅊ	ㄱ	ㅁ	ㅅ	ㅎ	ㅂ	ㅌ	ㅎ	ㅂ	ㅊ	ㅊ	ㅁ	ㅈ
ㄴ	ㅇ	ㅎ	ㄹ	ㅌ	ㅇ	ㅈ	ㅅ	ㅁ	ㅌ	ㅅ	ㄷ	ㅇ	ㄱ
ㅅ	ㅎ	ㅊ	ㅅ	ㅁ	ㅂ	ㅇ	ㅌ	ㅇ	ㄴ	ㅍ	ㅈ	ㄹ	ㅊ
ㅌ	ㄷ	ㄴ	ㅎ	ㅈ	ㅌ	ㄹ	ㅁ	ㄷ	ㅌ	ㅁ	ㄴ	ㅋ	ㄷ
ㄱ	ㅍ	ㅋ	ㄷ	ㅇ	ㅊ	ㅈ	ㅇ	ㅇ	ㅎ	ㅅ	ㅇ	ㄱ	ㅌ
ㅎ	ㅅ	ㅂ	ㅁ	ㄴ	ㄹ	ㅂ	ㅈ	ㅂ	ㅊ	ㅈ	ㄷ	ㅂ	ㅁ
ㅇ	ㅊ	ㄹ	ㅅ	ㅇ	ㅌ	ㅂ	ㅋ	ㄷ	ㅂ	ㄱ	ㅊ	ㅈ	ㄴ
ㅁ	ㄷ	ㄱ	ㅋ	ㅍ	ㅈ	ㅊ	ㅁ	ㅎ	ㅇ	ㅋ	ㄹ	ㄷ	ㅊ
ㅌ	ㅈ	ㅎ	ㅂ	ㅅ	ㅌ	ㅅ	ㅍ	ㅇ	ㄱ	ㅁ	ㅍ	ㅅ	ㅂ
ㄱ	ㅅ	ㅁ	ㄴ	ㅇ	ㄱ	ㅊ	ㅅ	ㅌ	ㄷ	ㅎ	ㄴ	ㅊ	ㄹ

문제8

십자가 - 가룟유다 - 다니엘 - 엘리야 - 야베스 - 스올 - 올무 - 무교병 - 병거성 - 성령

ㄱ	ㅌ	ㅈ	ㄴ	ㅇ	ㅋ	ㅅ	ㅍ	ㄹ	ㅁ	ㅊ	ㄷ	ㅎ	ㅂ
ㄴ	ㅊ	ㅍ	ㅁ	ㅎ	ㅈ	ㄹ	ㅌ	ㅂ	ㅋ	ㄱ	ㅇ	ㅈ	ㅅ
ㅎ	ㄷ	ㄹ	ㄹ	ㄱ	ㅎ	ㄷ	ㅈ	ㅌ	ㄴ	ㅅ	ㄴ	ㅌ	ㄷ
ㅊ	ㅂ	ㄱ	ㅌ	ㅋ	ㄹ	ㅊ	ㅋ	ㄱ	ㅇ	ㄹ	ㅍ	ㄱ	ㅇ
ㄹ	ㅋ	ㅍ	ㅁ	ㅇ	ㄴ	ㅇ	ㅅ	ㅊ	ㅂ	ㅈ	ㄴ	ㅂ	ㄹ
ㅅ	ㅊ	ㄴ	ㅈ	ㅅ	ㄱ	ㅎ	ㄷ	ㄴ	ㅇ	ㅎ	ㅅ	ㅈ	ㄴ
ㅎ	ㄷ	ㅂ	ㄹ	ㄷ	ㅋ	ㄹ	ㅂ	ㅅ	ㄴ	ㄹ	ㅋ	ㅁ	ㅂ
ㄱ	ㅁ	ㅌ	ㅁ	ㅎ	ㅊ	ㅅ	ㅍ	ㄷ	ㅈ	ㅂ	ㅇ	ㅊ	ㄷ
ㅅ	ㅊ	ㅈ	ㅇ	ㅅ	ㅁ	ㄱ	ㅈ	ㅁ	ㅇ	ㅂ	ㅎ	ㄹ	ㅌ
ㄴ	ㅎ	ㄱ	ㅂ	ㅎ	ㅈ	ㅂ	ㅌ	ㄴ	ㅅ	ㅍ	ㅂ	ㄴ	ㄱ
ㅈ	ㅇ	ㅋ	ㅌ	ㄷ	ㄱ	ㅎ	ㄹ	ㅈ	ㄹ	ㅇ	ㄹ	ㅇ	ㅁ
ㄴ	ㅂ	ㄹ	ㅁ	ㅇ	ㅅ	ㅋ	ㅇ	ㅌ	ㅁ	ㅎ	ㅊ	ㄷ	ㅋ
ㅅ	ㅍ	ㄱ	ㅊ	ㅍ	ㄴ	ㅂ	ㄷ	ㄹ	ㅍ	ㄱ	ㅁ	ㅈ	ㄹ
ㅎ	ㄷ	ㄴ	ㅌ	ㄹ	ㄱ	ㅇ	ㅁ	ㅎ	ㅅ	ㄱ	ㅂ	ㅅ	ㅊ
ㄱ	ㅂ	ㅇ	ㅁ	ㄷ	ㅈ	ㄹ	ㅍ	ㄹ	ㅌ	ㅂ	ㄴ	ㅇ	ㄱ

문제9

요단강 - 강포자 - 자주장사 - 사마리아 - 아라랏산 - 산 제사 - 사박다니 - 니고데모 - 모세 - 세례 요한

ㅎ	ㅇ	ㅋ	ㅅ	ㄴ	ㅊ	ㄹ	ㅍ	ㅂ	ㄷ	ㅈ	ㄱ	ㅌ	ㅁ
ㅂ	ㄱ	ㄷ	ㅇ	ㄷ	ㅌ	ㅈ	ㄴ	ㅅ	ㄹ	ㅊ	ㅁ	ㅋ	ㄹ
ㄷ	ㅁ	ㅊ	ㄱ	ㅁ	ㅁ	ㄹ	ㅋ	ㅍ	ㅌ	ㄷ	ㅍ	ㅊ	ㅂ
ㅍ	ㅈ	ㅎ	ㅍ	ㅍ	ㅈ	ㅅ	ㅂ	ㅇ	ㄱ	ㅎ	ㅈ	ㅇ	ㄹ
ㄱ	ㄷ	ㅋ	ㅈ	ㅈ	ㅈ	ㅅ	ㅁ	ㄴ	ㅊ	ㅂ	ㄹ	ㄱ	ㅊ
ㅊ	ㅇ	ㅂ	ㅁ	ㅋ	ㄴ	ㅊ	ㅁ	ㅌ	ㄹ	ㅎ	ㄴ	ㅋ	ㄷ
ㅌ	ㄴ	ㄷ	ㅌ	ㅅ	ㅎ	ㄱ	ㅍ	ㄹ	ㅌ	ㅁ	ㅍ	ㅇ	ㅈ
ㅁ	ㅈ	ㅍ	ㅋ	ㄷ	ㄹ	ㅁ	ㅂ	ㅈ	ㅇ	ㄹ	ㄹ	ㅅ	ㅂ
ㅂ	ㄱ	ㅅ	ㄱ	ㅅ	ㅂ	ㅊ	ㄹ	ㅌ	ㅋ	ㅎ	ㅈ	ㅁ	ㅁ
ㅊ	ㅍ	ㅁ	ㅇ	ㅁ	ㄴ	ㄹ	ㄴ	ㄷ	ㅂ	ㅅ	ㅊ	ㅅ	ㄹ
ㄴ	ㅇ	ㄷ	ㅎ	ㅋ	ㅈ	ㄱ	ㅇ	ㅋ	ㅁ	ㅂ	ㅇ	ㄱ	ㅍ
ㅈ	ㅅ	ㅌ	ㅅ	ㅂ	ㄷ	ㅅ	ㅎ	ㄴ	ㅅ	ㄹ	ㄹ	ㅎ	ㄴ
ㅁ	ㅋ	ㄹ	ㄹ	ㅁ	ㅈ	ㅂ	ㅁ	ㅎ	ㅊ	ㅈ	ㄴ	ㅋ	ㅇ
ㄷ	ㅇ	ㅎ	ㄹ	ㄹ	ㄴ	ㄱ	ㅍ	ㄷ	ㄹ	ㅁ	ㅍ	ㄷ	ㅌ
ㅎ	ㅈ	ㅌ	ㄱ	ㅊ	ㄷ	ㅅ	ㅇ	ㅂ	ㄹ	ㄱ	ㅅ	ㅎ	ㄴ

문제10

느헤미야 – 야이로 – 로고스
– 스바 – 바돌로매
– 매매증서 – 서기관
– 관원장 – 장막 – 막달라

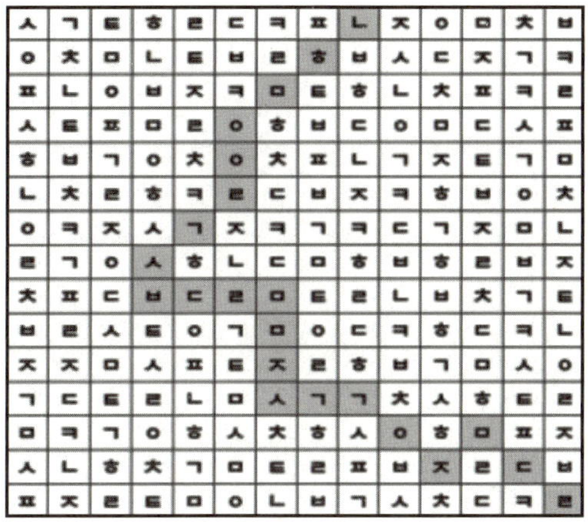

문제11

예레미야 – 야긴과 보아스
– 스룹바벨 – 벨사살 – 살로메
– 메시야 – 야벳 – 벳새다
– 다대오 – 오순절

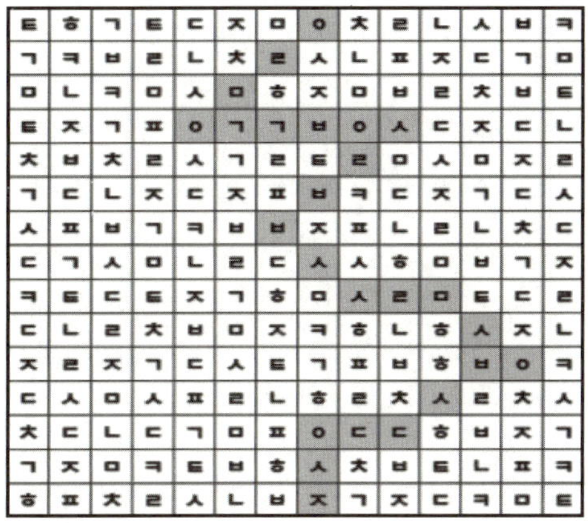

문제12

골고다 – 다윗성 – 성산
– 산상설교 – 교법사
– 사두개인 – 인자 – 자유
– 유교병 – 병거 – 거제물
– 물두멍

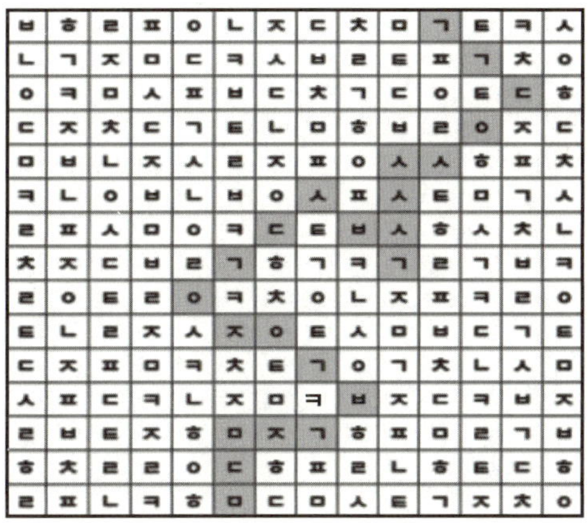

문제13

오메가 - 가나안 - 안수
- 수리아 - 아모스
- 스룹바벨 - 벨드사살
- 살렘 왕 - 왕관 - 관유

ㅌ	ㅍ	ㄹ	ㅈ	ㅁ	ㄱ	ㅇ	ㄴ	ㅅ	ㄷ	ㅋ	ㅂ	ㅇ	ㅊ
ㅎ	ㅅ	ㅁ	ㅊ	ㅂ	ㄷ	ㅇ	ㄹ	ㅈ	ㄴ	ㅌ	ㅁ	ㅅ	ㄴ
ㅌ	ㅈ	ㅍ	ㄹ	ㄱ	ㅅ	ㅋ	ㅂ	ㄱ	ㅌ	ㄱ	ㅎ	ㅍ	ㅈ
ㅂ	ㄴ	ㄷ	ㅊ	ㅇ	ㅈ	ㅁ	ㄷ	ㅅ	ㅊ	ㅎ	ㄴ	ㅋ	ㅁ
ㅇ	ㄷ	ㅍ	ㅂ	ㄹ	ㄴ	ㅌ	ㅅ	ㅁ	ㄹ	ㅇ	ㅈ	ㅇ	ㅌ
ㄱ	ㅈ	ㅈ	ㄱ	ㅅ	ㄷ	ㅇ	ㅊ	ㄱ	ㅂ	ㅅ	ㅅ	ㅎ	ㄹ
ㅋ	ㄴ	ㅁ	ㅋ	ㅊ	ㅈ	ㅁ	ㅊ	ㅋ	ㅍ	ㄷ	ㄹ	ㄷ	ㄱ
ㅂ	ㅊ	ㄴ	ㅌ	ㅍ	ㄴ	ㅋ	ㄱ	ㅂ	ㄹ	ㅎ	ㅇ	ㅋ	ㅂ
ㅁ	ㅅ	ㅅ	ㅎ	ㄷ	ㅊ	ㅇ	ㅁ	ㅎ	ㅈ	ㅁ	ㅌ	ㄴ	ㅇ
ㅁ	ㅍ	ㄱ	ㅂ	ㅎ	ㅅ	ㅂ	ㅂ	ㄹ	ㅅ	ㅂ	ㅅ	ㅈ	ㄱ
ㄱ	ㅎ	ㄹ	ㅌ	ㄴ	ㅊ	ㅎ	ㄷ	ㅎ	ㄷ	ㄱ	ㄹ	ㅁ	ㅋ
ㅈ	ㅍ	ㅇ	ㅁ	ㅈ	ㄹ	ㅅ	ㅍ	ㅅ	ㅋ	ㅍ	ㅇ	ㄱ	ㅂ
ㅅ	ㅌ	ㄷ	ㅂ	ㄱ	ㅇ	ㅎ	ㅇ	ㄹ	ㅅ	ㅊ	ㄷ	ㅈ	ㅁ
ㅊ	ㅎ	ㅋ	ㅎ	ㅇ	ㅎ	ㄱ	ㅎ	ㅌ	ㄴ	ㄹ	ㄱ	ㅅ	ㅇ
ㅌ	ㅍ	ㅂ	ㄱ	ㄹ	ㅈ	ㄷ	ㅇ	ㅎ	ㅅ	ㅁ	ㅍ	ㅊ	ㄴ

문제14

단풍나무 - 무교절 - 절기
- 기묘자 - 자유인 - 인장반지
- 지성소 - 소아시아
- 아라랏산 - 산헤드린

ㅍ	ㄱ	ㅌ	ㅂ	ㄷ	ㅇ	ㄹ	ㅋ	ㄴ	ㅈ	ㅁ	ㅅ	ㅊ	ㄷ
ㅂ	ㄴ	ㅇ	ㄷ	ㅍ	ㅈ	ㅁ	ㅊ	ㅅ	ㅎ	ㅌ	ㄱ	ㅋ	ㄹ
ㅈ	ㅋ	ㄱ	ㅊ	ㄴ	ㅅ	ㅇ	ㄷ	ㅂ	ㄴ	ㄹ	ㅎ	ㅁ	ㅎ
ㅁ	ㅅ	ㄹ	ㅍ	ㅁ	ㄱ	ㅈ	ㅍ	ㅎ	ㅌ	ㅋ	ㄱ	ㅂ	ㅇ
ㅊ	ㅈ	ㅇ	ㄱ	ㅌ	ㄷ	ㄴ	ㄱ	ㅁ	ㅈ	ㅅ	ㅈ	ㅌ	ㅁ
ㄷ	ㅎ	ㅋ	ㅎ	ㄴ	ㅇ	ㄹ	ㅂ	ㅅ	ㅇ	ㅁ	ㅎ	ㅋ	ㅂ
ㄹ	ㄱ	ㅊ	ㄴ	ㄷ	ㅋ	ㅅ	ㅁ	ㅈ	ㅇ	ㅈ	ㅂ	ㅈ	ㅇ
ㅎ	ㅋ	ㅂ	ㅅ	ㅁ	ㄹ	ㅌ	ㄷ	ㅊ	ㅎ	ㅇ	ㅈ	ㅅ	ㄱ
ㅅ	ㄷ	ㅌ	ㄱ	ㅈ	ㅇ	ㅂ	ㅎ	ㄹ	ㄴ	ㅍ	ㅁ	ㅅ	ㅊ
ㅁ	ㅊ	ㄹ	ㅇ	ㄴ	ㅋ	ㄱ	ㅅ	ㅌ	ㅈ	ㅂ	ㅇ	ㅎ	ㄷ
ㄱ	ㅈ	ㄴ	ㅍ	ㅅ	ㅂ	ㅊ	ㅇ	ㄹ	ㄷ	ㅅ	ㅌ	ㄱ	ㅋ
ㅌ	ㅅ	ㅋ	ㅂ	ㄹ	ㄷ	ㅅ	ㄹ	ㄹ	ㅇ	ㅎ	ㅁ	ㅇ	ㅂ
ㅂ	ㄱ	ㄹ	ㄷ	ㅍ	ㅅ	ㅎ	ㅎ	ㅁ	ㅇ	ㅂ	ㅌ	ㄴ	ㅈ
ㄷ	ㅊ	ㄴ	ㅁ	ㄱ	ㅇ	ㄷ	ㅋ	ㄷ	ㄹ	ㅈ	ㅅ	ㅍ	ㅊ
ㅍ	ㅅ	ㄷ	ㅂ	ㅊ	ㄴ	ㄹ	ㅈ	ㅎ	ㅇ	ㄱ	ㅁ	ㅌ	ㄹ

문제15

포도주 - 주기도문 - 문설주
- 주상 - 상수리나무
- 무할례당 - 당원
- 원돌감람나무 - 무소불능
– 능력

ㄱ	ㅌ	ㅅ	ㅂ	ㅍ	ㅎ	ㄴ	ㅋ	ㄹ	ㅊ	ㄷ	ㅇ	ㅈ	ㅁ
ㅇ	ㄴ	ㅊ	ㄱ	ㅋ	ㄷ	ㅁ	ㅌ	ㅈ	ㅎ	ㅌ	ㅅ	ㅋ	ㄹ
ㄷ	ㅁ	ㄹ	ㅅ	ㄴ	ㅇ	ㅈ	ㄱ	ㄷ	ㅁ	ㅌ	ㄱ	ㅎ	ㅊ
ㅎ	ㅈ	ㅋ	ㅁ	ㄱ	ㄷ	ㅎ	ㅊ	ㅅ	ㅇ	ㅅ	ㅁ	ㄴ	ㄹ
ㄱ	ㅇ	ㅅ	ㄹ	ㅈ	ㄴ	ㅁ	ㅌ	ㄷ	ㅎ	ㅁ	ㅈ	ㅎ	ㅅ
ㄹ	ㄴ	ㅎ	ㅌ	ㄷ	ㅊ	ㅇ	ㄱ	ㅌ	ㅈ	ㅅ	ㅌ	ㅋ	ㅁ
ㄷ	ㅋ	ㅁ	ㄱ	ㄴ	ㅅ	ㄹ	ㅈ	ㅎ	ㅇ	ㅅ	ㄹ	ㅅ	ㅊ
ㅅ	ㄴ	ㅊ	ㄹ	ㅇ	ㅈ	ㅎ	ㅁ	ㅊ	ㄱ	ㄹ	ㅋ	ㅌ	ㄷ
ㅇ	ㅌ	ㅁ	ㅊ	ㄷ	ㅅ	ㅇ	ㄴ	ㅌ	ㄷ	ㄴ	ㅈ	ㄹ	ㄱ
ㄷ	ㄹ	ㄴ	ㄱ	ㅈ	ㅋ	ㄷ	ㄷ	ㄹ	ㅎ	ㅁ	ㅇ	ㅅ	ㅁ
ㄱ	ㅊ	ㅅ	ㅌ	ㄷ	ㄴ	ㄱ	ㄹ	ㅁ	ㅋ	ㅈ	ㅁ	ㅊ	ㅎ
ㅋ	ㅇ	ㅌ	ㄹ	ㅁ	ㅈ	ㄹ	ㅌ	ㄷ	ㄱ	ㄴ	ㅌ	ㅅ	ㅇ
ㅌ	ㄴ	ㅁ	ㅅ	ㄷ	ㅎ	ㄴ	ㅇ	ㅊ	ㅈ	ㅎ	ㄹ	ㄱ	ㅌ
ㄹ	ㅈ	ㅇ	ㄱ	ㅊ	ㅅ	ㅁ	ㅅ	ㅂ	ㄴ	ㅌ	ㄷ	ㅁ	ㄴ
ㅅ	ㅍ	ㄴ	ㄷ	ㅁ	ㄱ	ㅌ	ㅇ	ㅊ	ㄹ	ㅎ	ㅈ	ㄹ	ㅌ

문제16

호세아 – 아비가일
– 일월성신 – 신명기
– 기묘자 – 자유인
–인장반지 – 지성소
– 소아시아 – 아나니아

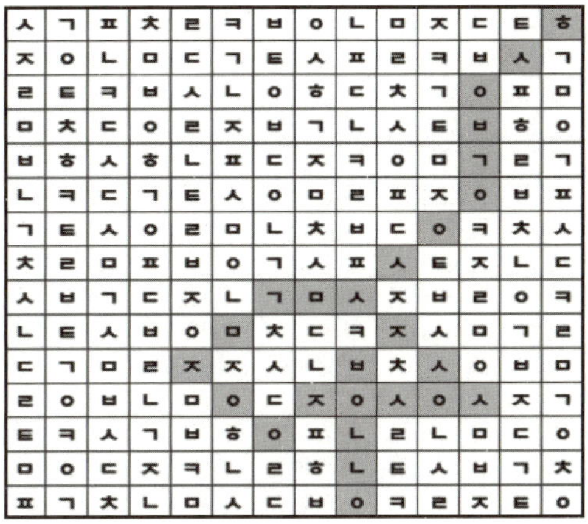

문제17

다니엘 – 엘리사 – 사도행전
– 전병 – 병거성 – 성찬
– 찬송가 – 가시관 – 관원장
– 장자

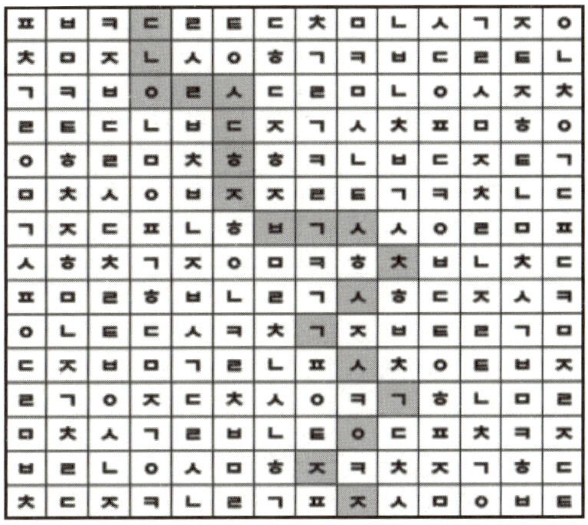

문제18

요나 – 나사로 – 로뎀나무
– 무화과 – 과원지기 – 기손강
– 강보 – 보디발 – 발등상
– 상수리나무

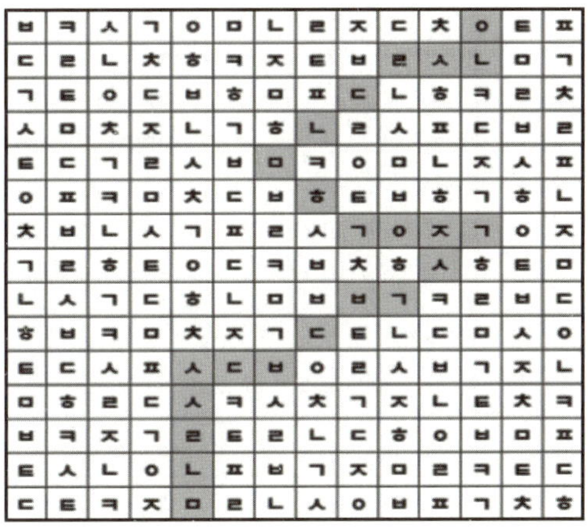

천로역정

출발점에서 시작하여 천국에 도착하는 퍼즐입니다. 가로와 세로 방향으로만 통과할 수 있고, 대각선으로는 통과할 수 없습니다. 모든 빈 칸은 반드시 통과해야 하며, 다양한 종류의 역경을 나타내는 단어가 적힌 칸은 통과할 수 없습니다. 한 번 통과한 칸은 다시 지나갈 수 없습니다.

(예)

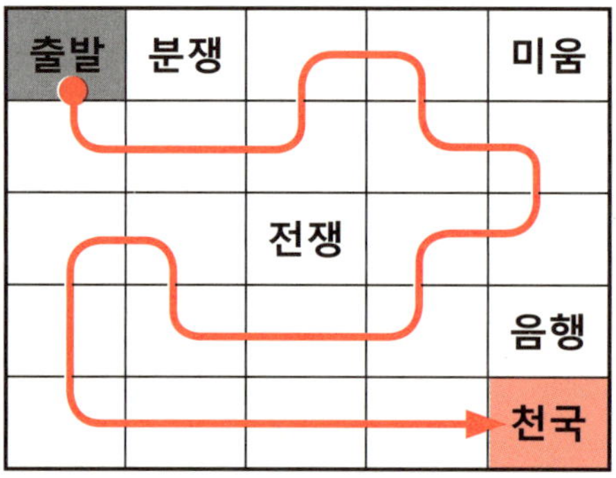

문제1

출발			포기				
질투					의심		
							허영
					전쟁		
간음							
		고난					재난
					미움		천국

천로역정

출발점에서 시작하여 천국에 도착하는 퍼즐입니다. 가로와 세로 방향으로만 통과할 수 있고, 대각선으로는 통과할 수 없습니다. 모든 빈 칸은 반드시 통과해야 하며, 다양한 종류의 역경을 나타내는 단어가 적힌 칸은 통과할 수 없습니다. 한 번 통과한 칸은 다시 지나갈 수 없습니다.

문제2

	출발			강도			
	살인						
		교만					
							천국
			향락				간음
	편견				전쟁		

문제3

			출발	천국			
	분쟁					다툼	
음행							
	사기				호색		
		정욕					

천로역정

출발점에서 시작하여 천국에 도착하는 퍼즐입니다. 가로와 세로 방향으로만 통과할 수 있고, 대각선으로는 통과할 수 없습니다. 모든 빈 칸은 반드시 통과해야 하며, 다양한 종류의 역경을 나타내는 단어가 적힌 칸은 통과할 수 없습니다. 한 번 통과한 칸은 다시 지나갈 수 없습니다.

문제4

출발			비방				
분노					간음		
	미혹		호색				
							폭력
				전쟁			
	방종						
					마약		천국

문제5

					전쟁		출발
	사치						
				투기			
							질투
					정욕		
	다툼						
							천국

천로역정

출발점에서 시작하여 천국에 도착하는 퍼즐입니다. 가로와 세로 방향으로만 통과할 수 있고, 대각선으로는 통과할 수 없습니다. 모든 빈 칸은 반드시 통과해야 하며, 다양한 종류의 역경을 나타내는 단어가 적힌 칸은 통과할 수 없습니다. 한 번 통과한 칸은 다시 지나갈 수 없습니다.

문제6

출발			오염				
					미움		
주술							
	전쟁				방종		
							천국

문제7

출발		질투					
				폭력			
						호색	
	미움		편견				
				거짓			
		간음					
							천국

천로역정

출발점에서 시작하여 천국에 도착하는 퍼즐입니다. 가로와 세로 방향으로만 통과할 수 있고, 대각선으로는 통과할 수 없습니다. 모든 빈 칸은 반드시 통과해야 하며, 다양한 종류의 역경을 나타내는 단어가 적힌 칸은 통과할 수 없습니다. 한 번 통과한 칸은 다시 지나갈 수 없습니다.

문제8

출발							
						다툼	
		전쟁		분쟁			
간음							
			미움				
	도둑질					무질서	
				주술			
		술취함					천국

문제9

				살인			출발
			사치		방탕		
							사기
		다툼		방종			
	분쟁						강도
							천국

천로역정

출발점에서 시작하여 천국에 도착하는 퍼즐입니다. 가로와 세로 방향으로만 통과할 수 있고, 대각선으로는 통과할 수 없습니다. 모든 빈 칸은 반드시 통과해야 하며, 다양한 종류의 역경을 나타내는 단어가 적힌 칸은 통과할 수 없습니다. 한 번 통과한 칸은 다시 지나갈 수 없습니다.

문제10

폭력			출발				
					비방		
	강도						사기
				분냄			
						미움	
	전쟁						
		방탕					천국

문제11

							출발
		분쟁			분냄		
							강도
	마약						
				간음			
						전쟁	
천국		향락					

정답

문제1

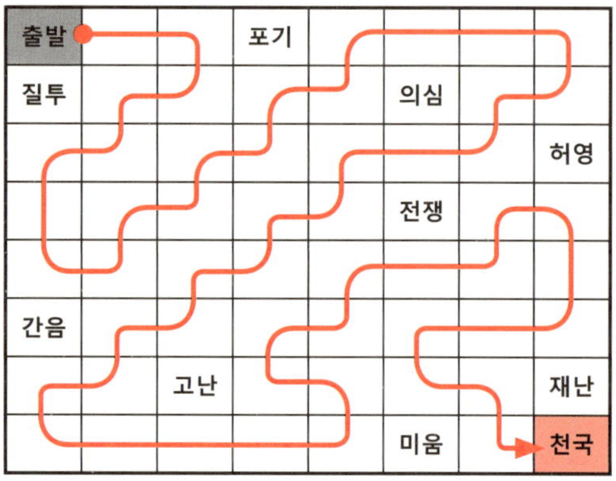

문제2

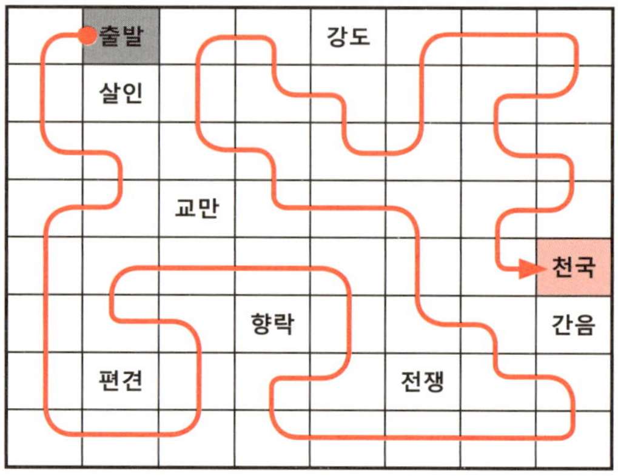

문제3

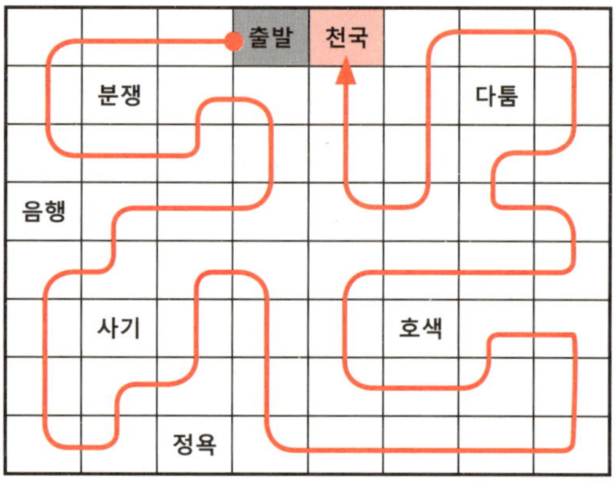

문제4

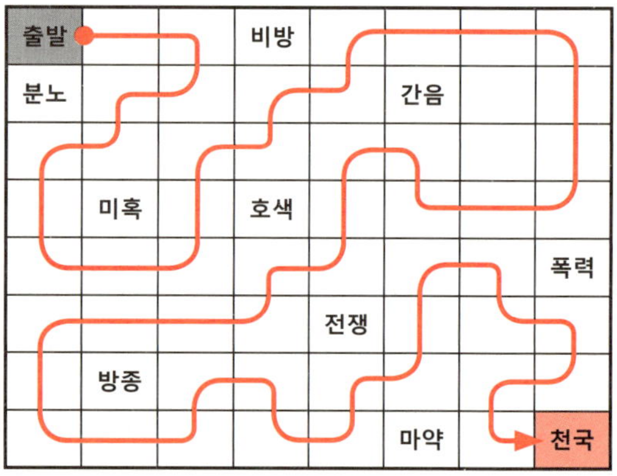

문제5

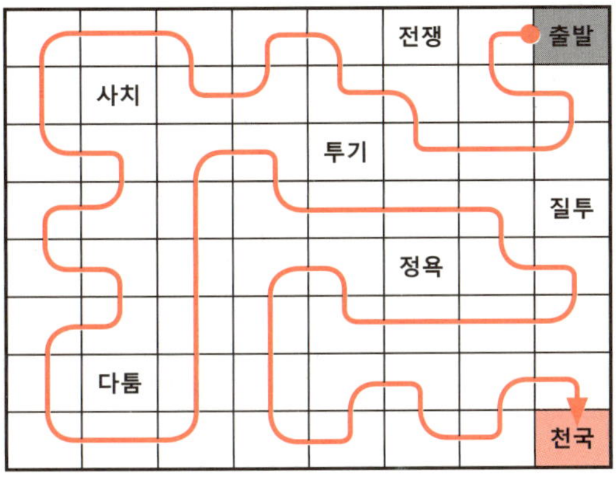

문제6

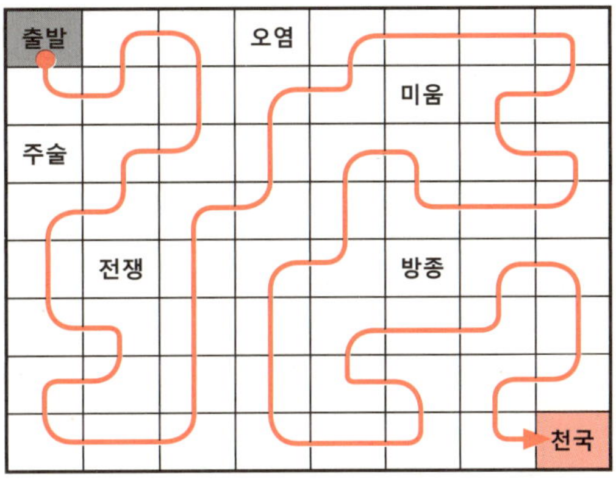

문제7

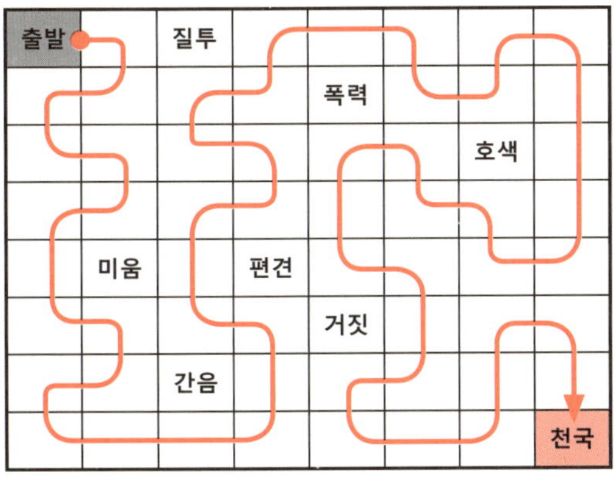

문제8

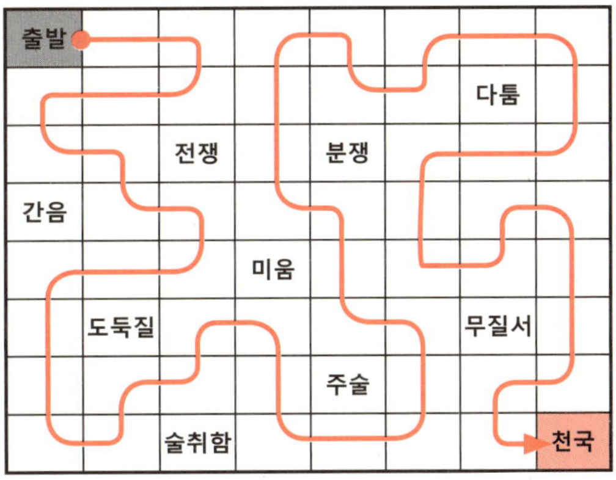

문제9

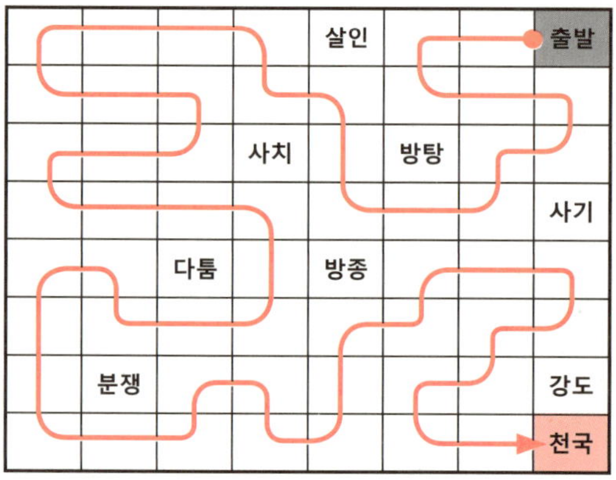

문제10

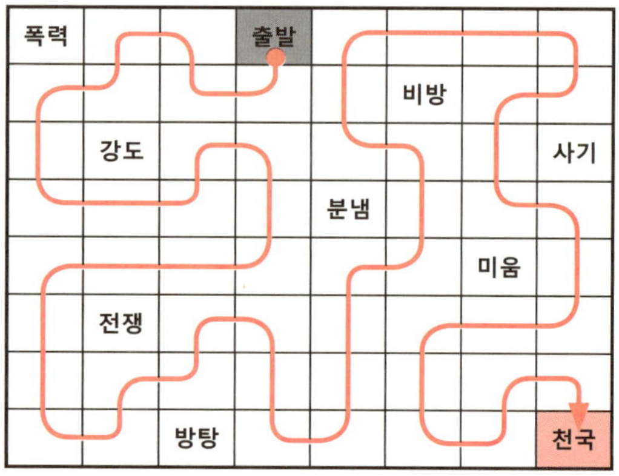

문제11

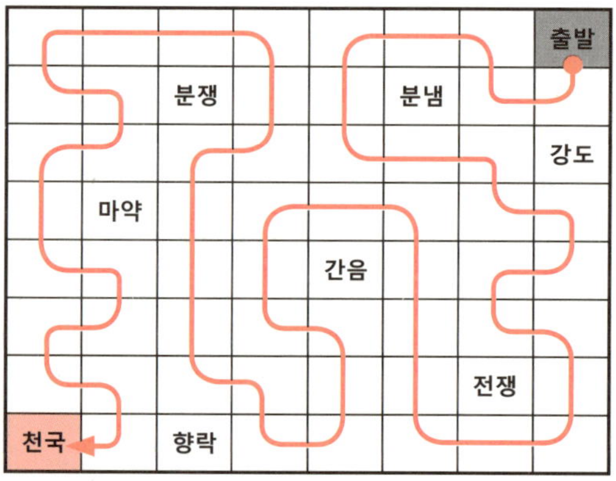

성지순례

계획된 **성지순례 장소들(★)**을 찾아 떠나려고 합니다. **출발점(Å)**에서 시작하여 **도착점(Ω)**에 도착하는 퍼즐입니다. 다음 원칙을 지키면서 성지순례를 하기 바랍니다. 2가지 이상의 답이 나올 수 있습니다. 서로의 답을 비교해 보세요.

1. 가로와 세로 방향으로만 갈 수 있고, 대각선으로는 이동할 수 없습니다.
2. 중간에 나타나는 **무장 단체**가 있는 곳은 가서는 안됩니다.
3. 표시된 모든 성지는 모두 반드시 방문해야 합니다.
4. 한 번 방문했던 곳은 또다시 방문할 수 없습니다.

문제1

★	Å	★	Ω
★	★	★	무장 단체
★	★	★	★
★	★	★	★
★	★	★	★

문제2

★	★	★	★	Å
★	무장 단체	★	★	무장 단체
★	★	Ω	★	★
★	★	★	★	★
★	★	★	★	★

성지순례

계획된 **성지순례 장소들(★)**을 찾아 떠나려고 합니다. **출발점(Å)**에서 시작하여 **도착점(Ω)**에 도착하는 퍼즐입니다. 다음 원칙을 지키면서 성지순례를 하기 바랍니다. 2가지 이상의 답이 나올 수 있습니다. 서로의 답을 비교해 보세요.

1. 가로와 세로 방향으로만 갈 수 있고, 대각선으로는 이동할 수 없습니다.
2. 중간에 나타나는 **무장 단체**가 있는 곳은 가서는 안됩니다.
3. 표시된 모든 성지는 모두 반드시 방문해야 합니다.
4. 한 번 방문했던 곳은 또다시 방문할 수 없습니다.

문제3

Å	무장 단체	★	★
★	★	★	★
★	★	★	★
★	★	무장 단체	Ω
무장 단체	★	★	★

문제4

Å	★	★	★
무장 단체	★	★	★
★	★	★	★
★	★	★	★
무장 단체	★	★	Ω

성지순례

계획된 **성지순례 장소들**(★)을 찾아 떠나려고 합니다. **출발점**(Å)에서 시작하여 **도착점**(Ω)에 도착하는 퍼즐입니다. 다음 원칙을 지키면서 성지순례를 하기 바랍니다. 2가지 이상의 답이 나올 수 있습니다. 서로의 답을 비교해 보세요.

1. 가로와 세로 방향으로만 갈 수 있고, 대각선으로는 이동할 수 없습니다.
2. 중간에 나타나는 **무장 단체**가 있는 곳은 가서는 안됩니다.
3. 표시된 모든 성지는 모두 반드시 방문해야 합니다.
4. 한 번 방문했던 곳은 또다시 방문할 수 없습니다.

문제5

무장 단체	Å	★	★
Ω	무장 단체	★	★
★	★	★	★
★	★	★	★
★	★	★	무장 단체

문제6

무장 단체	★	★
★	★	★
★	Å	★
★	★	★
★	Ω	무장 단체

정답

문제1

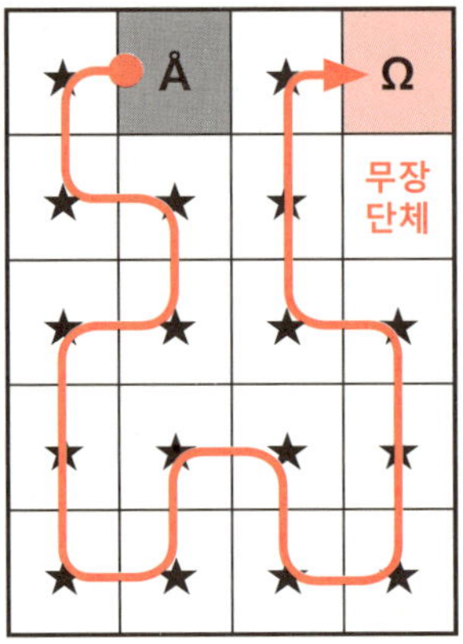

문제2

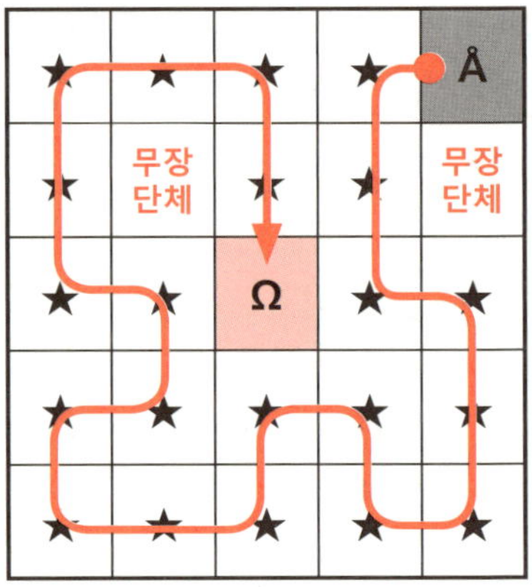

문제3

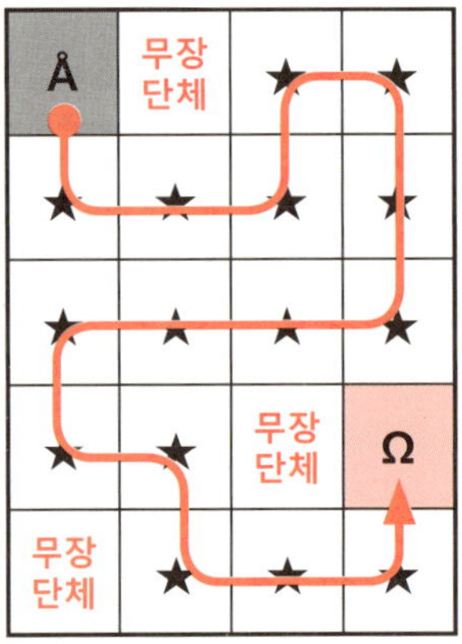

문제4

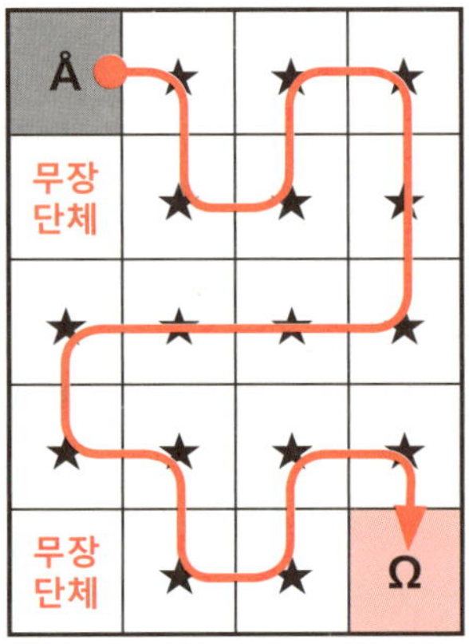

문제5

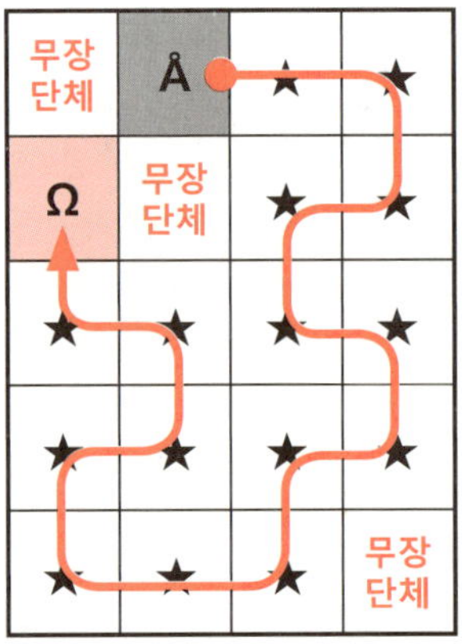

문제6

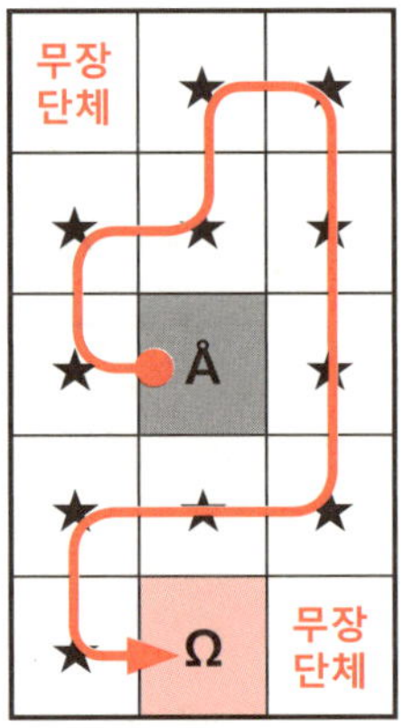

제 3 부

스도쿠
Sudoku

스도쿠는 계산이나 지식이 필요하지 않고, 간단한 룰만 알면 누구나 할 수 있다는 것이 큰 매력입니다. 스도쿠는 9X9의 칸에 1~9까지의 숫자를 넣기만 하면 되는 단순함이 있고, 연필과 지우개만 있으면 장소를 가리지 않고 재미있게 할 수 있습니다.

단순한 룰임에도 불구하고 스도쿠를 풀다 보면 사람의 두뇌가 활성화되고 있다는 느낌을 받습니다. 두뇌가 활성화된다는 것은 집중력, 추리력, 공간감각 등의 인지력에 매우 도움이 된다는 것입니다.

스도쿠는 9X9 형식의 기본적인 형태를 벗어나 여러 가지 재미있게 변형된 문제들로 발전되고 있는데, 이 책에서는 숫자 1~9로 된 기본적인 스도쿠 문제를 약간 변형하여 숫자를 글자로 대체하여 문제를 풀도록 하였습니다.

스도쿠를 풀 때면 빈칸에 맞는 숫자를 찾기 위하여 1부터 9까지의 숫자를 계속해서 입으로 중얼거리게 되는데, 숫자 대신에 9개의 단어(예를 들면 성령의 9가지 열매… 사랑, 희락, 화평, 인내, 자비, 양선, 충성, 온유, 절제) 로 대체하여 문제를 출제하면 스도쿠 문제를 푸는 동안 성령의 9가지 열매를 계속 읊조리게 됩니다. 이 외에도 아홉 글자로 된 성경 문구(예를 들어 "하나님은 사랑이시라")를 적용하면 스도쿠 문제를 풀면서 계속하여 "하나님은 사랑이시라"를 입으로 읊조리며 고백하게 됩니다.

같은 난이도의 스도쿠 문제일지라도 숫자 1~9는 우리 눈에 익숙하여 쉽게 문제를 풀게 되지만, 글자로 된 스도쿠는 숫자보다는 상대적으로 눈에 쉽게 들어오지 않아 어렵게 느껴질 수 있습니다. 그렇더라도 다 풀고 나면 보람과 성취감은 물론이고 인지력 면에서도 효과가 더 크다는 것을 느끼게 됩니다.

스도쿠의 기본 규칙

스도쿠는 가로 9줄, 세로 9줄의 각 칸에 숫자 1부터 9가 하나씩 들어가도록 하는 퍼즐입니다. 각각의 세로줄 A.B.C.D.E.F.G.H.I 에 1부터 9가 겹치지 않게 하나씩 들어가야 하고, 각각의 가로줄 1.2.3.4.5.6.7.8.9에도 1부터 9가 겹치지 않게 하나씩 들어가야 합니다. 굵은 테두리로 둘러싸인 3x3의 블록(ㄱ.ㄴ.ㄷ.ㄹ.ㅁ.ㅂ.ㅅ.ㅇ.ㅈ)에도 1부터 9의 숫자가 들어가도록 합니다. 이렇게 하면 어떤 칸의 숫자도 가로줄과 세로줄에서 같은 숫자와 중복되지 않고 한 개의 숫자만 자리하게 됩니다.

	2	8	7	3				
		6		5	2	9		
4	7						6	
	6						9	
7			6		4			3
	4						1	
	8						3	9
		3	5	9		8		
				4	3	6	5	

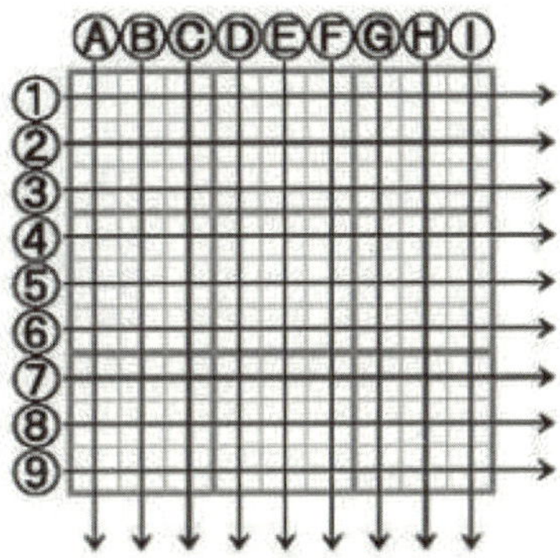

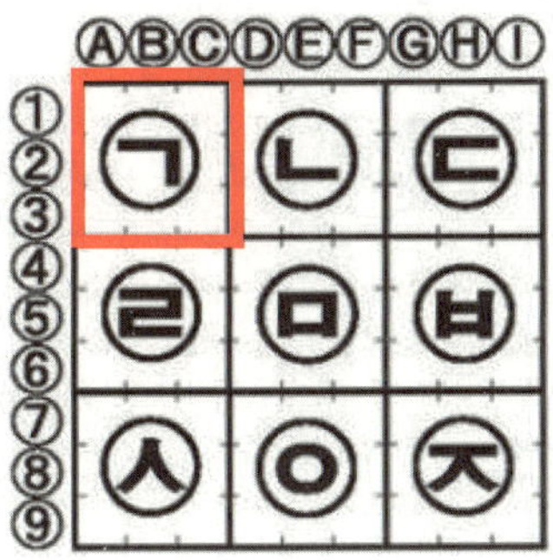

	양선	온유		절제	희락	사랑		화평
절제	사랑		온유		충성	자비		
화평	희락				사랑	절제	충성	온유
		절제			자비	인내	화평	양선
사랑	화평			희락	인내		온유	자비
				온유			절제	
양선	절제		사랑	충성	온유			
온유		사랑	인내			양선	희락	절제
인내	자비			양선		온유	사랑	

성령의 9가지 열매 찾기 9x9 스도쿠 예시

CLASSIC 스도쿠(성령의 9가지 열매)

문제1

자비		인내				사랑	양선	
	절제				자비		인내	희락
	화평	사랑	온유	양선	인내			
화평	희락	자비					충성	사랑
인내	충성	온유	양선	자비	사랑			절제
	양선			충성	희락		자비	온유
				온유	양선	충성		
	자비	화평		사랑	충성	절제		인내
온유	인내	충성		절제	화평	희락		양선

CLASSIC 스도쿠(성령의 9가지 열매)

문제2

온유		절제			사랑		화평	
	양선	인내	자비	온유			희락	사랑
		사랑	양선	절제	충성	자비	인내	온유
자비	절제	온유		양선	희락			
인내		화평		자비		양선	사랑	
사랑		양선		화평		온유	자비	희락
절제			화평		자비		양선	충성
	사랑	자비			양선	희락		인내
	인내			사랑	절제	화평	온유	자비

CLASSIC 스도쿠(성령의 9가지 열매)

문제3

		온유			절제		희락	
절제	희락			양선	사랑	인내	온유	
인내		양선	화평	희락			절제	
	화평	자비	사랑	절제				충성
양선			희락	온유	화평	절제	자비	인내
온유	인내	절제	양선				화평	희락
		인내				자비		절제
충성	절제	희락	자비	인내				온유
	온유		절제		충성	희락	인내	

CLASSIC 스도쿠(성령의 9가지 열매)

문제4

	사랑		자비	충성		화평		인내
		온유		인내			자비	절제
	절제				온유	충성		희락
인내	자비	화평	절제		희락	온유	충성	사랑
희락			화평		자비			양선
절제		양선	충성	사랑		희락		
					양선	자비	절제	화평
	희락	자비	사랑	절제	충성			온유
온유	양선	절제	인내		화평		희락	충성

CLASSIC 스도쿠(성령의 9가지 열매)

문제5

화평		온유	양선	자비			절제	
		충성	화평	온유	절제		희락	사랑
사랑	자비	절제	인내				양선	온유
희락	충성	사랑	자비	인내		온유		
절제				희락	온유	충성		양선
	온유					사랑	인내	
온유			절제				사랑	
양선	사랑	희락		화평		절제		자비
	절제	화평		사랑		양선	온유	인내

CLASSIC 스도쿠(성령의 9가지 열매)

문제6

온유					양선	희락	자비	
	자비		온유	화평			사랑	양선
	사랑	양선			절제	온유		충성
	온유				인내	사랑	희락	
사랑		희락	충성			양선		
	절제	자비	화평				온유	
자비		온유	사랑			절제	인내	
화평	희락			충성	온유			
		사랑	자비					온유

CLASSIC 스도쿠(성령의 9가지 열매)

문제7

	충성		화평		절제	자비		
	온유		인내	양선			절제	충성
사랑	희락					인내		
	자비			화평		희락	충성	
양선				희락	자비	온유		절제
	사랑	희락		온유			자비	
		충성					온유	사랑
	인내			절제	온유		양선	
온유		사랑	자비		양선		인내	

CLASSIC 스도쿠(성령의 9가지 열매)

문제8

				희락		사랑		온유
사랑	절제		자비		충성		희락	양선
	희락		사랑				화평	
	자비	화평	양선	온유		희락	사랑	
	인내	사랑	충성		절제	양선	온유	
	온유	절제		사랑	희락	충성	자비	
	충성				화평		인내	
화평	사랑		온유		자비			희락
온유			절제			화평		

CLASSIC 스도쿠(성령의 9가지 열매)

문제9

			자비				절제	양선
인내		자비		절제	온유		사랑	
양선	온유			화평				
자비		양선				절제	온유	
	인내		온유	자비	절제		희락	
사랑		온유				자비		화평
		인내		희락			화평	절제
	양선		화평	인내		충성		온유
충성	사랑						양선	

CLASSIC 스도쿠(성령의 9가지 열매)

문제10

			희락			절제		
양선	사랑	인내		절제				화평
	충성				양선	인내	자비	
희락	양선			사랑	인내			온유
사랑				양선	화평			인내
온유			충성	희락			사랑	절제
	절제	온유	사랑					
인내	화평			자비		충성	온유	희락
		양선			온유			

CLASSIC 스도쿠(성령의 9가지 열매)

문제11

	온유			절제		자비	희락	양선
충성	희락	인내			자비	온유		절제
절제		자비		화평				
사랑	화평	충성	자비	온유			절제	인내
	절제		화평	인내		사랑	충성	자비
인내			사랑				온유	
	충성	절제	온유	양선	사랑	화평		
양선				희락		충성		온유
온유		희락	충성	자비		절제	양선	

CLASSIC 스도쿠(성령의 9가지 열매)

문제12

자비	온유	화평	절제	사랑			인내	
인내		희락	양선			자비	사랑	
충성	양선		자비		화평			절제
희락	자비	온유		화평		양선		사랑
	사랑	양선		자비		화평		인내
			희락	양선		온유	절제	자비
온유	인내	자비	충성	절제	양선	사랑		
사랑	희락			온유	자비	인내	양선	
	화평		사랑			절제		온유

CLASSIC 스도쿠(성령의 9가지 열매)

문제3

	인내	희락	충성		절제		온유	
온유				인내	자비	희락	절제	충성
절제		자비				인내		
희락	화평				양선	절제	인내	온유
인내	자비	절제	화평	온유	희락			양선
충성				절제	사랑	자비	화평	
	절제			희락	화평	양선		인내
	온유	인내	사랑	양선			희락	절제
	희락		절제			온유		

CLASSIC 스도쿠(성령의 9가지 열매)

문제14

충성	희락		화평		인내	절제	양선	온유
온유			충성	절제	사랑	자비	희락	
화평	절제	자비	양선					
		희락		사랑	충성	양선		절제
양선			자비		화평			희락
사랑	충성	온유	희락		절제	화평	자비	인내
희락		충성	온유				절제	
절제	자비			인내		온유		
인내		화평		충성	자비		사랑	

CLASSIC 스도쿠(성령의 9가지 열매)

문제15

인내	온유	양선		사랑		화평	절제	
자비		절제		화평		희락	사랑	양선
	사랑				절제			온유
	인내	사랑					온유	
양선		충성	온유	희락				절제
		온유		인내	자비	사랑	충성	희락
온유	양선				인내	절제	자비	사랑
사랑	희락		절제	온유	화평	충성		
	절제			자비	양선	온유		화평

CLASSIC 스도쿠(성령의 9가지 열매)

문제16

온유					자비	사랑		
			온유	충성			희락	화평
	인내	절제			사랑	온유		자비
	온유				화평	자비	절제	
		양선			충성	희락		사랑
	희락	사랑	인내				온유	
충성		온유	절제			양선	사랑	
양선	사랑			화평	온유		자비	
	자비	희락	양선					온유

CLASSIC 스도쿠(성령의 9가지 열매)

문제17

	인내		양선		자비	사랑		온유
	양선		온유	절제			인내	
사랑	온유					충성		
	자비			온유		희락	사랑	
절제		온유	자비	희락				양선
	충성	희락		화평			자비	
		인내					희락	사랑
충성	절제			양선	인내		온유	
		자비	절제		화평		충성	

CLASSIC 스도쿠(성령의 9가지 열매)

문제18

		화평			절제			온유
희락			자비		온유		사랑	화평
	인내		화평				충성	
	자비	충성	희락	사랑		절제	온유	
	온유	양선	절제		충성	사랑	인내	
	사랑	희락		온유	양선	화평	자비	
	화평				사랑		희락	
양선	희락		충성		자비		절제	사랑
온유		사랑		희락				

CLASSIC 스도쿠(성령의 9가지 열매)

문제19

	양선						사랑	충성
온유		충성		인내	화평		양선	
절제	화평			희락		인내		
화평		자비				온유		사랑
	희락		절제	자비	온유		인내	
	온유	절제				양선		자비
				화평			온유	양선
	사랑		온유	절제		자비		인내
양선	절제				자비			

CLASSIC 스도쿠(성령의 9가지 열매)

문제20

			온유			양선		
희락	온유	충성		자비			화평	인내
					사랑	온유	절제	
절제	사랑			희락	충성			온유
인내			화평	양선				사랑
온유			인내	사랑			양선	희락
	자비	인내	양선				충성	
화평				절제		인내	사랑	양선
		절제			희락			

정답

문제1

자비	온유	인내	충성	희락	절제	사랑	양선	화평
충성	절제	양선	사랑	화평	자비	온유	인내	희락
희락	화평	사랑	온유	양선	인내	자비	절제	충성
화평	희락	자비	절제	인내	온유	양선	충성	사랑
인내	충성	온유	양선	자비	사랑	화평	희락	절제
사랑	양선	절제	화평	충성	희락	인내	자비	온유
절제	사랑	희락	인내	온유	양선	충성	화평	자비
양선	자비	화평	희락	사랑	충성	절제	온유	인내
온유	인내	충성	자비	절제	화평	희락	사랑	양선

문제2

온유	자비	절제	인내	희락	사랑	충성	화평	양선
충성	양선	인내	자비	온유	화평	절제	희락	사랑
희락	화평	사랑	양선	절제	충성	자비	인내	온유
자비	절제	온유	사랑	양선	희락	인내	충성	화평
인내	희락	화평	충성	자비	온유	양선	사랑	절제
사랑	충성	양선	절제	화평	인내	온유	자비	희락
절제	온유	희락	화평	인내	자비	사랑	양선	충성
화평	사랑	자비	온유	충성	양선	희락	절제	인내
양선	인내	충성	희락	사랑	절제	화평	온유	자비

문제3

사랑	양선	온유	인내	자비	절제	충성	희락	화평
절제	희락	화평	충성	양선	사랑	인내	온유	자비
인내	충성	양선	화평	희락	온유	양선	절제	사랑
희락	화평	자비	사랑	절제	인내	온유	양선	충성
양선	사랑	충성	희락	온유	화평	절제	자비	인내
온유	인내	절제	양선	충성	자비	사랑	화평	희락
화평	양선	인내	온유	사랑	희락	자비	충성	절제
충성	절제	희락	자비	인내	양선	화평	사랑	온유
자비	온유	사랑	절제	화평	충성	희락	인내	양선

문제4

양선	사랑	희락	자비	충성	절제	화평	온유	인내
충성	화평	온유	희락	인내	사랑	양선	자비	절제
자비	절제	인내	양선	화평	온유	충성	사랑	희락
인내	자비	화평	절제	양선	희락	온유	충성	사랑
희락	충성	사랑	화평	온유	자비	절제	인내	양선
절제	온유	양선	충성	사랑	인내	희락	화평	자비
사랑	인내	충성	온유	희락	양선	자비	절제	화평
화평	희락	자비	사랑	절제	충성	인내	양선	온유
온유	양선	절제	인내	자비	화평	사랑	희락	충성

문제5

화평	희락	온유	양선	자비	사랑	인내	절제	충성
인내	양선	충성	화평	온유	절제	자비	희락	사랑
사랑	자비	절제	인내	충성	희락	화평	양선	온유
희락	충성	사랑	자비	인내	양선	온유	화평	절제
절제	화평	인내	사랑	희락	온유	충성	자비	양선
자비	온유	양선	충성	절제	화평	사랑	인내	희락
온유	인내	자비	절제	양선	충성	희락	사랑	화평
양선	사랑	희락	온유	화평	인내	절제	충성	자비
충성	절제	화평	희락	사랑	자비	양선	온유	인내

문제6

온유	화평	충성	인내	사랑	양선	희락	자비	절제
희락	자비	절제	온유	화평	충성	인내	사랑	양선
인내	사랑	양선	희락	자비	절제	온유	화평	충성
충성	온유	화평	양선	절제	인내	사랑	희락	자비
사랑	인내	희락	충성	온유	자비	양선	절제	화평
양선	절제	자비	화평	희락	사랑	충성	온유	인내
자비	충성	온유	사랑	양선	화평	절제	인내	희락
화평	희락	인내	절제	충성	온유	자비	양선	사랑
절제	양선	사랑	자비	인내	희락	화평	충성	온유

문제7

인내	충성	양선	화평	사랑	절제	자비	희락	온유
화평	온유	자비	인내	양선	희락	사랑	절제	충성
사랑	희락	절제	온유	자비	충성	인내	화평	양선
절제	자비	온유	양선	화평	사랑	희락	충성	인내
양선	화평	인내	충성	희락	자비	온유	사랑	절제
충성	사랑	희락	절제	온유	인내	양선	자비	화평
자비	양선	충성	희락	인내	화평	절제	온유	사랑
희락	인내	화평	사랑	절제	온유	충성	양선	자비
온유	절제	사랑	자비	충성	양선	화평	인내	희락

문제8

자비	화평	충성	인내	희락	양선	사랑	절제	온유
사랑	절제	온유	자비	화평	충성	인내	희락	양선
인내	희락	양선	사랑	절제	온유	자비	화평	충성
충성	자비	화평	양선	온유	인내	희락	사랑	절제
희락	인내	사랑	충성	자비	절제	양선	온유	화평
양선	온유	절제	화평	사랑	희락	충성	자비	인내
절제	충성	자비	희락	양선	화평	온유	인내	사랑
화평	사랑	인내	온유	충성	자비	절제	양선	희락
온유	양선	희락	절제	인내	사랑	화평	충성	자비

문제9

희락	화평	사랑	자비	충성	인내	온유	절제	양선
인내	충성	자비	양선	절제	온유	화평	사랑	희락
양선	온유	절제	사랑	화평	희락	인내	충성	자비
자비	희락	양선	인내	사랑	화평	절제	온유	충성
화평	인내	충성	온유	자비	절제	양선	희락	사랑
사랑	절제	온유	희락	양선	충성	자비	인내	화평
온유	자비	인내	충성	희락	양선	사랑	화평	절제
절제	양선	희락	화평	인내	사랑	충성	자비	온유
충성	사랑	화평	절제	온유	자비	희락	양선	인내

문제10

화평	온유	자비	희락	인내	사랑	절제	양선	충성
양선	사랑	인내	자비	절제	충성	온유	희락	화평
절제	충성	희락	화평	온유	양선	인내	자비	사랑
희락	양선	충성	절제	사랑	인내	자비	화평	온유
사랑	자비	절제	온유	양선	화평	희락	충성	인내
온유	인내	화평	충성	희락	자비	양선	사랑	절제
자비	절제	온유	사랑	충성	희락	화평	인내	양선
인내	화평	사랑	양선	자비	절제	충성	온유	희락
충성	희락	양선	인내	화평	온유	사랑	절제	자비

문제11

화평	온유	사랑	인내	절제	충성	자비	희락	양선
충성	희락	인내	양선	사랑	자비	온유	화평	절제
절제	양선	자비	희락	화평	온유	인내	사랑	충성
사랑	화평	충성	자비	온유	희락	양선	절제	인내
희락	절제	온유	화평	인내	양선	사랑	충성	자비
인내	자비	양선	사랑	충성	절제	희락	온유	화평
자비	충성	절제	온유	양선	사랑	화평	인내	희락
양선	사랑	화평	절제	희락	인내	충성	자비	온유
온유	인내	희락	충성	자비	화평	절제	양선	사랑

문제12

자비	온유	화평	절제	사랑	희락	충성	인내	양선
인내	절제	희락	양선	충성	온유	자비	사랑	화평
충성	양선	사랑	자비	인내	화평	희락	온유	절제
희락	자비	온유	인내	화평	절제	양선	충성	사랑
절제	사랑	양선	온유	자비	충성	화평	희락	인내
화평	충성	인내	희락	양선	사랑	온유	절제	자비
온유	인내	자비	충성	절제	양선	사랑	화평	희락
사랑	희락	절제	화평	온유	자비	인내	양선	충성
양선	화평	충성	사랑	희락	인내	절제	자비	온유

문제13

양선	인내	희락	충성	화평	절제	사랑	온유	자비
온유	사랑	화평	양선	인내	자비	희락	절제	충성
절제	충성	자비	희락	사랑	온유	인내	양선	화평
희락	화평	사랑	자비	충성	양선	절제	인내	온유
인내	자비	절제	화평	온유	희락	충성	사랑	양선
충성	양선	온유	인내	절제	사랑	자비	화평	희락
사랑	절제	충성	온유	희락	화평	양선	자비	인내
자비	온유	인내	사랑	양선	충성	화평	희락	절제
화평	희락	양선	절제	자비	인내	온유	충성	사랑

문제14

충성	희락	사랑	화평	자비	인내	절제	양선	온유
온유	양선	인내	충성	절제	사랑	자비	희락	화평
화평	절제	자비	양선	희락	온유	충성	인내	사랑
자비	화평	희락	인내	사랑	충성	양선	온유	절제
양선	인내	절제	자비	온유	화평	사랑	충성	희락
사랑	충성	온유	희락	양선	절제	화평	자비	인내
희락	사랑	충성	온유	화평	양선	인내	절제	자비
절제	자비	양선	사랑	인내	희락	온유	화평	충성
인내	온유	화평	절제	충성	자비	희락	사랑	양선

문제15

인내	온유	양선	자비	사랑	희락	화평	절제	충성
자비	충성	절제	인내	화평	온유	희락	사랑	양선
화평	사랑	희락	충성	양선	절제	자비	인내	온유
희락	인내	사랑	화평	절제	충성	양선	온유	자비
양선	자비	충성	온유	희락	사랑	인내	화평	절제
절제	화평	온유	양선	인내	자비	사랑	충성	희락
온유	양선	화평	희락	충성	인내	절제	자비	사랑
사랑	희락	자비	절제	온유	화평	충성	양선	인내
충성	절제	인내	사랑	자비	양선	온유	희락	화평

문제16

온유	충성	화평	희락	인내	자비	사랑	양선	절제
사랑	양선	자비	온유	충성	절제	인내	희락	화평
희락	인내	절제	화평	양선	사랑	온유	충성	자비
인내	온유	충성	사랑	희락	화평	자비	절제	양선
화평	절제	양선	자비	온유	충성	희락	인내	사랑
자비	희락	사랑	인내	절제	양선	화평	온유	충성
충성	화평	온유	절제	자비	희락	양선	사랑	인내
양선	사랑	인내	충성	화평	온유	절제	자비	희락
절제	자비	희락	양선	사랑	인내	충성	화평	온유

문제17

희락	인내	화평	양선	충성	자비	사랑	절제	온유
자비	양선	충성	온유	절제	사랑	화평	인내	희락
사랑	온유	절제	화평	인내	희락	충성	양선	자비
화평	자비	양선	인내	온유	절제	희락	사랑	충성
절제	사랑	온유	자비	희락	충성	인내	화평	양선
인내	충성	희락	사랑	화평	양선	온유	자비	절제
양선	화평	인내	충성	자비	온유	절제	희락	사랑
충성	절제	사랑	희락	양선	인내	자비	온유	화평
온유	희락	자비	절제	사랑	화평	양선	충성	인내

문제18

자비	충성	화평	사랑	인내	절제	희락	양선	온유
희락	양선	절제	자비	충성	온유	인내	사랑	화평
사랑	인내	온유	화평	양선	희락	자비	충성	절제
인내	자비	충성	희락	사랑	화평	절제	온유	양선
화평	온유	양선	절제	자비	충성	사랑	인내	희락
절제	사랑	희락	인내	온유	양선	화평	자비	충성
충성	화평	자비	온유	절제	사랑	양선	희락	인내
양선	희락	인내	충성	화평	자비	온유	절제	사랑
온유	절제	사랑	양선	희락	인내	충성	화평	자비

문제19

인내	양선	희락	자비	온유	절제	화평	사랑	충성
온유	자비	충성	사랑	인내	화평	희락	양선	절제
절제	화평	사랑	양선	희락	충성	인내	자비	온유
화평	인내	자비	충성	양선	희락	온유	절제	사랑
사랑	희락	양선	절제	자비	온유	충성	인내	화평
충성	온유	절제	화평	사랑	인내	양선	희락	자비
자비	충성	인내	희락	화평	사랑	절제	온유	양선
희락	사랑	화평	온유	절제	양선	자비	충성	인내
양선	절제	온유	인내	충성	자비	사랑	화평	희락

문제20

자비	절제	사랑	온유	화평	인내	양선	희락	충성
희락	온유	충성	절제	자비	양선	사랑	화평	인내
양선	인내	화평	희락	충성	사랑	온유	절제	자비
절제	사랑	양선	자비	희락	충성	화평	인내	온유
인내	충성	희락	화평	양선	온유	절제	자비	사랑
온유	화평	자비	인내	사랑	절제	충성	양선	희락
사랑	자비	인내	양선	온유	화평	희락	충성	절제
화평	희락	온유	충성	절제	자비	인내	사랑	양선
충성	양선	절제	사랑	인내	희락	자비	온유	화평

Jigsaw 스도쿠(성령의 9가지 열매)

Classic 스도쿠와 같이 가로 9줄, 세로 9줄에 같은 단어가 없도록 하는 원칙은 같으며, 불규칙하게 그어진 굵은 선 안의 9칸에도 같은 단어가 없어야 합니다.

문제1

양선		사랑	자비	온유		화평		
	온유			충성	사랑	양선		자비
	충성			사랑				인내
온유		절제	인내		양선	사랑		충성
인내		양선		자비	절제		충성	
	희락		화평			자비		
	양선	충성		인내		온유		사랑
자비			사랑		온유		양선	
	절제	자비	충성		희락			

Jigsaw 스도쿠(성령의 9가지 열매)

Classic 스도쿠와 같이 가로 9줄, 세로 9줄에 같은 단어가 없도록 하는 원칙은 같으며, 불규칙하게 그어진 굵은 선 안의 9칸에도 같은 단어가 없어야 합니다.

문제2

사랑		절제				자비		
화평				충성	사랑	온유	절제	
온유	자비	충성	화평					
					온유		양선	자비
	인내		양선	온유	화평			충성
양선		사랑			인내		온유	
자비	양선	인내	절제	화평			희락	
	화평				양선	인내	자비	사랑
인내		희락		절제			화평	양선

Jigsaw 스도쿠(성령의 9가지 열매)

Classic 스도쿠와 같이 가로 9줄, 세로 9줄에 같은 단어가 없도록 하는 원칙은 같으며, 불규칙하게 그어진 굵은 선 안의 9칸에도 같은 단어가 없어야 합니다.

문제3

		양선		화평		절제	자비	희락
	자비		온유	사랑			양선	충성
	희락	절제		충성		자비	사랑	
		온유				사랑		
화평	절제		사랑		양선			온유
	사랑		절제		자비	희락	화평	
자비	인내	희락			사랑		충성	
	온유	충성		인내		화평		사랑
			희락		충성		온유	

Jigsaw 스도쿠(성령의 9가지 열매)

Classic 스도쿠와 같이 가로 9줄, 세로 9줄에 같은 단어가 없도록 하는 원칙은 같으며, 불규칙하게 그어진 굵은 선 안의 9칸에도 같은 단어가 없어야 합니다.

문제4

사랑		양선		희락	인내		절제	충성
절제		화평	충성		온유	인내		양선
	화평		절제	양선	사랑			자비
				충성			희락	
온유		사랑	희락			양선	충성	
희락			화평	자비			인내	온유
	충성		사랑	절제		온유		
		온유			충성	자비		희락
			양선		희락	사랑		

Jigsaw 스도쿠(성령의 9가지 열매)

Classic 스도쿠와 같이 가로 9줄, 세로 9줄에 같은 단어가 없도록 하는 원칙은 같으며, 불규칙하게 그어진 굵은 선 안의 9칸에도 같은 단어가 없어야 합니다.

문제5

충성	사랑			자비	인내			온유
	절제	화평	인내			사랑	양선	
				충성		온유	화평	
	양선	온유	사랑	인내				화평
							자비	양선
절제	온유	사랑		양선	화평	충성	희락	
인내		충성	온유					
		희락	충성			자비	인내	절제
		인내		화평		양선	온유	

Jigsaw 스도쿠(성령의 9가지 열매)

Classic 스도쿠와 같이 가로 9줄, 세로 9줄에 같은 단어가 없도록 하는 원칙은 같으며, 불규칙하게 그어진 굵은 선 안의 9칸에도 같은 단어가 없어야 합니다.

문제6

화평	충성		인내			자비		
		사랑			자비	온유	절제	화평
	자비	온유						
		자비	화평	희락	양선		사랑	인내
	인내					양선	온유	
			자비		충성	화평	인내	
	온유			화평			희락	
			온유		절제			양선
		충성	희락		온유			

Jigsaw 스도쿠(성령의 9가지 열매)

Classic 스도쿠와 같이 가로 9줄, 세로 9줄에 같은 단어가 없도록 하는 원칙은 같으며, 불규칙하게 그어진 굵은 선 안의 9칸에도 같은 단어가 없어야 합니다.

문제7

	절제	사랑		온유		자비		
		충성	인내		온유		절제	
자비			사랑	양선	절제			
			희락	화평				
	희락				자비	절제		화평
인내			화평		희락			
충성	온유	희락		인내			화평	
		인내	자비		양선	온유	사랑	절제
	양선		온유					충성

Jigsaw 스도쿠(성령의 9가지 열매)

Classic 스도쿠와 같이 가로 9줄, 세로 9줄에 같은 단어가 없도록 하는 원칙은 같으며, 불규칙하게 그어진 굵은 선 안의 9칸에도 같은 단어가 없어야 합니다.

문제8

	온유	사랑	희락		충성			인내
인내		양선		사랑		희락		절제
	화평		절제	희락			충성	
		충성			절제			화평
사랑	절제			자비		온유		
양선			충성		사랑			
충성	희락		양선				사랑	
화평	양선		사랑	절제	희락		인내	
			자비					

Jigsaw 스도쿠(성령의 9가지 열매)

Classic 스도쿠와 같이 가로 9줄, 세로 9줄에 같은 단어가 없도록 하는 원칙은 같으며, 불규칙하게 그어진 굵은 선 안의 9칸에도 같은 단어가 없어야 합니다.

문제9

사랑			화평	절제		양선	온유	
자비	인내					희락	충성	
		인내		충성			화평	양선
			자비					충성
	화평			사랑		자비	절제	
충성	양선				희락			
	절제				인내	충성		자비
	사랑			양선			인내	
화평	충성	온유	인내		사랑		양선	

Jigsaw 스도쿠(성령의 9가지 열매)

Classic 스도쿠와 같이 가로 9줄, 세로 9줄에 같은 단어가 없도록 하는 원칙은 같으며, 불규칙하게 그어진 굵은 선 안의 9칸에도 같은 단어가 없어야 합니다.

문제10

사랑		화평						
		희락			인내	화평		절제
	사랑			인내	화평	충성		
양선	희락	자비		사랑	온유	절제		
		온유						인내
			자비	화평	사랑		충성	
		인내	사랑			자비	절제	
	온유		인내		양선		자비	
	자비	충성		양선		인내		사랑

Jigsaw 스도쿠(성령의 9가지 열매)

Classic 스도쿠와 같이 가로 9줄, 세로 9줄에 같은 단어가 없도록 하는 원칙은 같으며, 불규칙하게 그어진 굵은 선 안의 9칸에도 같은 단어가 없어야 합니다.

문제11

			희락		충성	자비	절제	
	양선		온유		사랑			자비
사랑		온유		인내		충성	양선	
		자비			화평		희락	
	충성		절제	자비		양선		인내
충성		사랑	양선		인내	절제		온유
인내				사랑			충성	
자비		양선	사랑	충성			온유	
		화평		온유	자비	사랑		양선

Jigsaw 스도쿠(성령의 9가지 열매)

Classic 스도쿠와 같이 가로 9줄, 세로 9줄에 같은 단어가 없도록 하는 원칙은 같으며, 불규칙하게 그어진 굵은 선 안의 9칸에도 같은 단어가 없어야 합니다.

문제12

양선	화평			절제		희락		인내
사랑	자비	인내	양선				화평	
	희락			화평	절제	인내	양선	자비
	온유		인내			사랑		양선
충성			화평	온유	양선		인내	
자비	양선		온유					
					화평	충성	자비	온유
	절제	온유	사랑	충성				화평
		자비				절제		사랑

Jigsaw 스도쿠(성령의 9가지 열매)

Classic 스도쿠와 같이 가로 9줄, 세로 9줄에 같은 단어가 없도록 하는 원칙은 같으며, 불규칙하게 그어진 굵은 선 안의 9칸에도 같은 단어가 없어야 합니다.

문제13

	온유		충성		희락			
사랑		화평		인내		충성	온유	
	충성		사랑			희락	인내	자비
	화평	희락	자비		절제		사랑	
온유			양선		사랑			화평
		사랑				온유		
	사랑	자비		충성			희락	
충성	양선			사랑	온유		자비	
희락	자비	절제		화평		양선		

Jigsaw 스도쿠(성령의 9가지 열매)

Classic 스도쿠와 같이 가로 9줄, 세로 9줄에 같은 단어가 없도록 하는 원칙은 같으며, 불규칙하게 그어진 굵은 선 안의 9칸에도 같은 단어가 없어야 합니다.

문제14

		사랑	희락		양선			
희락		자비	충성			온유		
		온유		절제	사랑		충성	
온유	인내			자비	화평			희락
	충성	양선			희락	사랑		온유
	희락			충성				
자비			사랑	양선	절제		화평	
양선		인내	온유		충성	화평		절제
충성	절제		인내	희락		양선		사랑

Jigsaw 스도쿠(성령의 9가지 열매)

Classic 스도쿠와 같이 가로 9줄, 세로 9줄에 같은 단어가 없도록 하는 원칙은 같으며, 불규칙하게 그어진 굵은 선 안의 9칸에도 같은 단어가 없어야 합니다.

문제15

	온유	양선		화평		인내		
절제	인내	자비			충성	희락		
					온유	충성		인내
	희락	충성	화평	양선		사랑	온유	절제
양선	자비							
화평				인내	사랑	온유	양선	
	화평	온유		충성				희락
	양선	사랑			인내	화평	절제	
온유			인내	자비			사랑	충성

Jigsaw 스도쿠(성령의 9가지 열매)

Classic 스도쿠와 같이 가로 9줄, 세로 9줄에 같은 단어가 없도록 하는 원칙은 같으며, 불규칙하게 그어진 굵은 선 안의 9칸에도 같은 단어가 없어야 합니다.

문제16

			온유		희락	충성		
양선			절제		온유			
	희락			화평			온유	
	인내	화평	충성		자비			
	온유	양선					인내	
인내	사랑		양선	희락	화평	자비		
						온유	자비	
화평	절제	온유	자비			사랑		양선
		자비			인내		충성	화평

Jigsaw 스도쿠(성령의 9가지 열매)

Classic 스도쿠와 같이 가로 9줄, 세로 9줄에 같은 단어가 없도록 하는 원칙은 같으며, 불규칙하게 그어진 굵은 선 안의 9칸에도 같은 단어가 없어야 합니다.

문제17

충성					온유		양선	
절제	사랑	온유	양선		자비	인내		
	화평			인내		희락	온유	충성
			희락		화평			인내
화평		절제	자비				희락	
				화평	희락			
			절제	양선	사랑			자비
	절제		온유		인내	충성		
		자비		온유		사랑	절제	

Jigsaw 스도쿠(성령의 9가지 열매)

Classic 스도쿠와 같이 가로 9줄, 세로 9줄에 같은 단어가 없도록 하는 원칙은 같으며, 불규칙하게 그어진 굵은 선 안의 9칸에도 같은 단어가 없어야 합니다.

문제18

					자비			
	인내		희락	절제	사랑		양선	화평
	사랑				양선		희락	충성
			사랑		충성			양선
		온유		자비			절제	사랑
화평			절제			충성		
	충성			희락	절제		화평	
절제		희락		사랑		양선		인내
인내			충성		희락	사랑	온유	

Jigsaw 스도쿠(성령의 9가지 열매)

Classic 스도쿠와 같이 가로 9줄, 세로 9줄에 같은 단어가 없도록 하는 원칙은 같으며, 불규칙하게 그어진 굵은 선 안의 9칸에도 같은 단어가 없어야 합니다.

문제19

	양선		사랑		인내	온유	충성	화평
	인내			양선			사랑	
자비		충성	인내				절제	
			희락				양선	충성
	절제	자비		사랑			화평	
충성					자비			
양선	화평			충성		인내		
	충성	희락					인내	자비
	온유	양선		절제	화평			사랑

Jigsaw 스도쿠(성령의 9가지 열매)

Classic 스도쿠와 같이 가로 9줄, 세로 9줄에 같은 단어가 없도록 하는 원칙은 같으며, 불규칙하게 그어진 굵은 선 안의 9칸에도 같은 단어가 없어야 합니다.

문제20

사랑		인내		양선		충성	자비	
	자비		양선		인내		온유	
	절제	자비			사랑	인내		
	충성		사랑	화평	자비			
인내						온유		
		절제	온유	사랑		자비	희락	양선
		충성	화평	인내			사랑	
절제		화평	인내			희락		
						화평		사랑

정답

문제1

양선	인내	사랑	자비	온유	충성	화평	절제	희락
절제	온유	화평	희락	충성	사랑	양선	인내	자비
화평	충성	희락	양선	사랑	자비	절제	온유	인내
온유	자비	절제	인내	화평	양선	사랑	희락	충성
인내	사랑	양선	온유	자비	절제	희락	충성	화평
충성	희락	온유	화평	절제	인내	자비	사랑	양선
희락	양선	충성	절제	인내	화평	온유	자비	사랑
자비	화평	인내	사랑	희락	온유	충성	양선	절제
사랑	절제	자비	충성	양선	희락	인내	화평	온유

문제2

사랑	온유	절제	인내	양선	희락	자비	충성	화평
화평	희락	양선	자비	충성	사랑	온유	절제	인내
온유	자비	충성	화평	사랑	절제	양선	인내	희락
충성	절제	화평	사랑	인내	온유	희락	양선	자비
희락	인내	자비	양선	온유	화평	절제	사랑	충성
양선	충성	사랑	희락	자비	인내	화평	온유	절제
자비	양선	인내	절제	화평	충성	사랑	희락	온유
절제	화평	온유	충성	희락	양선	인내	자비	사랑
인내	사랑	희락	온유	절제	자비	충성	화평	양선

문제3

사랑	충성	양선	인내	화평	온유	절제	자비	희락
절제	자비	화평	온유	사랑	희락	인내	양선	충성
온유	희락	절제	양선	충성	화평	자비	사랑	인내
희락	양선	온유	충성	자비	인내	사랑	절제	화평
화평	절제	자비	사랑	희락	양선	충성	인내	온유
충성	사랑	인내	절제	온유	자비	희락	화평	양선
자비	인내	희락	화평	양선	사랑	온유	충성	절제
양선	온유	충성	자비	인내	절제	화평	희락	사랑
인내	화평	사랑	희락	절제	충성	양선	온유	자비

문제4

사랑	온유	양선	자비	희락	인내	화평	절제	충성
절제	희락	화평	충성	사랑	온유	인내	자비	양선
충성	화평	인내	절제	양선	사랑	희락	온유	자비
인내	양선	자비	온유	충성	화평	절제	희락	사랑
온유	자비	사랑	희락	인내	절제	양선	충성	화평
희락	사랑	절제	화평	자비	양선	충성	인내	온유
화평	충성	희락	사랑	절제	자비	온유	양선	인내
양선	절제	온유	인내	화평	충성	자비	사랑	희락
자비	인내	충성	양선	온유	희락	사랑	화평	절제

문제5

충성	사랑	양선	화평	자비	인내	희락	절제	온유
온유	절제	화평	인내	희락	자비	사랑	양선	충성
희락	인내	자비	양선	충성	절제	온유	화평	사랑
자비	양선	온유	사랑	인내	희락	절제	충성	화평
화평	충성	절제	희락	사랑	온유	인내	자비	양선
절제	온유	사랑	자비	양선	화평	충성	희락	인내
인내	자비	충성	온유	절제	양선	화평	사랑	희락
양선	화평	희락	충성	온유	사랑	자비	인내	절제
사랑	희락	인내	절제	화평	충성	양선	온유	자비

문제6

화평	충성	절제	인내	온유	희락	자비	양선	사랑
양선	희락	사랑	충성	인내	자비	온유	절제	화평
사랑	자비	온유	양선	절제	화평	인내	충성	희락
온유	절제	자비	화평	희락	양선	충성	사랑	인내
희락	인내	화평	절제	충성	사랑	양선	온유	자비
절제	양선	희락	자비	사랑	충성	화평	인내	온유
자비	온유	양선	사랑	화평	인내	절제	희락	충성
충성	사랑	인내	온유	자비	절제	희락	화평	양선
인내	화평	충성	희락	양선	온유	사랑	자비	절제

문제7

희락	절제	사랑	충성	온유	화평	자비	양선	인내
양선	화평	충성	인내	자비	온유	사랑	절제	희락
자비	인내	화평	사랑	양선	절제	희락	충성	온유
온유	사랑	절제	희락	화평	충성	인내	자비	양선
사랑	희락	온유	양선	충성	자비	절제	인내	화평
인내	자비	양선	화평	절제	희락	충성	온유	사랑
충성	온유	희락	절제	인내	사랑	양선	화평	자비
화평	충성	인내	자비	희락	양선	온유	사랑	절제
절제	양선	자비	온유	사랑	인내	화평	희락	충성

문제8

절제	온유	사랑	희락	양선	충성	자비	화평	인내
인내	충성	양선	화평	사랑	자비	희락	온유	절제
자비	화평	인내	절제	희락	온유	양선	충성	사랑
희락	자비	충성	온유	인내	절제	사랑	양선	화평
사랑	절제	화평	인내	자비	양선	온유	희락	충성
양선	인내	온유	충성	화평	사랑	절제	자비	희락
충성	희락	절제	양선	온유	화평	인내	사랑	자비
화평	양선	자비	사랑	절제	희락	충성	인내	온유
온유	사랑	희락	자비	충성	인내	화평	절제	양선

문제9

사랑	희락	충성	화평	절제	자비	양선	온유	인내
자비	인내	양선	절제	온유	화평	희락	충성	사랑
온유	자비	인내	희락	충성	절제	사랑	화평	양선
절제	온유	사랑	자비	화평	양선	인내	희락	충성
인내	화평	희락	양선	사랑	충성	자비	절제	온유
충성	양선	절제	사랑	인내	희락	온유	자비	화평
양선	절제	화평	온유	희락	인내	충성	사랑	자비
희락	사랑	자비	충성	양선	온유	화평	인내	절제
화평	충성	온유	인내	자비	사랑	절제	양선	희락

문제10

사랑	인내	화평	절제	충성	자비	양선	희락	온유
자비	양선	희락	충성	온유	인내	화평	사랑	절제
희락	사랑	절제	온유	인내	화평	충성	양선	자비
양선	희락	자비	화평	사랑	온유	절제	인내	충성
절제	충성	온유	양선	자비	희락	사랑	화평	인내
인내	절제	양선	자비	화평	사랑	온유	충성	희락
온유	화평	인내	사랑	희락	충성	자비	절제	양선
충성	온유	사랑	인내	절제	양선	희락	자비	화평
화평	자비	충성	희락	양선	절제	인내	온유	사랑

문제11

온유	화평	인내	희락	양선	충성	자비	절제	사랑
절제	양선	충성	온유	희락	사랑	인내	화평	자비
사랑	자비	온유	화평	인내	절제	충성	양선	희락
양선	사랑	자비	인내	절제	화평	온유	희락	충성
화평	충성	희락	절제	자비	온유	양선	사랑	인내
충성	희락	사랑	양선	화평	인내	절제	자비	온유
인내	온유	절제	자비	사랑	양선	희락	충성	화평
자비	인내	양선	사랑	충성	희락	화평	온유	절제
희락	절제	화평	충성	온유	자비	사랑	인내	양선

문제12

양선	화평	충성	자비	절제	온유	희락	사랑	인내
사랑	자비	인내	양선	희락	충성	온유	화평	절제
온유	희락	사랑	충성	화평	절제	인내	양선	자비
절제	온유	화평	인내	자비	희락	사랑	충성	양선
충성	사랑	절제	화평	온유	양선	자비	인내	희락
자비	양선	희락	온유	인내	사랑	화평	절제	충성
희락	인내	양선	절제	사랑	화평	충성	자비	온유
인내	절제	온유	사랑	충성	자비	양선	희락	화평
화평	충성	자비	희락	양선	인내	절제	온유	사랑

문제13

자비	온유	양선	충성	절제	희락	사랑	화평	인내
사랑	희락	화평	절제	인내	자비	충성	온유	양선
절제	충성	온유	사랑	양선	화평	희락	인내	자비
양선	화평	희락	자비	온유	절제	인내	사랑	충성
온유	인내	충성	양선	희락	사랑	자비	절제	화평
화평	절제	사랑	인내	자비	충성	온유	양선	희락
인내	사랑	자비	화평	충성	양선	절제	희락	온유
충성	양선	인내	희락	사랑	온유	화평	자비	절제
희락	자비	절제	온유	화평	인내	양선	충성	사랑

문제14

절제	화평	사랑	희락	온유	양선	충성	인내	자비
희락	사랑	자비	충성	화평	인내	온유	절제	양선
인내	양선	온유	자비	절제	사랑	희락	충성	화평
온유	인내	충성	양선	자비	화평	절제	사랑	희락
화평	충성	양선	절제	인내	희락	사랑	자비	온유
사랑	희락	절제	화평	충성	온유	자비	양선	인내
자비	온유	희락	사랑	양선	절제	인내	화평	충성
양선	자비	인내	온유	사랑	충성	화평	희락	절제
충성	절제	화평	인내	희락	자비	양선	온유	사랑

문제15

자비	온유	양선	충성	화평	절제	인내	희락	사랑
절제	인내	자비	사랑	온유	충성	희락	화평	양선
희락	사랑	화평	양선	절제	온유	충성	자비	인내
인내	희락	충성	화평	양선	자비	사랑	온유	절제
양선	자비	인내	온유	사랑	희락	절제	충성	화평
화평	충성	절제	희락	인내	사랑	온유	양선	자비
사랑	화평	온유	절제	충성	양선	자비	인내	희락
충성	양선	사랑	자비	희락	인내	화평	절제	온유
온유	절제	희락	인내	자비	화평	양선	사랑	충성

문제16

절제	자비	사랑	온유	양선	희락	충성	화평	인내
양선	화평	희락	절제	자비	온유	인내	사랑	충성
충성	희락	절제	인내	화평	사랑	양선	온유	자비
온유	인내	화평	충성	사랑	자비	희락	양선	절제
자비	온유	양선	사랑	충성	절제	화평	인내	희락
인내	사랑	충성	양선	희락	화평	자비	절제	온유
희락	충성	인내	화평	절제	양선	온유	자비	사랑
화평	절제	온유	자비	인내	충성	사랑	희락	양선
사랑	양선	자비	희락	온유	인내	절제	충성	화평

문제17

충성	희락	화평	인내	사랑	온유	자비	양선	절제
절제	사랑	온유	양선	희락	자비	인내	충성	화평
자비	화평	양선	사랑	인내	절제	희락	온유	충성
사랑	온유	충성	희락	절제	화평	양선	자비	인내
화평	인내	절제	자비	충성	양선	온유	희락	사랑
양선	자비	인내	충성	화평	희락	절제	사랑	온유
온유	충성	희락	절제	양선	사랑	화평	인내	자비
희락	절제	사랑	온유	자비	인내	충성	화평	양선
인내	양선	자비	화평	온유	충성	사랑	절제	희락

문제18

양선	절제	화평	인내	충성	자비	희락	사랑	온유
온유	인내	충성	희락	절제	사랑	자비	양선	화평
자비	사랑	인내	화평	온유	양선	절제	희락	충성
희락	자비	절제	사랑	화평	충성	온유	인내	양선
충성	희락	온유	양선	자비	인내	화평	절제	사랑
화평	양선	사랑	절제	인내	온유	충성	자비	희락
사랑	충성	양선	온유	희락	절제	인내	화평	자비
절제	온유	희락	자비	사랑	화평	양선	충성	인내
인내	화평	자비	충성	양선	희락	사랑	온유	절제

문제19

희락	양선	절제	사랑	자비	인내	온유	충성	화평
절제	인내	화평	온유	양선	충성	자비	사랑	희락
자비	사랑	충성	인내	희락	온유	화평	절제	양선
화평	자비	온유	희락	인내	사랑	절제	양선	충성
온유	절제	자비	충성	사랑	양선	희락	화평	인내
충성	희락	인내	양선	화평	자비	사랑	온유	절제
양선	화평	사랑	절제	충성	희락	인내	자비	온유
사랑	충성	희락	화평	온유	절제	양선	인내	자비
인내	온유	양선	자비	절제	화평	충성	희락	사랑

문제20

사랑	온유	인내	절제	양선	희락	충성	자비	화평
화평	자비	희락	양선	절제	인내	사랑	온유	충성
양선	절제	자비	충성	희락	사랑	인내	화평	온유
희락	충성	온유	사랑	화평	자비	양선	절제	인내
인내	화평	사랑	희락	자비	양선	온유	충성	절제
충성	인내	절제	온유	사랑	화평	자비	희락	양선
자비	양선	충성	화평	인내	온유	절제	사랑	희락
절제	사랑	화평	인내	온유	충성	희락	양선	자비
온유	희락	양선	자비	충성	절제	화평	인내	사랑

제 4 부

네모 로직
Logic Art

1988년 일본에서 개발된 퍼즐인데, 한국에서는 "네모로직", "네모네모로직"으로 불리기도 하는 퍼즐 게임입니다. 영어로는 "Nonograms" 등으로 불립니다.

- 쓰인 숫자만큼 연속된 칸을 칠해야 합니다.
- 숫자와 숫자 사이에는 적어도 한 칸을 비워야 합니다.
- 숫자 순서와 칠해진 칸의 순서는 일치해야 합니다

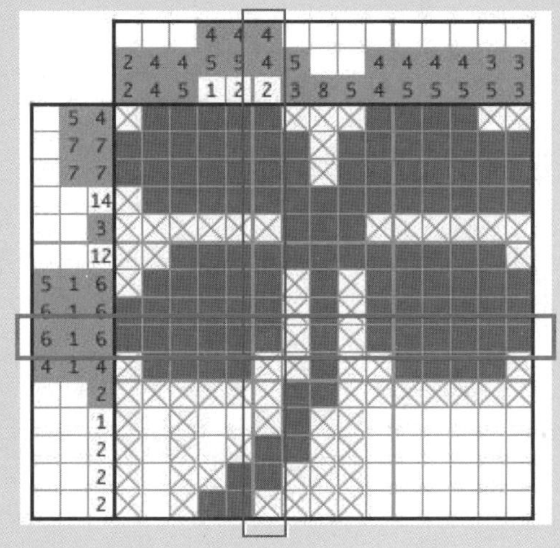

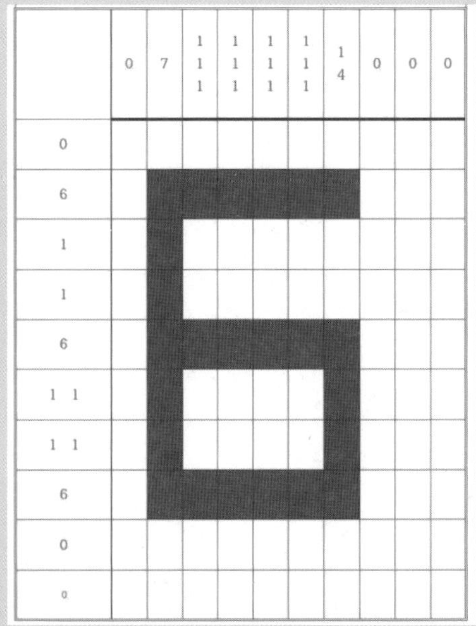

네모로직의 기본 규칙

1. 퍼즐판 **가장자리의 숫자**는 숫자가 위치한 각 행과 열에서 몇 개의 칸을 칠해야 하는지를 지시하는 것으로, **연속해서 색칠할 수 있는 칸의 수**를 나타냅니다. 즉, 좌측 세로변의 숫자는 각 행(가로줄)에서 몇 개의 칸을 칠해야 하는지를 나타내고, 상단부 가로변의 숫자는 각 열(세로줄)에서 몇 개의 칸에 칠해야 하는지를 나타냅니다.
2. 한 줄에 여러 개의 숫자가 있을 때는 **숫자와 숫자 사이에 반드시 한 칸 이상을 띄고** 색칠해야 합니다.
3. 색칠을 할 수 없는 칸에 x 표시를 하면 문제 풀기가 수월해집니다.

예제

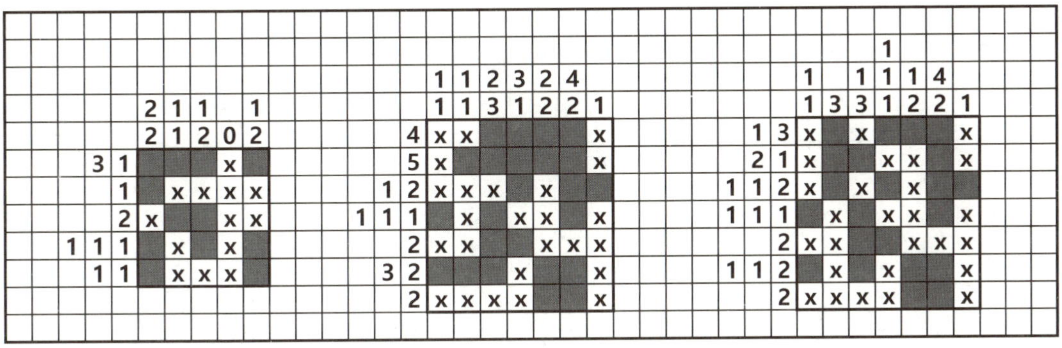

예제 실습

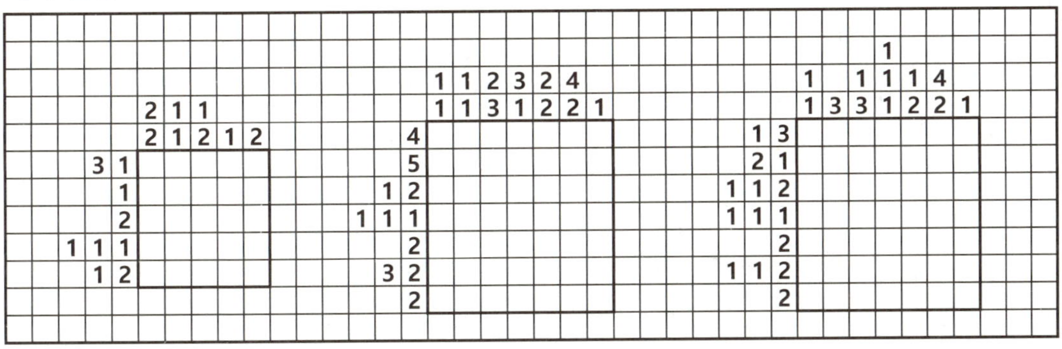

성경 구절 찾기

네모로직 문제를 푼 뒤 나타나는 모양을 확인하고 모양에 해당되는 성경 구절을 찾아서 필사해 보세요.

문제1

														1			1							
									5					1			1			1	5		1	
									1	1	5		5	1			1			1	3		1	
							5	0	1	1	5	0	5	1	5	5	1	1	5	3	1	0	1	5
		3	1	2	1	1																		
	1	1	1	1	1	1																		
		1	1	2	2	3																		
	1	1	1	1	1	1																		
		3	1	2	1	1																		
						0																		
		1	1	3	2	2																		
1	1	1	1	1	1	1																		
	1	1	3	2	2	2																		
1	1	1	1	1	1	1																		
		1	1	3	2	2																		

문제2

																			5		
							1	5		5					1			1	1		
						3	1	1	1	1		5			5	1			1	1	3
						1	1	3	1	1	0	5	1	1	1	1	5	5	3	1	1
	3	1	2	1	1																
1	1	1	1	1	1																
	1	1	2	2	3																
1	1	1	1	1	1																
	3	1	2	1	1																
					0																
		3	1	1	3																
	1	1	1	1	1																
	3	1	2	1	3																
	1	1	1	1	1																
		3	1	1	3																

성경 구절 찾기

네모로직 문제를 푼 뒤 나타나는 모양을 확인하고 모양에 해당되는 성경 구절을 찾아서 필사해 보세요.

문제3

																				5	
									5							1			1	1	
							5	1	1		5	1			5	1			1	1	3
						1	5	1	1	0	1	5	0	1	1	1	5	5	3	1	1
	3	1	2	1	1																
1	1	1	1	1	1																
	1	1	2	2	3																
1	1	1	1	1	1																
	3	1	2	1	1																
					0																
		2	2	1	3																
	1	1	1	1	1																
	1	1	2	1	3																
	1	1	1	1	1																
		1	1	1	3																

문제4

											1												
									1	1	1	3		1	5								
									1	3	3	1	1	1	1	1	5			1			
							5	0	1	1	5	1	5	1	3	1	1	1	7	5	0	1	5
					3	1																	
				1	3	1																	
			3	1	1	1																	
			1	1	1	2																	
			3	1	1	1																	
				1	3	1																	
					5	1																	
						0																	
		1	1	3	1	2																	
	1	1	1	1	1	1																	
	1	1	3	2	1	1																	
1	1	1	1	1	1	1																	
		1	1	3	1	1																	

성경 구절 찾기

네모로직 문제를 푼 뒤 나타나는 모양을 확인하고 모양에 해당되는 성경 구절을 찾아서 필사해 보세요.

문제5

												1													
							1			1	1	1	3						1			7		1	
							1			1	3	3	1	1	1			5	1		1	3		1	
							1	5	0	1	1	5	1	3	1	5	0	1	1	5	3	1	1	1	5
					3	1																			
				1	3	1																			
			3	1	1	1																			
			1	1	1	2																			
			3	1	1	1																			
				1	3	1																			
					5	1																			
						0																			
		2	1	3	2	2																			
1	1	1	1	1	1	1																			
	2	1	3	2	2	2																			
	1	1	1	1	1	1																			
		2	1	1	2	2																			

문제6

											1															
											3		3													
								1			1	1	1					1								
								1	1		1	1	1		1	3		1	5		7					
							5	1	3	1	1	3	5	1	3	1	5	1	1	0	5	1	3	1	5	1
					3	1																				
				1	3	1																				
			3	1	1	1																				
			1	1	1	2																				
			3	1	1	1																				
				1	3	1																				
					5	1																				
						0																				
	3	1	2	1	1	1																				
1	1	1	1	1	1	1																				
	3	1	2	2	1	4																				
1	1	1	1	1	1	1																				
		3	1	2	1	1																				

성경 구절 찾기

네모로직 문제를 푼 뒤 나타나는 모양을 확인하고 모양에 해당되는 성경 구절을 찾아서 필사해 보세요.

문제7

															1	3														
															1	1														
										1			1	1	3	1			1	5					1				1	
										1			1	3	1	3			1	1	1	5			1	3			1	
									5	1	5	0	1	1	3	1	1	5	1	3	1	1	1	7	3	1	0	5	1	5
							3	1																						
						1	3	1																						
					3	1	1	1																						
					1	1	1	2																						
					3	1	1	1																						
						1	3	1																						
							5	1																						
								0																						
				3	2	3	2	3																						
	1	1	1	1	1	1	1	1																						
			3	2	3	2	2	3																						
1	1	1	1	1	1	1	1	1																						
				3	2	3	2	3																						

문제8

																					1	4			
									4					1	1		1	3			1	1		4	
							4	1	1		6	1		1	1	1	1	1		1	1	3	1	1	1
							5	1	1	0	5	1	3	1	5	4	1	1	0	3	1	1	3	1	5
			1	4	1	1																			
			3	1	1	3																			
1	1	2	1	1	1	1																			
		1	1	1	1	3																			
			3	2	1	1																			
				1	5	5																			
						0																			
		1	1	3	3	2																			
1	1	1	1	1	1	1																			
	1	1	3	2	3	1																			
	1	1	1	1	1	1																			
		1	1	1	3	1																			

성경 구절 찾기

네모로직 문제를 푼 뒤 나타나는 모양을 확인하고 모양에 해당되는 성경 구절을 찾아서 필사해 보세요.

문제9

								1																
							4	1				1			1	1	1					4		4	
							1	3		1		1		1	1	4	1	3				1	1	1	1
							3	1	4	1	6	5	0	3	1	5	1	1	1	1	1	5	3	1	5
			1	4	1	1																			
			3	1	1	3																			
1	1	2	1	1	1	1																			
		1	1	1	1	3																			
			3	2	1	1																			
				1	5	5																			
						0																			
	2	1	1	1	1	2																			
1	1	1	1	1	1	1																			
	2	1	4	2	1	1																			
	1	1	1	1	1	1																			
		2	1	1	1	1																			

문제10

									1							1									4	
									1							1									1	
								4	1	4		6				1	1		3					1	1	
								3	1	1		1	1			1	4	1	1			1	4	3	1	1
								1	1	3	0	1	1	5	1	1	5	1	1	1	0	5	1	5	1	5
				1	4	1	1																			
				3	1	1	3																			
	1	1	2	1	1	1	1																			
			1	1	1	1	3																			
				3	2	1	1																			
					1	5	5																			
							0																			
			3	1	2	1	3																			
	1	1	1	1	1	1	1																			
		3	1	2	2	1	3																			
	1	1	1	1	1	1	1																			
			3	1	2	1	3																			

정답

문제1

(마태복음 1:18~23)

예수 그리스도의 나심은 이러하니라 그의 어머니 마리아가 요셉과 약혼하고 동거하기 전에 성령으로 잉태된 것이 나타났더니 그의 남편 요셉은 의로운 사람이라 그를 드러내지 아니하고 가만히 끊고자 하여 이 일을 생각할 때에 주의 사자가 현몽하여 이르되 다윗의 자손 요셉아 네 아내 마리아 데려오기를 무서워하지 말라 그에게 잉태된 자는 성령으로 된 것이라 아들을 낳으리니 이름을 예수라 하라 이는 그가 자기 백성을 그들의 죄에서 구원할 자이심이라 하니라 이 모든 일이 된 것은 주께서 선지자로 하신 말씀을 이루려 하심이니 이르시되 보라 처녀가 잉태하여 아들을 낳을 것이요 그의 이름은 임마누엘이라 하리라 하셨으니 이를 번역한즉 하나님이 우리와 함께 계시다 함이라

문제2

(마태복음 5:1~12)

예수께서 무리를 보시고 산에 올라가 앉으시니 제자들이 나아온지라 입을 열어 가르쳐 이르시되 심령이 가난한 자는 복이 있나니 천국이 그들의 것임이요 애통하는 자는 복이 있나니 그들이 위로를 받을 것임이요 온유한 자는 복이 있나니 그들이 땅을 기업으로 받을 것임이요 의에 주리고 목마른 자는 복이 있나니 그들이 배부를 것임이요 긍휼히 여기는 자는 복이 있나니 그들이 긍휼히 여김을 받을 것임이요 마음이 청결한 자는 복이 있나니 그들이 하나님을 볼 것임이요 화평하게 하는 자는 복이 있나니 그들이 하나님의 아들이라 일컬음을 받을 것임이요 의를 위하여 박해를 받은 자는 복이 있나니 천국이 그들의 것임이라 나로 말미암아 너희를 욕하고 박해하고 거짓으로 너희를 거슬러 모든 악한 말을 할 때에는 너희에게 복이 있나니 기뻐하고 즐거워하라 하늘에서 너희의 상이 큼이라 너희 전에 있던 선지자들도 이같이 박해하였느니라

문제3

(마태복음 7:7~12)

구하라 그리하면 너희에게 주실 것이요 찾으라 그리하면 찾아낼 것이요 문을 두드리라 그리하면 너희에게 열릴 것이니 구하는 이마다 받을 것이요 찾는 이는 찾아낼 것이요 두드리는 이에게는 열릴 것이니라 너희 중에 누가 아들이 떡을 달라 하는데 돌을 주며 생선을 달라 하는데 뱀을 줄 사람이 있겠느냐 너희가 악한 자라도 좋은 것으로 자식에게 줄 줄 알거든 하물며 하늘에 계신 너희 아버지께서 구하는 자에게 좋은 것으로 주시지 않겠느냐 그러므로 무엇이든지 남에게 대접을 받고자 하는 대로 너희도 남을 대접하라 이것이 율법이요 선지자니라

문제4

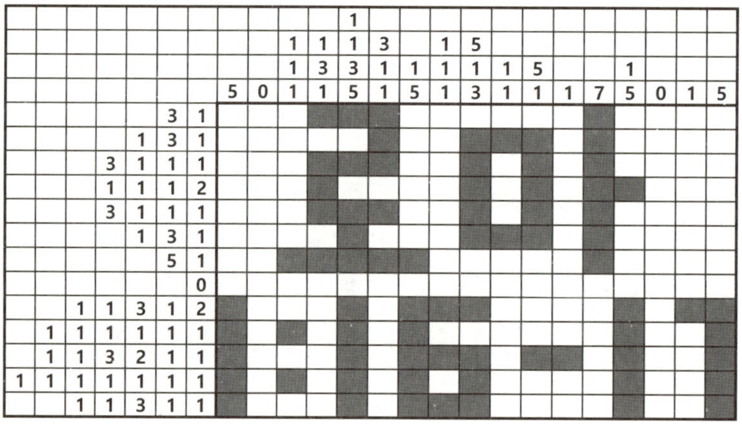

(로마서 1:16~17)

내가 복음을 부끄러워하지 아니하노니 이 복음은 모든 믿는 자에게 구원을 주시는 하나님의 능력이 됨이라 먼저는 유대인에게요 그리고 헬라인에게로다 복음에는 하나님의 의가 나타나서 믿음으로 믿음에 이르게 하나니 기록된바 오직 의인은 믿음으로 말미암아 살리라 함과 같으니라

문제5

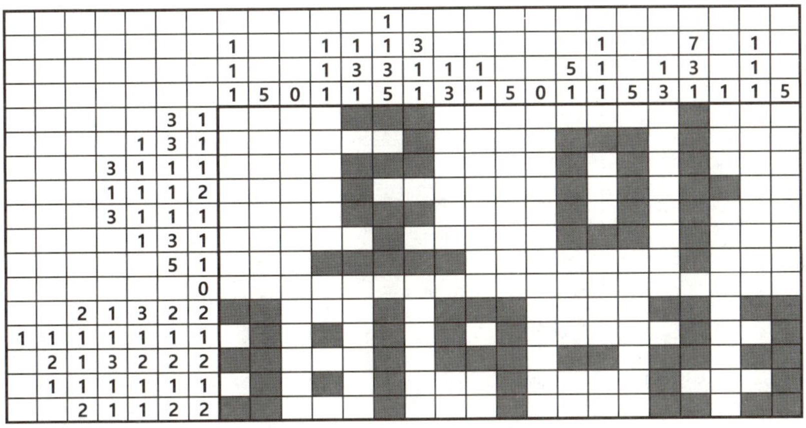

(로마서 3:19~23)

우리가 알거니와 무릇 율법이 말하는 바는 율법 아래에 있는 자들에게 말하는 것이니 이는 모든 입을 막고 온 세상으로 하나님의 심판 아래에 있게 하려 함이라 그러므로 율법의 행위로 그의 앞에 의롭다 하심을 얻을 육체가 없나니 율법으로는 죄를 깨달음이니라 이제는 율법 외에 하나님의 한 의가 나타났으니 율법과 선지자들에게 증거를 받은 것이라 곧 예수 그리스도를 믿음으로 말미암아 모든 믿는 자에게 미치는 하나님의 의니 차별이 없느니라 모든 사람이 죄를 범하였으매 하나님의 영광에 이르지 못하더니

문제6

(로마서 6:12~14)

그러므로 너희는 죄가 너희 죽을 몸을 지배하지 못하게 하여 몸의 사욕에 순종하지 말고 또한 너희 지체를 불의의 무기로 죄에게 내주지 말고 오직 너희 자신을 죽은 자 가운데서 다시 살아난 자 같이 하나님께 드리며 너희 지체를 의의 무기로 하나님께 드리라 죄가 너희를 주장하지 못하리니 이는 너희가 법 아래에 있지 아니하고 은혜 아래에 있음이라

문제7

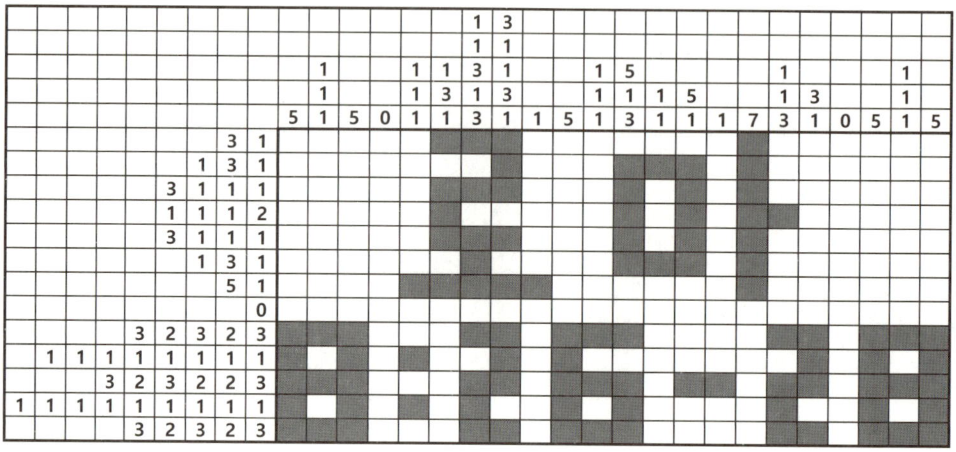

(로마서 8:26~28)

이와 같이 성령도 우리의 연약함을 도우시나니 우리는 마땅히 기도할 바를 알지 못하나 오직 성령이 말할 수 없는 탄식으로 우리를 위하여 친히 간구하시느니라 마음을 살피시는 이가 성령의 생각을 아시나니 이는 성령이 하나님의 뜻대로 성도를 위하여 간구하심이니라 우리가 알거니와 하나님을 사랑하는 자 곧 그의 뜻대로 부르심을 입은 자들에게는 모든 것이 합력하여 선을 이루느니라

문제8

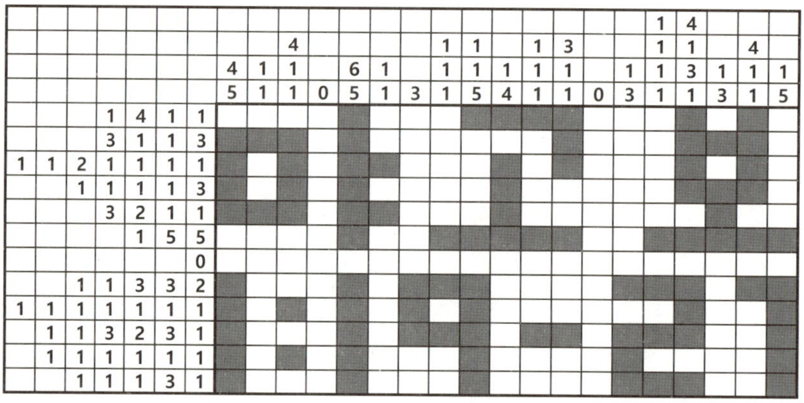

(야고보서 1:19~27)

내 사랑하는 형제들아 너희가 알지니 사람마다 듣기는 속히 하고 말하기는 더디 하며 성내기도 더디 하라 사람이 성내는 것이 하나님의 의를 이루지 못함이라 그러므로 모든 더러운 것과 넘치는 악을 내버리고 너희 영혼을 능히 구원할 바 마음에 심어진 말씀을 온유함으로 받으라 너희는 말씀을 행하는 자가 되고 듣기만 하여 자신을 속이는 자가 되지 말라 누구든지 말씀을 듣고 행하지 아니하면 그는 거울로 자기의 생긴 얼굴을 보는 사람과 같아서 제 자신을 보고 가서 그 모습이 어떠했는지를 곧 잊어버리거니와 자유롭게 하는 온전한 율법을 들여다보고 있는 자는 듣고 잊어버리는 자가 아니요 실천하는 자니 이 사람은 그 행하는 일에 복을 받으리라 누구든지 스스로 경건하다 생각하며 자기 혀를 재갈 물리지 아니하고 자기 마음을 속이면 이 사람의 경건은 헛것이라 하나님 아버지 앞에서 정결하고 더러움이 없는 경건은 곧 고아와 과부를 그 환난중에 돌보고 또 자기를 지켜 세속에 물들지 아니하는 그것이니라

문제9

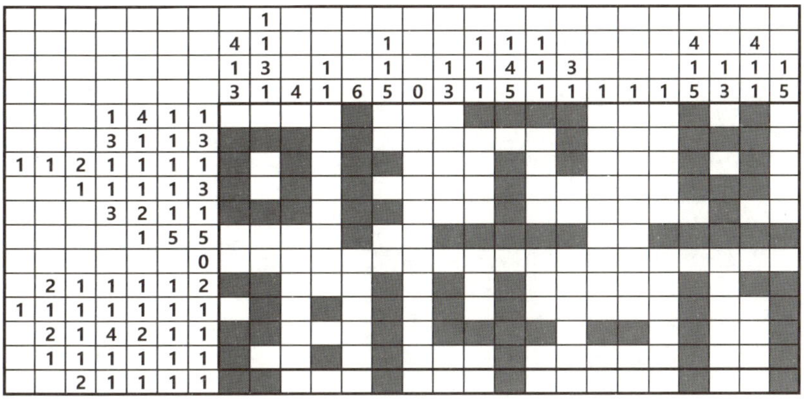

(야고보서 2:14~17)

내 형제들아 만일 사람이 믿음이 있노라 하고 행함이 없으면 무슨 유익이 있으리요 그 믿음이 능히 자기를 구원하겠느냐 만일 형제나 자매가 헐벗고 일용할 양식이 없는데 너희 중에 누구든지 그에게 이르되 평안히 가라, 덥게 하라, 배부르게 하라 하며 그 몸에 쓸 것을 주지 아니하면 무슨 유익이 있으리요 이와 같이 행함이 없는 믿음은 그 자체가 죽은 것이라

문제10

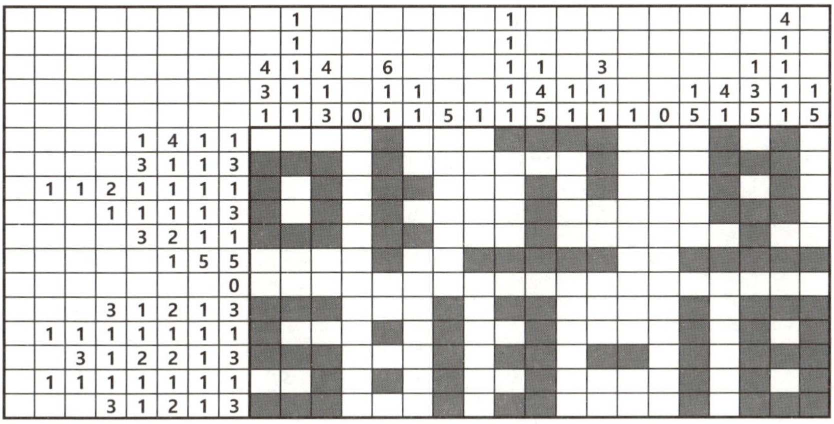

(야고보서 5:13~18)

너희 중에 고난 당하는 자가 있느냐 그는 기도할 것이요 즐거워하는 자가 있느냐 그는 찬송할지니라 너희 중에 병든 자가 있느냐 그는 교회의 장로들을 청할 것이요 그들은 주의 이름으로 기름을 바르며 그를 위하여 기도할지니라 믿음의 기도는 병든 자를 구원하리니 주께서 그를 일으키시리라 혹시 죄를 범하였을지라도 사하심을 받으리라 그러므로 너희 죄를 서로 고백하며 병이 낫기를 위하여 서로 기도하라 의인의 간구는 역사하는 힘이 큼이니라 엘리야는 우리와 성정이 같은 사람이로되 그가 비가 오지 않기를 간절히 기도한즉 삼 년 육 개월 동안 땅에 비가 오지 아니하고 다시 기도하니 하늘이 비를 주고 땅이 열매를 맺었느니라

숫자로부터 암호 풀기

네모로직 문제를 풀면 나타나는 숫자로부터, 난수표를 활용하여 암호를 해독하면 어떤 단어가 나타나는지 맞혀보세요.

ㄱ	ㄴ	ㄷ	ㄹ	ㅁ	ㅂ	ㅅ	ㅇ	ㅈ	ㅊ	ㅋ	ㅌ	ㅍ	ㅎ
1	2	3	4	5	6	7	8	9	10	11	12	13	14
ㅏ	ㅑ	ㅓ	ㅕ	ㅗ	ㅛ	ㅜ	ㅠ	ㅡ	ㅣ	ㅔ	ㅐ	ㅒ	ㅖ
15	16	17	18	19	20	21	22	23	24	25	26	27	28

문제1

								5													1		
								1			5			1			5				1		
								1			1	3		1	3	1	1	3		5	1	5	
							5	1	5	0	3	1	0	1	5	1	3	1	0	3	1	5	1
			1	1	3	3																	
	1	1	1	1	1	1																	
			1	1	3	3																	
		1	1	1	1	1																	
			1	1	1	3																	
						0																	
	3	2	2	2	1	1																	
1	1	1	1	1	1	1																	
		3	2	2	2	4																	
	1	1	1	1	1	1																	
		3	2	2	2	1																	

ㄱ	ㄴ	ㄷ	ㄹ	ㅁ	ㅂ	ㅅ	ㅇ	ㅈ	ㅊ	ㅋ	ㅌ	ㅍ	ㅎ
1	2	3	4	5	6	7	8	9	10	11	12	13	14
ㅏ	ㅑ	ㅓ	ㅕ	ㅗ	ㅛ	ㅜ	ㅠ	ㅡ	ㅣ	ㅔ	ㅐ	ㅒ	ㅖ
15	16	17	18	19	20	21	22	23	24	25	26	27	28

문제2

													3						
							1			1			1	1				1	3
							1	5		3	3	1	1	3		1		3	1
						3	3	1	5	1	1	3	1	1	5	3	1	5	1
	3	2	1	1	2														
1	1	1	1	1	1														
		3	2	4	2														
		1	1	1	1														
		1	2	1	2														
					0														
	1	1	3	1	1														
	1	1	1	1	1														
			4	3	4														
			1	1	1														
			1	3	1														

숫자로부터 암호 풀기

네모로직 문제를 풀면 나타나는 숫자로부터, 난수표를 활용하여 암호를 해독하면 어떤 단어가 나타나는지 맞혀보세요.

ㄱ	ㄴ	ㄷ	ㄹ	ㅁ	ㅂ	ㅅ	ㅇ	ㅈ	ㅊ	ㅋ	ㅌ	ㅍ	ㅎ
1	2	3	4	5	6	7	8	9	10	11	12	13	14
ㅏ	ㅑ	ㅓ	ㅕ	ㅗ	ㅛ	ㅜ	ㅠ	ㅡ	ㅣ	ㅔ	ㅐ	ㅒ	ㅖ
15	16	17	18	19	20	21	22	23	24	25	26	27	28

문제3

															5			1	5	
															1			1	1	
							1	1	5					1	1			1	1	
							3	1	5	1	5	5	1	5	1	5	5	5	1	5
			3	1	3	3														
		1	1	1	1	1														
			1	1	1	3														
		1	1	1	1	1														
			1	1	1	3														
						0														
		1	1	1	3	3														
1	1	1	1	1	1	1														
			4	1	3	3														
	1	1	1	1	1	1														
			1	1	3	3														

ㄱ	ㄴ	ㄷ	ㄹ	ㅁ	ㅂ	ㅅ	ㅇ	ㅈ	ㅊ	ㅋ	ㅌ	ㅍ	ㅎ
1	2	3	4	5	6	7	8	9	10	11	12	13	14
ㅏ	ㅑ	ㅓ	ㅕ	ㅗ	ㅛ	ㅜ	ㅠ	ㅡ	ㅣ	ㅔ	ㅐ	ㅒ	ㅖ
15	16	17	18	19	20	21	22	23	24	25	26	27	28

문제4

							1	5					5				
							1	1					1			1	3
							1	1				1	1	1	1	1	1
						5	5	1	5	5	5	1	5	1	3	3	1	5
		3	1	3	3													
	1	1	1	1	1													
		3	1	1	3													
	1	1	1	1	1													
		3	1	1	3													
					0													
		3	1	3	1													
	1	1	1	1	1													
		3	1	3	1													
1	1	1	1	1	1													
		3	1	3	1													

숫자로부터 암호 풀기

네모로직 문제를 풀면 나타나는 숫자로부터, 난수표를 활용하여 암호를 해독하면 어떤 단어가 나타나는지 맞혀보세요.

ㄱ	ㄴ	ㄷ	ㄹ	ㅁ	ㅂ	ㅅ	ㅇ	ㅈ	ㅊ	ㅋ	ㅌ	ㅍ	ㅎ
1	2	3	4	5	6	7	8	9	10	11	12	13	14
ㅏ	ㅑ	ㅓ	ㅕ	ㅗ	ㅛ	ㅜ	ㅠ	ㅡ	ㅣ	ㅔ	ㅐ	ㅒ	ㅖ
15	16	17	18	19	20	21	22	23	24	25	26	27	28

문제5

													1	1			1	
													1	1			3	
							1			1	3		1	1			1	3
						5	1	5		3	1		1	3			1	1
						5	1	3	1	5	1	0	3	1	5	5	1	5
		3	2	3	2													
	1	1	1	1	1													
		3	2	3	2													
	1	1	1	1	1													
		3	2	3	2													
					0													
	1	1	1	2	3													
1	1	1	1	1	1													
		1	4	2	3													
	1	1	1	1	1													
		1	1	2	3													

ㄱ	ㄴ	ㄷ	ㄹ	ㅁ	ㅂ	ㅅ	ㅇ	ㅈ	ㅊ	ㅋ	ㅌ	ㅍ	ㅎ
1	2	3	4	5	6	7	8	9	10	11	12	13	14
ㅏ	ㅑ	ㅓ	ㅕ	ㅗ	ㅛ	ㅜ	ㅠ	ㅡ	ㅣ	ㅔ	ㅐ	ㅒ	ㅖ
15	16	17	18	19	20	21	22	23	24	25	26	27	28

문제6

										3	1	5					1	
									1	1	1	3		1			3	3
						5	5	3	1	3	1	1	0	5	5	0	5	1
		1	1	2	2													
	1	3	1	1	1													
1	1	1	1	1	2													
	1	3	1	1	1													
		1	1	1	2													
					0													
		1	3	1	1													
		1	1	1	1													
		1	3	1	1													
		1	1	1	1													
		1	3	1	1													

숫자로부터 암호 풀기

네모로직 문제를 풀면 나타나는 숫자로부터, 난수표를 활용하여 암호를 해독하면 어떤 단어가 나타나는지 맞혀보세요.

ㄱ	ㄴ	ㄷ	ㄹ	ㅁ	ㅂ	ㅅ	ㅇ	ㅈ	ㅊ	ㅋ	ㅌ	ㅍ	ㅎ
1	2	3	4	5	6	7	8	9	10	11	12	13	14
ㅏ	ㅑ	ㅓ	ㅕ	ㅗ	ㅛ	ㅜ	ㅠ	ㅡ	ㅣ	ㅔ	ㅐ	ㅒ	ㅖ
15	16	17	18	19	20	21	22	23	24	25	26	27	28

문제7

													1	3				
							1	3					1	1				
						5	1	1	1	3		1	1	1				5
						5	1	3	1	5	0	3	3	1	5	5	0	5
		1	3	1	1													
	1	3	1	1	1													
1	1	1	3	1	1													
	1	3	1	1	1													
		1	3	1	1													
					0													
		3	1	3	1													
	1	1	1	1	1													
		3	1	3	1													
	1	1	1	1	1													
		3	1	1	1													

ㄱ	ㄴ	ㄷ	ㄹ	ㅁ	ㅂ	ㅅ	ㅇ	ㅈ	ㅊ	ㅋ	ㅌ	ㅍ	ㅎ
1	2	3	4	5	6	7	8	9	10	11	12	13	14
ㅏ	ㅑ	ㅓ	ㅕ	ㅗ	ㅛ	ㅜ	ㅠ	ㅡ	ㅣ	ㅔ	ㅐ	ㅒ	ㅖ
15	16	17	18	19	20	21	22	23	24	25	26	27	28

문제8

							1						1				1	
							1						1				1	
						5	1						1			1	1	3
						1	1					5	1	5		3	1	1
						1	1	5		5		3	1	1		1	1	3
						1	1	5	0	5	0	1	1	3	0	3	1	1
		3	1	3	3													
1	1	1	1	1	1													
		3	1	3	3													
1	1	1	1	1	1													
		3	1	3	3													
					0													
		3	1	3	3													
		1	1	1	1													
		3	1	3	3													
		1	1	1	1													
		3	1	3	3													

숫자로부터 암호 풀기

네모로직 문제를 풀면 나타나는 숫자로부터, 난수표를 활용하여 암호를 해독하면 어떤 단어가 나타나는지 맞혀보세요.

ㄱ	ㄴ	ㄷ	ㄹ	ㅁ	ㅂ	ㅅ	ㅇ	ㅈ	ㅊ	ㅋ	ㅌ	ㅍ	ㅎ
1	2	3	4	5	6	7	8	9	10	11	12	13	14
ㅏ	ㅑ	ㅓ	ㅕ	ㅗ	ㅛ	ㅜ	ㅠ	ㅡ	ㅣ	ㅔ	ㅐ	ㅒ	ㅖ
15	16	17	18	19	20	21	22	23	24	25	26	27	28

문제9

																		1	
																		1	
								1					3					1	
							1	1			1	1	1	1			1	1	3
							3	1	5		3	1	3	1	5		3	1	1
							1	1	5	0	5	1	1	1	5	0	5	1	5
			3	3	1	3													
			1	1	1	1													
			1	3	1	3													
			1	1	1	1													
			1	3	1	3													
						0													
			3	1	3	3													
1	1	1	1	1	1	1													
			3	1	3	3													
		1	1	1	1	1													
			3	1	3	3													

ㄱ	ㄴ	ㄷ	ㄹ	ㅁ	ㅂ	ㅅ	ㅇ	ㅈ	ㅊ	ㅋ	ㅌ	ㅍ	ㅎ
1	2	3	4	5	6	7	8	9	10	11	12	13	14
ㅏ	ㅑ	ㅓ	ㅕ	ㅗ	ㅛ	ㅜ	ㅠ	ㅡ	ㅣ	ㅔ	ㅐ	ㅒ	ㅖ
15	16	17	18	19	20	21	22	23	24	25	26	27	28

문제10

																							3	
											1	5							5				1	
											1	1						1	1				1	1
											1	1	1		5			1	1				1	3
								5	5	3	1	1	5	0	5	0	3	5	1	5	5	5	1	5
	1	1	1	1	3	1	2																	
1	1	1	1	1	1	1	1																	
		1	4	1	3	1	2																	
		1	1	1	1	1	1																	
		1	1	1	1	1	2																	
							0																	
			1	3	1	3	3																	
	1	1	1	1	1	1	1																	
			1	3	1	3	3																	
	1	1	1	1	1	1	1																	
			1	3	1	3	3																	

정답

문제1 공의

ㄱ	ㄴ	ㄷ	ㄹ	ㅁ	ㅂ	ㅅ	ㅇ	ㅈ	ㅊ	ㅋ	ㅌ	ㅍ	ㅎ
1	2	3	4	5	6	7	8	9	10	11	12	13	14
ㅏ	ㅑ	ㅓ	ㅕ	ㅗ	ㅛ	ㅜ	ㅠ	ㅡ	ㅣ	ㅔ	ㅐ	ㅒ	ㅖ
15	16	17	18	19	20	21	22	23	24	25	26	27	28

1(ㄱ), 19(ㅗ), 8(ㅇ)

9(ㅇ), 23(ㅡ), 24(ㅣ)

문제2 진리

ㄱ	ㄴ	ㄷ	ㄹ	ㅁ	ㅂ	ㅅ	ㅇ	ㅈ	ㅊ	ㅋ	ㅌ	ㅍ	ㅎ
1	2	3	4	5	6	7	8	9	10	11	12	13	14
ㅏ	ㅑ	ㅓ	ㅕ	ㅗ	ㅛ	ㅜ	ㅠ	ㅡ	ㅣ	ㅔ	ㅐ	ㅒ	ㅖ
15	16	17	18	19	20	21	22	23	24	25	26	27	28

9(ㅈ), 24(ㅣ), 2(ㄴ)

4(ㄹ), 24(ㅣ)

문제3 성령

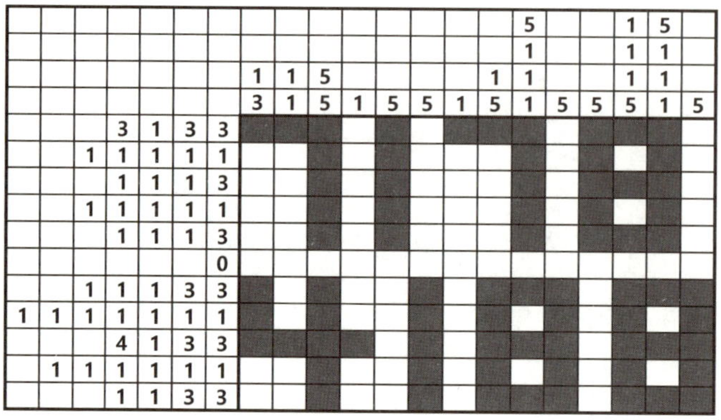

ㄱ	ㄴ	ㄷ	ㄹ	ㅁ	ㅂ	ㅅ	ㅇ	ㅈ	ㅊ	ㅋ	ㅌ	ㅍ	ㅎ
1	2	3	4	5	6	7	8	9	10	11	12	13	14
ㅏ	ㅑ	ㅓ	ㅕ	ㅗ	ㅛ	ㅜ	ㅠ	ㅡ	ㅣ	ㅔ	ㅐ	ㅒ	ㅖ
15	16	17	18	19	20	21	22	23	24	25	26	27	28

7(ㅅ), 17(ㅓ), 8(ㅇ)

4(ㄹ), 18(ㅕ), 8(ㅇ)

문제4 언약

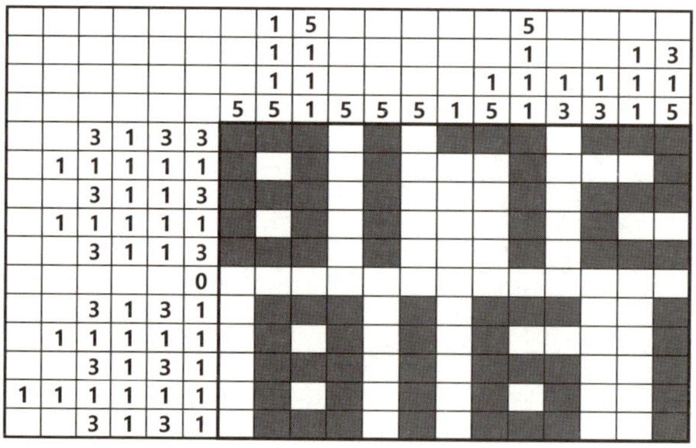

ㄱ	ㄴ	ㄷ	ㄹ	ㅁ	ㅂ	ㅅ	ㅇ	ㅈ	ㅊ	ㅋ	ㅌ	ㅍ	ㅎ
1	2	3	4	5	6	7	8	9	10	11	12	13	14
ㅏ	ㅑ	ㅓ	ㅕ	ㅗ	ㅛ	ㅜ	ㅠ	ㅡ	ㅣ	ㅔ	ㅐ	ㅒ	ㅖ
15	16	17	18	19	20	21	22	23	24	25	26	27	28

8(ㅇ), 17(ㅓ), 2(ㄴ)

8(ㅇ), 16(ㅑ), 1(ㄱ)

문제5 은혜

ㄱ	ㄴ	ㄷ	ㄹ	ㅁ	ㅂ	ㅅ	ㅇ	ㅈ	ㅊ	ㅋ	ㅌ	ㅍ	ㅎ
1	2	3	4	5	6	7	8	9	10	11	12	13	14
ㅏ	ㅑ	ㅓ	ㅕ	ㅗ	ㅛ	ㅜ	ㅠ	ㅡ	ㅣ	ㅔ	ㅐ	ㅒ	ㅖ
15	16	17	18	19	20	21	22	23	24	25	26	27	28

8(ㅇ), 23(ㅡ), 2(ㄴ)

14(ㅎ), 28(ㅖ)

문제6 천국

ㄱ	ㄴ	ㄷ	ㄹ	ㅁ	ㅂ	ㅅ	ㅇ	ㅈ	ㅊ	ㅋ	ㅌ	ㅍ	ㅎ
1	2	3	4	5	6	7	8	9	10	11	12	13	14
ㅏ	ㅑ	ㅓ	ㅕ	ㅗ	ㅛ	ㅜ	ㅠ	ㅡ	ㅣ	ㅔ	ㅐ	ㅒ	ㅖ
15	16	17	18	19	20	21	22	23	24	25	26	27	28

10(ㅊ), 17(ㅓ), 2(ㄴ)

1(ㄱ), 21(ㅜ), 1(ㄱ)

문제7 축복

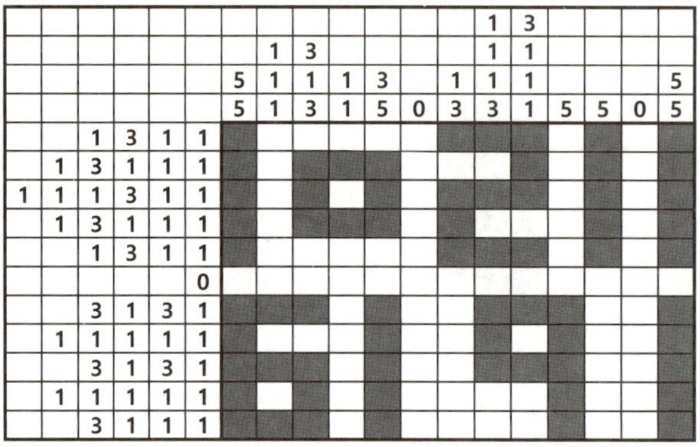

ㄱ	ㄴ	ㄷ	ㄹ	ㅁ	ㅂ	ㅅ	ㅇ	ㅈ	ㅊ	ㅋ	ㅌ	ㅍ	ㅎ
1	2	3	4	5	6	7	8	9	10	11	12	13	14
ㅏ	ㅑ	ㅓ	ㅕ	ㅗ	ㅛ	ㅜ	ㅠ	ㅡ	ㅣ	ㅔ	ㅐ	ㅒ	ㅖ
15	16	17	18	19	20	21	22	23	24	25	26	27	28

10(ㅊ), 21(ㅜ), 1(ㄱ)

6(ㅂ), 19(ㅗ), 1(ㄱ)

문제8 연단

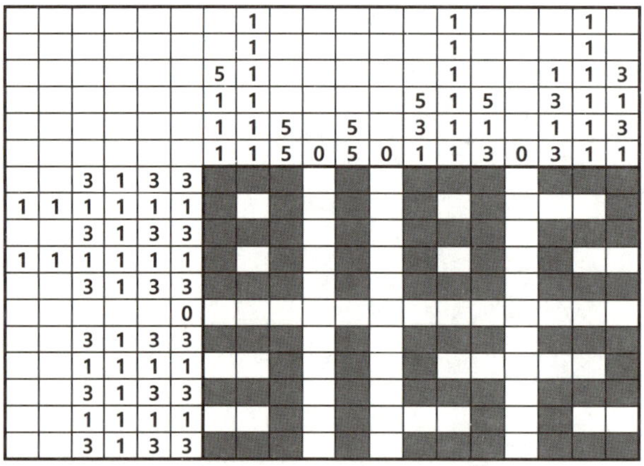

ㄱ	ㄴ	ㄷ	ㄹ	ㅁ	ㅂ	ㅅ	ㅇ	ㅈ	ㅊ	ㅋ	ㅌ	ㅍ	ㅎ
1	2	3	4	5	6	7	8	9	10	11	12	13	14
ㅏ	ㅑ	ㅓ	ㅕ	ㅗ	ㅛ	ㅜ	ㅠ	ㅡ	ㅣ	ㅔ	ㅐ	ㅒ	ㅖ
15	16	17	18	19	20	21	22	23	24	25	26	27	28

8(ㅇ), 18(ㅕ), 2(ㄴ)

3(ㄷ), 15(ㅏ), 2(ㄴ)

문제9 순종

ㄱ	ㄴ	ㄷ	ㄹ	ㅁ	ㅂ	ㅅ	ㅇ	ㅈ	ㅊ	ㅋ	ㅌ	ㅍ	ㅎ
1	2	3	4	5	6	7	8	9	10	11	12	13	14
ㅏ	ㅑ	ㅓ	ㅕ	ㅗ	ㅛ	ㅜ	ㅠ	ㅡ	ㅣ	ㅔ	ㅐ	ㅒ	ㅖ
15	16	17	18	19	20	21	22	23	24	25	26	27	28

7(ㅅ), 21(ㅜ), 2(ㄴ)

9(ㅈ), 19(ㅗ), 8(ㅇ)

문제10 화평

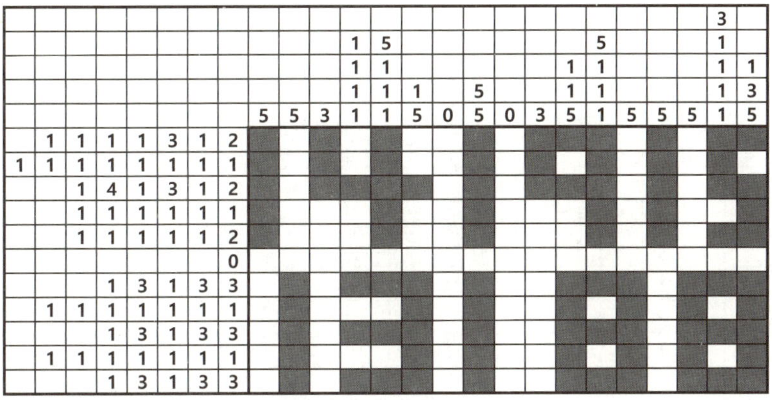

ㄱ	ㄴ	ㄷ	ㄹ	ㅁ	ㅂ	ㅅ	ㅇ	ㅈ	ㅊ	ㅋ	ㅌ	ㅍ	ㅎ
1	2	3	4	5	6	7	8	9	10	11	12	13	14
ㅏ	ㅑ	ㅓ	ㅕ	ㅗ	ㅛ	ㅜ	ㅠ	ㅡ	ㅣ	ㅔ	ㅐ	ㅒ	ㅖ
15	16	17	18	19	20	21	22	23	24	25	26	27	28

14(ㅎ), 19(ㅗ), 15(ㅏ)

13(ㅍ), 18(ㅕ), 8(ㅇ)

분해된 자음과 모음

네모로직 문제를 풀면 자음과 모음 여러 개를 확인할 수 있습니다. 확인된 자음과 모음을 조합하여 단어를 만들어 보세요. 자음과 모음은 회전되지 않고 바르게 놓여 있으며, 자음과 모음은 각각 한 번씩만 사용할 수 있습니다.

문제1

					3	1			1	1				
				3	1	1	1	1	3	1	3	0	5	1
		1	3											
		1	1											
3	1	1	1											
		1	1											
	1	3	2											
		1	1											
		3	1											

문제2

						1	3									1	
						1	1								1	1	
					1	1	1	1				5		1	4	1	
					3	3	1	1	1	5	0	1	1	3	1	1	4
				3													
			1	3													
		3	1	1													
1	1	1	1	1													
	3	2	1	3													
	1	1	1	1													
		1	1	3													
				3													
			1	1													
			3	1													
				5													

분해된 자음과 모음

네모로직 문제를 풀면 자음과 모음 여러 개를 확인할 수 있습니다. 확인된 자음과 모음을 조합하여 단어를 만들어 보세요. 자음과 모음은 회전되지 않고 바르게 놓여 있으며, 자음과 모음은 각각 한 번씩만 사용할 수 있습니다.

문제3

				1									1		
				1	3							1	1		
			1	1	1			3				1	1	1	4
			3	3	1	1	1	5	1	0	3	1	1	3	1
3	1	4													
1	1	1													
3	3	1													
1	3	1													
3	1	1													
	1	3													
		1													
1	1	1													
1	1	1													
	3	3													

문제4

												1					
						1	1					1				6	
						1	1	1			1	1	1			1	
					5	1	1	5	1	1	4	1	4	4	4	1	4
				1													
			7	1													
				1													
			3	1													
		4	1	1													
	1	1	1	1													
		1	1	1													
			1	1													
4	1	1	1	1													
			3	3													
	1	1	1	1													
			3	3													

분해된 자음과 모음

네모로직 문제를 풀면 자음과 모음 여러 개를 확인할 수 있습니다. 확인된 자음과 모음을 조합하여 단어를 만들어 보세요. 자음과 모음은 회전되지 않고 바르게 놓여 있으며, 자음과 모음은 각각 한 번씩만 사용할 수 있습니다.

문제5

					1								2	3		
				5	1				5	1		1	1	1	1	
				4	1	4	5	3	1	1	1	3	1	3	1	1
	1	1	1													
1	1	1	1													
1	1	2	3													
	2	1	1													
1	1	1	1													
		1	5													
			1													
		3	1													
1	1	3	3													
1	1	1	1													
		3	3													

문제6

																	1	
						2											1	
					1	1	1										1	5
					1	1	3		1	4	1		3	1		1	1	3
					4	1	4	2	1	3	1	1	5	1	1	3	1	1
		5	1	1														
	1	1	1	2														
		1	3	1														
		3	1	2														
		1	1	1														
			1	3														
				0														
			1	3														
		3	1	1														
1	1	1	2	3														
1	1	1	1	1														
	3	3	1	3														

분해된 자음과 모음

네모로직 문제를 풀면 자음과 모음 여러 개를 확인할 수 있습니다. 확인된 자음과 모음을 조합하여 단어를 만들어 보세요. 자음과 모음은 회전되지 않고 바르게 놓여 있으며, 자음과 모음은 각각 한 번씩만 사용할 수 있습니다.

문제7

					1	1											
					1	1											
					1	1									3		
				1	1	1							1	1	1	1	
				5	1	1		1	3				3	1	1	1	3
				3	1	1	1	5	1	1	1	5	1	1	3	1	1
			5														
			3														
			1														
	3	1	3														
	1	1	1														
	3	3	3														
			1														
3	1	1	3														
	1	1	1														
3	2	2	3														
1	1	1	1														
3	1	1	3														

문제8

														5	1		
					1	1	4					5	1	1	1	1	1
				1	7	1	1	5	0	5	0	1	1	1	1	1	1
		4	1														
		1	1														
		1	1														
	1	1	1														
	1	1	4														
		1	1														
		2	1														
1	1	1	1														
1	1	1	4														
	1	2	1														
		1	1														
	1	1	6														

분해된 자음과 모음

네모로직 문제를 풀면 자음과 모음 여러 개를 확인할 수 있습니다. 확인된 자음과 모음을 조합하여 단어를 만들어 보세요. 자음과 모음은 회전되지 않고 바르게 놓여 있으며, 자음과 모음은 각각 한 번씩만 사용할 수 있습니다.

문제9

					1				2								
					1	1		1	1	1						1	
				3	1	1		1	1	3					1	1	
				1	1	3		1	1	3		5	1		1	1	4
				3	1	1	0	3	1	1	0	5	1	3	3	1	3
3	3	1	1														
1	1	1	1														
	3	2	1														
	3	1	1														
	1	1	3														
	3	1	1														
	1	1	3														
	3	3	1														
	1	1	2														
3	3	1	3														
1	1	1	1														
		3	3														

문제10

																1	
																1	1
								1	5							1	1
				3	1		1	1	3			5	1		5	1	1
				5	1	1	3	1	1	1	0	5	1	0	3	1	3
		1	1														
	1	1	1														
	3	1	2														
	2	1	3														
1	1	1	1														
	1	1	3														
	1	1	1														
2	3	1	3														
	1	1	2														
	3	1	3														
1	1	1	1														
		3	3														

정답

문제1 고난

문제2 베드로

문제3 고린도

문제4 기쁨

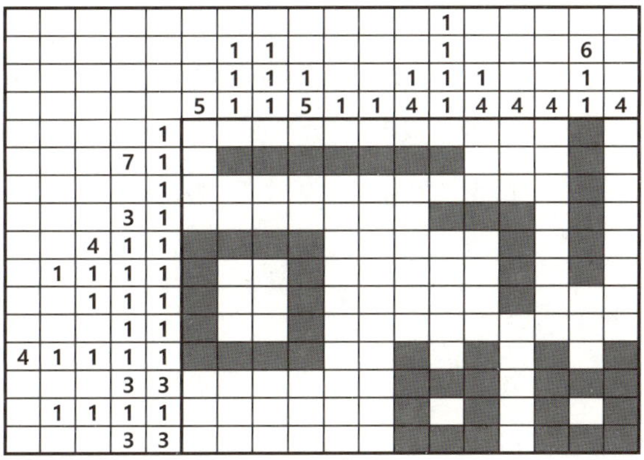

문제5 하나님

문제6 면류관

문제7 달란트

문제8 나그네

문제9 달리다굼

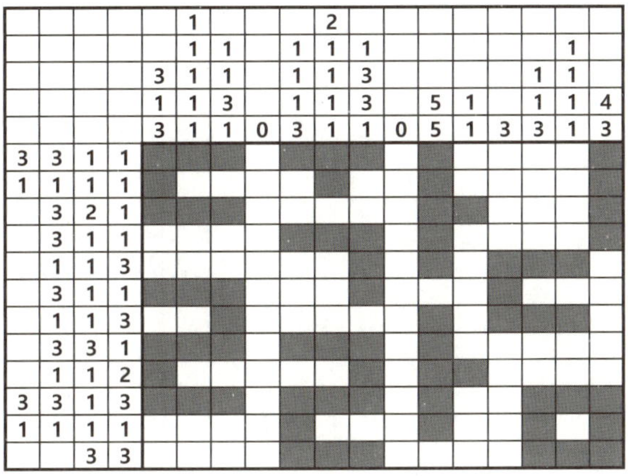

문제10 마라나타

성경 문구 넣기

네모로직 문제를 풀어서 숫자가 매칭되는 칸에 제시된 성경 구절을 넣어 주는 문제입니다. 큰 원 표시를 하고 나중에 성경 구절을 넣으면 문제 풀기가 수월합니다.

문제1

복 있는 사람은 악인들의 꾀를 따르지 아니하며 죄인들의 길에 서지 아니하며 오만한 자들의 자리에 앉지 아니하고 (시편 1:1)

										1	
					4	2	2	3		2	2
				4	3	4	4	1	8	2	4
	1	1	3								
		5	1								
		3	3								
		2	4								
1	2	1	1								
	4	1	1								
		3	3								
		2	4								

문제2

여호와를 경외함으로 섬기고 떨며 즐거워할지어다 (시편 2:11)

			3	3	2			2
			1	1	2	2	3	2
	2	2						
	3	2						
	2	2						
1	2	1						
	2	1						
		1						

성경 문구 넣기

네모로직 문제를 풀어서 숫자가 매칭되는 칸에 제시된 성경 구절을 넣어 주는 문제입니다. 큰 원 표시를 하고 나중에 성경 구절을 넣으면 문제 풀기가 수월합니다.

문제3

구원은 여호와께 있사오니 주의 복을 주의 백성에게 내리소서 (시편 3:8)

						1		
			1	4	1	1		2
			3	2	1	2	4	3
	2	3						
	2	2						
	2	2						
	2	2						
1	2	1						
1	1	1						
		1						

문제4

내가 평안히 눕고 자기도 하리니 나를 안전히 살게 하시는 이는 오직 여호와이시니이다 (시편 4:8)

									2
			3	2	4	1		3	2
			2	2	1	5	4	3	1
	2	2							
	3	2							
	4	1							
1	3	1							
	1	4							
	2	3							
	1	5							

성경 문구 넣기

네모로직 문제를 풀어서 숫자가 매칭되는 칸에 제시된 성경 구절을 넣어 주는 문제입니다. 큰 원 표시를 하고 나중에 성경 구절을 넣으면 문제 풀기가 수월합니다.

문제5

오직 나는 주의 풍성한 사랑을 힘입어 주의 집에 들어가 주를 경외함으로 성전을 향하여 예배하리이다 여호와여 나의 원수들로 말미암아 주의 의로 나를 인도하시고 주의 길을 내 목전에 곧게 하소서 (시편 5:7, 8)

											2			
								2	3	1	1	4		2
					3	5	4	3	4	3	2	3	3	1
					4	2	4	4	2	5	1	3	5	3
	2	1	1	1										
	1	3	2	1										
	1	1	1	3										
		1	3	2										
	1	1	2	1										
1	1	1	1	1										
		1	2	1										
		3	1	4										
		3	3	2										
		1	4	3										
			4	4										
		1	3	2										
				3										

문제6

여호와여 주의 분노로 나를 책망하지 마시오며 주의 진노로 나를 징계하지 마옵소서 여호와여 내가 수척하였사오니 내게 은혜를 베푸소서 여호와여 나의 뼈가 떨리오니 나를 고치소서 (시편 6:1, 2)

						1							
				2	4	3		2				4	3
				4	4	1	3	2	5	1	4	1	2
				2	1	3	3	3	5	3	4	1	3
	3	3	1										
	2	3	3										
		5	3										
	4	1	2										
1	1	2	2										
2	2	2	1										
		4	4										
1	1	3	1										
3	2	1	1										
1	1	2	2										
		2	2										

성경 문구 넣기

네모로직 문제를 풀어서 숫자가 매칭되는 칸에 제시된 성경 구절을 넣어 주는 문제입니다. 큰 원 표시를 하고 나중에 성경 구절을 넣으면 문제 풀기가 수월합니다.

문제7

하나님은 의로우신 재판장이심이여 매일 분노하시는 하나님이시로다 사람이 회개하지 아니하면 그가 그의 칼을 가심이여 그의 활을 이미 당기어 예비하셨도다 (시편 7:11, 12)

				3					2				3
				3	1	1	4	4	4	1	5	1	2
				1	6	6	1	3	1	4	2	6	1
	2	2	1										
	1	4	3										
2	2	2	1										
		5	3										
		4	4										
	3	3	2										
	3	3	2										
	2	1	3										
1	2	1	3										

문제8

여호와 우리 주여 주의 이름이 온 땅에 어찌 그리 아름다운지요 주의 영광이 하늘을 덮었나이다 (시편 8:1)

											1		
				2						1	1		
				1	4	1	1	2	3	1	1	3	1
				1	1	3	2	2	1	1	1	1	2
	1	2	2										
	2	2	2										
	2	2	2										
	3	1	2										
2	1	2	1										
	1	3	1										
	1	1	2										

성경 문구 넣기

네모로직 문제를 풀어서 숫자가 매칭되는 칸에 제시된 성경 구절을 넣어 주는 문제입니다. 큰 원 표시를 하고 나중에 성경 구절을 넣으면 문제 풀기가 수월합니다.

문제9

여호와는 압제를 당하는 자의 요새이시요 환난 때의 요새이시로다 여호와여 주의 이름을 아는 자는 주를 의지하오리니 이는 주를 찾는 자들을 버리지 아니하심이니이다 (시편 9:9, 10)

						1						2	
				2		3		3	2		2	1	1
				3	4	2	4	3	2	4	2	1	3
				1	5	1	3	2	3	2	3	1	2
	3	1	1										
	2	3	2										
	2	3	1										
	3	2	1										
	3	3	1										
1	1	3	2										
	2	2	2										
		4	3										
	3	3	1										
	2	3	1										
		2	2										

문제10

여호와여 주는 겸손한 자의 소원을 들으셨사오니 그들의 마음을 준비하시며 귀를 기울여 들으시고 고아와 압제 당하는 자를 위하여 심판하사 세상에 속한 자가 다시는 위협하지 못하게 하시리이다 (시편 10:17, 18)

					2								
					3		1		1	1			
				3	1		1	3	2	3		3	2
				4	1	5	1	5	1	1	5	5	2
				2	1	4	4	1	2	2	2	1	4
	3	1	2										
	3	2	2										
	1	3	3										
	3	1	2										
	2	3	1										
	2	2	3										
	1	3	2										
	3	2	2										
1	3	1	2										
		5	2										
1	1	3	1										
	2	2	3										

정답

문제1

										1	
					4	2	2	3		2	2
				4	3	4	4	1	8	2	4
	1	1	3		복		있		는	사	람
		5	1		은	악	인	들	의		꾀
		3	3	를	따	르		지	아	니	
		2	4	하	며		죄	인	들	의	
1	2	1	1	길		에	서		지		아
	4	1	1	니	하	며	오		만		한
		3	3		자	들	의		자	리	에
		2	4		앉	지		아	니	하	고

문제2

			3	3	2			2
			1	1	2	2	3	2
	2	2		여	호		와	를
	3	2	경	외	함		으	로
	2	2	섬	기		고	떨	
1	2	1	며		즐	거		워
	2	1		할	지			어
		1	다					

문제3

						1		
			1	4	1	1		2
			3	2	1	2	4	3
	2	3	구	원		은	여	호
	2	2		와	께		있	사
	2	2	오	니		주	의	
	2	2	복	을			주	의
1	2	1	백		성	에		게
1	1	1		내		리		소
		1		서				

문제4

									2
			3	2	4	1		3	2
			2	2	1	5	4	3	1
	2	2			내	가		평	안
	3	2	히	높	고			자	기
	4	1	도	하	리	니		나	
1	3	1	를		안	전	히		살
	1	4		게		하	시	는	이
	2	3	는	오		직	여	호	
	1	5	와		이	시	니	이	다

문제5

											2			
								2	3	1	1	4		2
					3	5	4	3	4	3	2	3	3	1
					4	2	4	4	2	5	1	3	5	3
	2	1	1	1			오	직		나		는		주
	1	3	2	1	의		풍	성	한		사	랑		을
	1	1	1	3	힘		입		어		주	의	집	
		1	3	2	에		들	어	가			주	를	
	1	1	2	1		경		외		함	으		로	
1	1	1	1	1		성		전		을		향		하
		1	2	1		여			예	배		하		
		3	1	4	리	이	다		여		호	와	여	나
		3	3	2	의	원	수		들	로	말		미	암
		1	4	3	아		주	의	의	로		나	를	인
			4	4	도	하	시	고		주	의	길	을	
		1	3	2		내		목	전	에		곧	게	
				3				하	소	서				

문제6

						1							
				2	4	3		2				4	3
				4	4	1	3	2	5	1	4	1	2
				2	1	3	3	3	5	3	4	1	3
	3	3	1	여	호	와			여	주	의		분
	2	3	3	노	로		나	를	책		망	하	지
		5	3		마	시	오	며	주		의	진	노
	4	1	2	로	나	를	징		계		하	지	
1	1	2	2	마		옵		소	서			여	호
2	2	2	1	와	여		내	가		수	척		하
		4	4	였	사	오	니		내	게	은	혜	
1	1	3	1		를		베		푸	소	서		여
3	2	1	1	호	와	여		나	의		뼈		가
1	1	2	2	떨		리		오	니			나	를
		2	2		고	치		소	서				

문제7

				3					2				3
				3	1	1	4	4	4	1	5	1	2
				1	6	6	1	3	1	4	2	6	1
	2	2	1	하	나			님	은		의		
	1	4	3	로		우	신	재	판		장	이	심
2	2	2	1	이	여		매	일		분	노		하
		5	3		시	는	하	나	님		이	시	로
		4	4	다	사	람	이		회	개	하	지	
	3	3	2	아	니	하		면	그	가		그	의
	3	3	2	칼	을	가		심	이	여		그	의
	2	1	3		활	을		이		미	당	기	
1	2	1	3	어		예	비		하		셨	도	다

문제8

											1		
				2						1	1		
				1	4	1	1	2	3	1	1	3	1
				1	1	3	2	2	1	1	1	1	2
	1	2	2	여		호	와			우	리		
	2	2	2	주	여			주	의			이	름
	2	2	2		이	온		땅	에		어	찌	
	3	1	2	그	리	아			름			다	운
2	1	2	1		지	요		주		의	영		광
	1	3	1	이			하	늘	을			덮	
	1	1	2		었		나			이	다		

문제9

						1						2	
				2		3		3	2		2	1	1
				3	4	2	4	3	2	4	2	1	3
				1	5	1	3	2	3	2	3	1	2
	3	1	1			여	호	와			는		압
	2	3	2	제	를		당	하	는		자	의	
	2	3	1	요	새		이	시	요			환	
	3	2	1		난	때	의			요	새		이
	3	3	1	시	로	다			여	호	와		여
1	1	3	2	주		의		이	름	을		아	는
	2	2	2	자	는		주	를		의	지		
		4	3		하	오	리	니			이	는	주
	3	3	1		를	찾	는		자	들	을		버
	2	3	1	리	지			아	니	하		심	
		2	2		이	니		이	다				

문제10

					2								
					3		1		1	1			
				3	1		1	3	2	3		3	2
				4	1	5	1	5	1	1	5	5	2
				2	1	4	4	1	2	2	2	1	4
	3	1	2		여	호	와			여		주	는
	3	2	2	겸	손	한		자	의			소	원
	1	3	3	을		들	으	셨		사	오	니	
	3	1	2	그	들	의		마		음	을		
	2	3	1		준	비			하	시	며		귀
	2	2	3	를	기			울	여		들	으	시
	1	3	2	고		고	아	와			압	제	
	3	2	2	당	하	는		자	를			위	하
1	3	1	2	여		심	판	하		사		세	상
		5	2		에	속	한	자	가			다	시
1	1	3	1	는			위		협	하	지		못
	2	2	3	하	게		하	시		리	이	다	

단어 찾기

다음 성경 구절의 빈칸에 올바른 단어를 찾아 넣어서 완성해 주세요. 성경 구절 전체를 먼저 읽어본 후에, 네모로직 문제를 풀면 답을 쉽게 찾을 수 있습니다.

문제1　로마서 8:32~35

자기 아들을 아끼지 아니하시고 우리 (　　　) 사람을 위하여 내주신 이가 어찌 그 아들과 함께 모든 것을 우리에게 주시지 아니하겠느냐 누가 능히 하나님께서 택하신 자들을 (　　　)하리요 의롭다 하신 이는 하나님이시니 누가 정죄하리요 죽으실 뿐 아니라 다시 살아나신 이는 그리스도 예수시니 그는 하나님 우편에 계신 자요 우리를 위하여 간구하시는 자시니라 누가 우리를 그리스도의 사랑에서 끊으리요 환난이나 곤고나 박해나 기근이나 적신이나 위험이나 칼이랴

										1	1	
					1					1	1	
				3	1	3			3	1	1	
			1	1	2	1	1	1	4	1	1	1
		3										
	3	1										
1	1	3										
		3										
		5										
	1	1										
	5	1										
		3										

											4	1	4	
				1	1	1	3			1	1	1	3	
				1	2	1	1	1	4	1	3	1	1	1
	1	1	1											
		3	2											
4	1	1	1											
	1	3	1											
			1											
		1	3											
		5	1											
			3											
			1											
			3											

문제2　로마서 8:16, 17

성령이 친히 우리의 영과 더불어 우리가 하나님의 자녀인 것을 증언하시나니 자녀이면 또한 상속자 곧 하나님의 상속자요 그리스도와 함께한 상속자니 우리가 (　　　)와 함께 영광을 받기 위하여 (　　　)도 함께 받아야 할 것이니라

		1	1	1	4	
	1	1	1	1	1	1
4						
1						
1						
1						
0						
6						

					1	1	1	3					1		3	
				1	1	3	1	1	1	0	3	1	2	1	1	1
	4	1	1													
	1	1	2													
1	1	3	1													
			1													
		6	1													
			3													

문제3 사도행전 2:17~21

하나님이 말씀하시기를 말세에 내가 내 영을 모든 육체에 부어 주리니 너희의 자녀들은 예언할 것이요 너희의 젊은이들은 환상을 보고 너희의 늙은이들은 꿈을 꾸리라 그때에 내가 내 영을 내 남종과 여종들에게 부어 주리니 그들이 예언할 것이요 또 내가 위로 하늘에서는 기사를 아래로 땅에서는 징조를 베풀리니 곧 피와 (　　　)과 연기로다 주의 크고 영화로운 날이 이르기 전에 해가 변하여 어두워지고 (　　　)이 변하여 (　　　)가 되리라 누구든지 주의 이름을 부르는 자는 구원을 받으리라 하였느니라

				1																												
				1																												
			4	2	4									1																		
			1	1	1									1	1	7																
			1	1	3								1	1	1	3										1		1		1		
		1	3	1	1	1						4	1	3	1	1	1									1	7	1	7	1	0	9
1	1										1														1							
	3										1													5	1							
1	1									3	1												1	1	1							
	3									1	1												1	1	1							
	0									1	2												1	1	1							
	5									3	1												1	1	1							
	1										1												1	1	1							
	0										0													5	1							
	3										3														1							
	1										1																					
	3										3																					
	1										1																					
	3										3																					

문제4 사도행전 7:51~53

목이 곧고 마음과 (　　　)에 할례를 받지 못한 사람들아 너희도 너희 조상과 같이 항상 성령을 거스르는도다 너희 조상들이 선지자들 중의 (　　　)를 박해하지 아니하였느냐 의인이 오시리라 예고한 자들을 그들이 죽였고 이제 너희는 그 의인을 잡아 준 자요 살인한 자가 되나니 너희는 천사가 전한 율법을 받고도 지키지 아니하였도다 하니라

			1	1	2															2	1	1				1	1	2	
		1	1	3	1	1	0	6											1	1	3	1	1	0	1	1	3	1	1
3	1																1	3											
1	1																3	1											
	1																	0											
5	1																5	5											
1	1																1	1											
1	1																1	1											

문제5 고린도전서 4:1, 2

사람이 마땅히 우리를 그리스도의 일꾼이요 하나님의 ( )을 맡은 자로 여길지어다 그리고 맡은 자들에게 구할 것은 충성이니라

														3	1	4
							1						1	1	1	3
						7	1	7	0	9	0	3	1	3	1	1
				1	1											
	1	1	1	3	1											
1	1	1	1	1	1											
		3	1	3	1											
			1	1	1											
		1	1	1	3											
		1	1	1	1											
			3	1	3											
				1	1											
					3											

문제6 사도행전 28:30, 31

바울이 온 이태를 자기 셋집에 머물면서 자기에게 오는 사람을 다 영접하고 하나님의 ( )를 전파하며 주 예수 그리스도에 관한 모든 것을 ( )하게 거침없이 가르치더라

												1				
								5				1				
						1		4	1		1	1				
					3	1		1	1		3	1	3		5	1
					4	1	3	1	3	0	5	1	1	6	1	6
	1	1	3	1												
	1	1	1	1												
	2	2	3	2												
		1	1	1												
		1	3	1												
				0												
2	1	2	1	1												
1	1	1	1	1												
	1	2	1	3												
2	1	1	1	1												
		2	1	1												
		3	1	1												
			1	1												
				3												

문제7 로마서 1:16

내가 복음을 부끄러워하지 아니하노니 이 복음은 ( ) 믿는 자에게 구원을 주시는 하나님의 능력이 됨이라 먼저는 유대인에게요 그리고 헬라인에게로다

										1	1
					1				3	1	1
				3	1	3			1	1	1
			1	1	3	1	1	0	2	1	1
	3	3									
1	1	1									
	3	3									
		0									
	1	3									
		1									
	5	1									
		3									

문제8 히브리서 11:11

믿음으로 사라 자신도 나이가 많아 단산하였으나 잉태할 수 있는 힘을 얻었으니 이는 약속하신 이를 ( ) 신 줄 알았음이라

													1			1	
								1				4	1	4		4	1	4
							4	1	4	0	6	0	1	1	1	1	1	1	1
		1	1	1	1	1													
			3	1	3	3													
1	1	1	1	1	1	1													
		1	1	1	3	3													
					3	1													
					1	7													

문제9 히브리서 4:12, 13

하나님의 말씀은 살아 있고 활력이 있어 좌우에 날 선 어떤 검보다도 예리하여 혼과 영과 및 관절과 골수를 찔러 쪼개기까지 하며 또 마음의 생각과 뜻을 판단하나니 지으신 것이 하나도 그 앞에 나타나지 않음이 없고 우리의 결산을 받으실 이의 눈 앞에 (　　　)이 벌거벗은 것같이 드러나느니라

									1		
									1		
								3	2	3	
	1							1	1	1	
	1	3		6				1	1	3	
3	3	1	1	1	1	0	1	3	1	1	1

		3
1	1	1
3	1	3
1	1	1
3	2	5
	1	1
		1
		3
	1	1
	1	3
	4	1
		3

문제10 히브리서 9:28

이와 같이 그리스도도 많은 사람의 죄를 담당하시려고 (　　　)에 드리신 바 되셨고 구원에 이르게 하기 위하여 죄와 상관없이 자기를 바라는 자들에게 두 번째 나타나시리라

		1										
	1	1		5				1			1	5
3	1	3	1	1	1	0	4	1	4	2	1	1

			1	1
3	1	1	1	1
	1	2	3	2
3	1	1	1	1
		1	3	1
				1
			1	1
			3	3

문제11 히브리서 11:3

믿음으로 ( ) 세계가 하나님의 말씀으로 지어진 줄을 우리가 아나니 보이는 것은 나타난 것으로 말미암아 된 것이 아니니라

											1	1	1	
				1	1	1				3	1	1	1	
			3	1	1	1	3			1	1	1	1	
			1	1	3	1	1	0	1	2	1	1	1	1
	5	4												
1	1	1												
	5	4												
		0												
	1	6												
		1												
	5	1												
		4												

문제12 히브리서 12:14

모든 사람과 더불어 화평함과 ( )함을 따르라 이것이 없이는 아무도 주를 보지 못하리라

											1		
										1	1	3	
										3	1	1	
										1	2	1	
			1	7	0	1	9	0	1	1	1	2	1
2	1	3											
1	1	1											
1	1	3											
1	1	1											
1	2	3											
	1	1											
1	1	5											
	1	1											
		1											
		3											
		1											

문제13 야고보서 1:12

시험을 참는 자는 복이 있나니 이는 시련을 견디어 낸 자가 주께서 자기를 사랑하는 자들에게 약속하신 생명의 (　　　)을 얻을 것이기 때문이라

																1									
											1				1	1	3					3			
								1	4		1				3	1	1		1	1	1	1		6	
							4	1	3	1	1	6	0	1	3	1	3	1	1	3	1	3	1	1	1
		3	1	3	4	1																			
	1	1	2	1	1	1																			
1	1	1	3	1	1	2																			
		3	2	1	1	1																			
			1	3	4	1																			
					1	1																			
				1	5	1																			
			1	1	1	1																			
			3	1	1	3																			

문제14 히브리서 10:19~25

그러므로 형제들아 우리가 예수의 피를 힘입어 성소에 들어갈 (　　　)을 얻었나니 그 길은 우리를 위하여 휘장 가운데로 열어 놓으신 새로운 살길이요 휘장은 곧 그의 육체니라 또 하나님의 집 다스리는 큰 제사장이 계시매 우리가 마음에 뿌림을 받아 악한 양심으로부터 벗어나고 몸은 맑은 물로 씻음을 받았으니 참 마음과 온전한 믿음으로 하나님께 나아가자 또 약속하신 이는 미쁘시니 우리가 믿는 도리의 소망을 움직이지 말며 굳게 잡고 서로 돌아보아 사랑과 선행을 격려하며 모이기를 폐하는 어떤 사람들의 습관과 같이 하지 말고 오직 권하여 그날이 가까움을 볼수록 더욱 그리하자

						1						1	3		1	
					1	1	1	4			1	1	1		1	
				4	1	3	1	3	1	0	3	1	1	1	2	5
3	1	3	1													
1	1	1	2													
1	2	3	1													
3	1	1	2													
		3	1													
			3													
	1	1	3													
		3	1													

정답

문제1

모든 고발

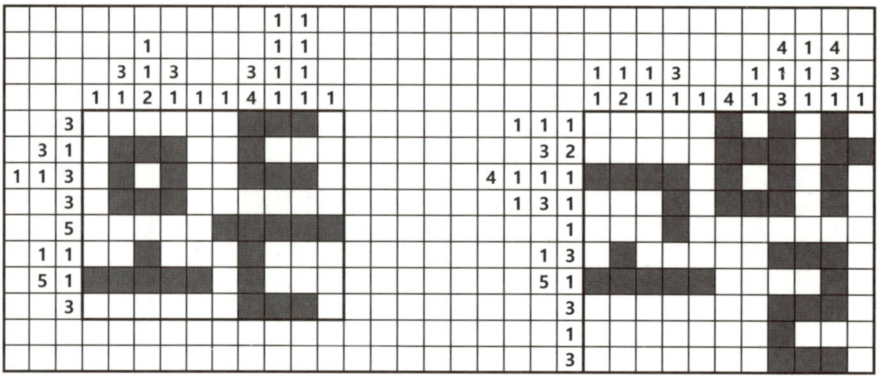

문제2

그 고난

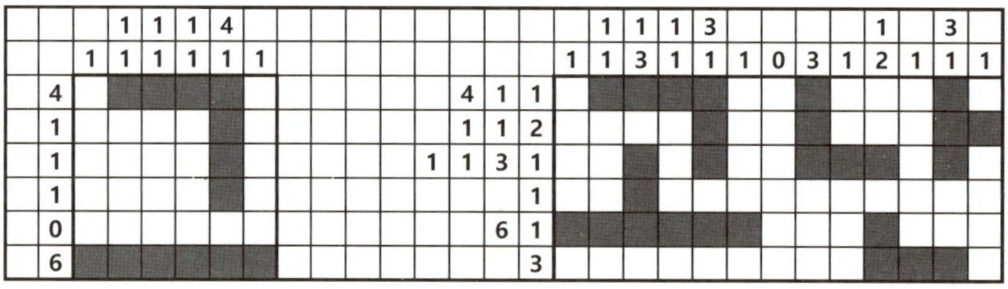

문제3

불 달 피

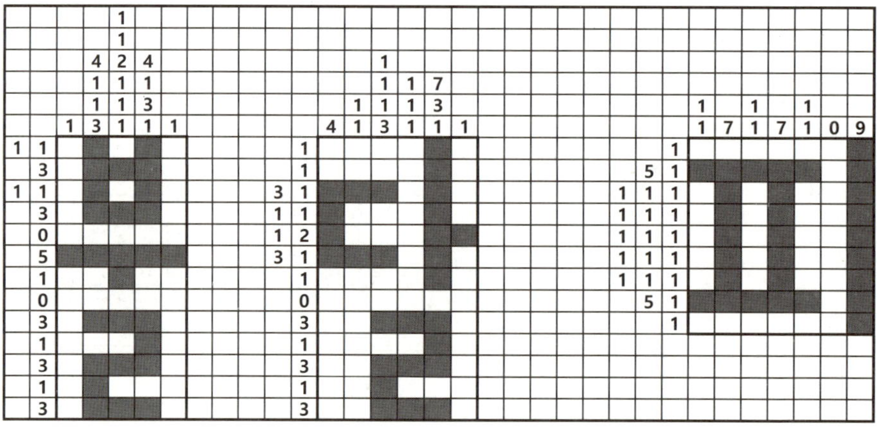

문제4

귀 누구

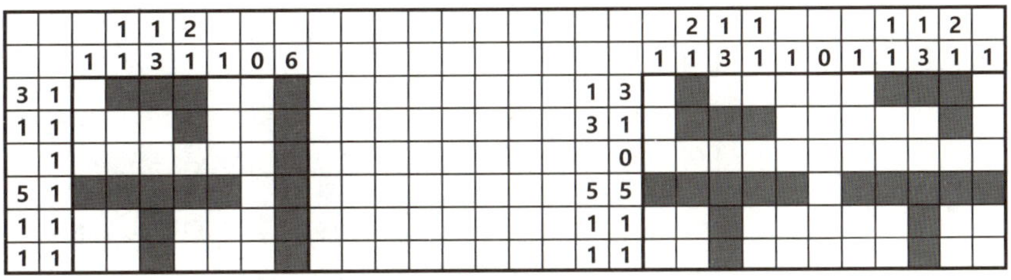

문제5

비밀

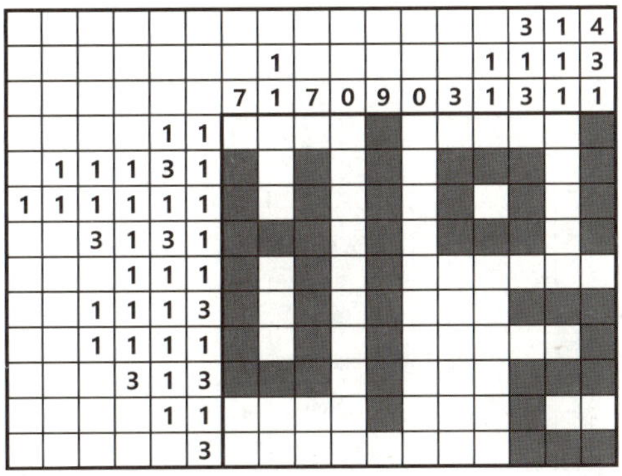

문제6

나라 담대

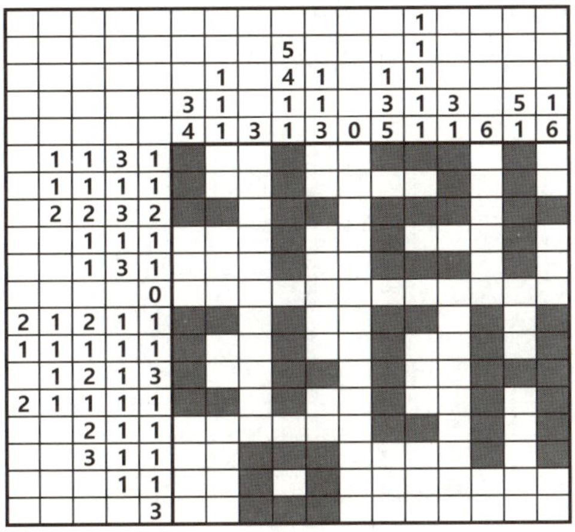

문제7

모든

문제8
미쁘

문제9
만물

문제10
단번

문제11
모든

문제12
거룩

문제13
면류관

문제14
담력

제 5 부

단어·문구 찾기
Word Search

Word Search 퍼즐은 특히 영어를 사용하는 국가에서 많이 유행하는 퍼즐입니다.
국내에서도 대형서점의 외국어 코너를 가서 어떤 퍼즐책들이 있는지 찾아보면
대부분 Word search 퍼즐책들로 가득 차 있는 것을 알 수 있습니다.
특정 주제로 구성된 퍼즐책도 있고 그 종류도 다양합니다.

이 퍼즐은 기억력 강화, 집중력 향상, 어휘력 발전 등 다양한 두뇌 학습적 유익을 제공합니다.
또한 다양한 형태로 구성된 정답을 찾는 과정 중에 공간감각도 향상될 것입니다.

단어를 찾는 과정에서 두뇌의 집중과 문제 해결 능력이 자연스럽게 훈련됩니다.
단어 찾기 과정을 통해서 미처 몰랐던 단어도 알게 되고,
특히 성경을 이용한 Word Search 퍼즐은 문제를 풀면서 성경단어 또는 성경문구를 찾는 과정을 통해 성경을 읊조리며 묵상하게 되는 효과가 있습니다.

ㄱ,ㄴ,ㄷ 형태

문제1

“그 크신 하나님의 사랑”이 ㄱ 또는 ㄴ 형태로 8개 있습니다. 찾아보세요. 앞이나 뒤로 어느 방향으로든 문장 진행이 가능합니다.

그	그	하	나	님	의	사	랑	하	나	님	의	사	랑	그
크	크	하	나	님	의	사	랑	크	그	크	신	하	나	님
신	신	사	랑	나	님	랑	사	신	나	님	의	사	랑	의
사	하	랑	사	님	의	하	나	님	의	사	랑	그	그	사
랑	나	님	의	사	랑	그	랑	사	의	님	나	크	크	랑
사	그	크	신	하	나	하	나	님	사	랑	하	신	신	하
하	나	님	의	사	랑	그	크	신	하	나	신	사	사	나
랑	사	의	님	나	의	그	크	신	하	나	크	랑	랑	님
하	그	하	그	하	나	님	의	사	랑	님	그	그	랑	사
나	크	나	크	신	랑	그	님	나	하	의	크	신	사	그
님	신	님	신	크	사	크	그	의	사	사	나	하	의	크
의	님	나	하	그	의	신	크	사	랑	랑	님	의	님	신
나	님	의	사	랑	님	사	신	랑	그	크	신	하	나	사
사	그	크	신	하	나	랑	하	하	나	님	그	크	신	랑
랑	하	나	님	의	사	랑	나	님	의	사	랑	하	나	님

ㄱ,ㄴ,ㄷ 형태

문제2

“예수 그리스도를 닮아 가는 삶”이 ㄱ 또는 ㄴ 형태로 8개 있습니다. 찾아보세요. 앞이나 뒤로 어느 방향으로든 문장 진행이 가능합니다.

<table>
<tr><td>예</td><td>예</td><td>수</td><td>그</td><td>리</td><td>스</td><td>도</td><td>예</td><td>수</td><td>그</td><td>리</td><td>스</td><td>도</td><td>예</td><td>수</td></tr>
<tr><td>수</td><td>수</td><td>예</td><td>수</td><td>그</td><td>리</td><td>스</td><td>도</td><td>닮</td><td>아</td><td>가</td><td>는</td><td>삶</td><td>수</td><td>삶</td></tr>
<tr><td>그</td><td>예</td><td>수</td><td>그</td><td>리</td><td>스</td><td>도</td><td>를</td><td>가</td><td>는</td><td>삶</td><td>예</td><td>수</td><td>그</td><td>는</td></tr>
<tr><td>리</td><td>닮</td><td>아</td><td>가</td><td>는</td><td>삶</td><td>예</td><td>닮</td><td>예</td><td>도</td><td>스</td><td>리</td><td>그</td><td>리</td><td>가</td></tr>
<tr><td>스</td><td>예</td><td>수</td><td>그</td><td>리</td><td>스</td><td>도</td><td>아</td><td>닮</td><td>아</td><td>가</td><td>는</td><td>삶</td><td>스</td><td>아</td></tr>
<tr><td>도</td><td>예</td><td>수</td><td>그</td><td>리</td><td>스</td><td>도</td><td>가</td><td>그</td><td>리</td><td>스</td><td>도</td><td>예</td><td>도</td><td>닮</td></tr>
<tr><td>를</td><td>닮</td><td>아</td><td>가</td><td>는</td><td>삶</td><td>를</td><td>는</td><td>삶</td><td>는</td><td>가</td><td>아</td><td>닮</td><td>를</td><td>를</td></tr>
<tr><td>예</td><td>수</td><td>닮</td><td>는</td><td>삶</td><td>삶</td><td>닮</td><td>삶</td><td>예</td><td>예</td><td>수</td><td>그</td><td>리</td><td>스</td><td>도</td></tr>
<tr><td>닮</td><td>아</td><td>가</td><td>는</td><td>삶</td><td>는</td><td>아</td><td>예</td><td>예</td><td>예</td><td>예</td><td>수</td><td>그</td><td>리</td><td>스</td></tr>
<tr><td>스</td><td>리</td><td>그</td><td>수</td><td>예</td><td>가</td><td>가</td><td>수</td><td>수</td><td>수</td><td>삶</td><td>는</td><td>가</td><td>아</td><td>닮</td></tr>
<tr><td>닮</td><td>아</td><td>가</td><td>는</td><td>삶</td><td>아</td><td>는</td><td>그</td><td>그</td><td>그</td><td>예</td><td>수</td><td>스</td><td>리</td><td>그</td></tr>
<tr><td>삶</td><td>는</td><td>가</td><td>아</td><td>닮</td><td>닮</td><td>삶</td><td>리</td><td>리</td><td>리</td><td>닮</td><td>아</td><td>가</td><td>는</td><td>삶</td></tr>
<tr><td>예</td><td>수</td><td>닮</td><td>는</td><td>삶</td><td>를</td><td>예</td><td>스</td><td>스</td><td>스</td><td>예</td><td>수</td><td>닮</td><td>는</td><td>삶</td></tr>
<tr><td>예</td><td>수</td><td>그</td><td>리</td><td>스</td><td>도</td><td>수</td><td>도</td><td>도</td><td>도</td><td>삶</td><td>는</td><td>가</td><td>아</td><td>닮</td></tr>
<tr><td>닮</td><td>는</td><td>삶</td><td>삶</td><td>는</td><td>가</td><td>아</td><td>닮</td><td>를</td><td>를</td><td>닮</td><td>아</td><td>가</td><td>는</td><td>삶</td></tr>
</table>

ㄱ,ㄴ,ㄷ 형태

문제3

"전지전능하신 하나님"이 ㄱ 또는 ㄴ 형태로 8개 있습니다. 찾아보세요. 앞이나 뒤로 어느 방향으로든 문장 진행이 가능합니다.

전	지	전	능	신	님	지	신	하	능	하	나	님	지	전
하	나	전	님	하	나	전	하	지	전	전	지	전	능	하
나	전	님	전	나	하	능	님	전	지	능	하	신	하	신
님	지	나	하	님	전	지	전	능	전	하	나	님	전	하
나	전	님	능	전	지	전	님	나	하	님	나	하	신	나
님	능	하	신	하	나	님	전	지	전	하	전	능	하	님
하	나	님	하	님	하	신	하	나	님	나	지	전	능	나
전	지	전	능	하	능	능	전	지	전	님	전	지	전	하
나	지	하	님	신	전	님	나	하	신	하	능	전	지	지
님	님	전	나	하	지	능	하	신	하	전	님	하	전	전
전	나	하	나	님	전	능	전	지	전	님	전	지	하	능
하	하	능	하	신	하	전	지	전	능	나	지	전	나	하
신	신	전	지	전	능	신	나	하	지	하	전	능	님	능
님	하	능	전	지	전	님	전	나	전	신	하	나	님	지
전	지	전	능	능	하	신	하	님	능	하	능	전	지	전

ㄱ,ㄴ,ㄷ 형태

문제4

"회개에 합당한 열매를"이 ㄱ 또는 ㄴ 형태로 8개 있습니다. 찾아보세요. 앞이나 뒤로 어느 방향으로든 문장 진행이 가능합니다.

한	열	매	를	매	를	열	회	매	회	한	열	매	를	열
매	회	개	에	합	당	를	개	개	를	열	매	를	개	를
개	매	를	회	매	한	매	에	열	매	회	개	에	열	매
열	한	열	개	개	열	열	합	회	열	당	합	에	개	회
회	당	를	에	열	매	한	당	개	한	당	합	에	개	회
개	한	열	합	당	를	합	한	열	매	를	열	매	를	매
에	를	한	열	한	열	매	를	를	한	열	회	개	에	개
합	당	한	한	열	매	를	매	를	열	를	매	열	한	열
매	를	열	회	개	한	열	매	를	열	매	를	회	당	당
개	회	개	한	당	합	에	개	회	회	개	에	개	합	한
매	개	에	열	매	를	합	회	매	를	를	매	를	에	를
개	에	합	매	한	열	회	개	한	열	매	한	열	개	매
열	합	당	를	당	를	개	에	열	매	열	당	를	회	열
한	열	매	를	한	열	에	합	당	개	한	한	열	합	한
합	를	매	열	한	당	합	를	한	열	당	합	에	개	회

ㄱ,ㄴ,ㄷ 형태

문제5

“믿음으로 의롭다 하심”이 ㄷ 형태로 9개 있습니다. 찾아보세요. 앞이나 뒤로 어느 방향으로든 문장 진행이 가능합니다.

로	으	음	믿	의	으	다	하	다	하	심	로	의	롭	으
의	다	하	심	심	믿	로	의	으	심	음	으	음	믿	로
롭	다	하	심	롭	음	의	롭	다	하	으	로	다	다	하
음	으	다	하	믿	으	로	의	롭	다	다	의	하	로	의
로	의	로	의	음	다	하	심	다	하	심	롭	의	믿	음
으	로	의	롭	다	로	의	롭	로	의	롭	다	하	심	의
음	다	하	심	하	로	의	롭	믿	음	으	로	의	롭	다
믿	로	의	롭	심	음	롭	다	하	심	으	로	의	롭	다
음	로	의	롭	믿	음	의	다	하	심	음	다	하	심	하
믿	음	으	로	의	롭	로	으	음	믿	믿	의	롭	다	심
으	로	의	롭	다	의	롭	다	으	로	의	롭	다	믿	음
믿	로	의	롭	으	로	의	롭	다	믿	음	으	롭	의	로
의	으	다	다	음	로	으	음	믿	음	로	의	다	다	으
심	음	하	하	으	의	로	의	롭	다	하	으	하	하	음
롭	믿	의	심	다	롭	다	하	심	로	의	로	심	의	믿

ㄱ,ㄴ,ㄷ 형태

문제6

“예수 천당 불신 지옥”이 ㄱ 또는 ㄴ 형태로 9개 있습니다. 찾아보세요. 앞이나 뒤로 어느 방향으로든 문장 진행이 가능합니다.

예	수	천	당	불	천	수	예	신	불	신	지	신	당	예
불	신	지	옥	신	불	당	불	신	지	옥	천	지	불	수
예	옥	예	수	지	신	천	신	천	수	예	신	옥	신	천
수	지	천	당	옥	지	수	지	옥	불	신	지	옥	지	당
천	신	불	신	지	옥	예	옥	불	신	지	옥	지	신	불
당	불	불	신	지	불	신	지	옥	천	수	예	신	예	예
불	당	천	수	예	신	불	신	지	예	수	천	당	수	불
신	옥	신	지	옥	지	예	천	수	예	신	옥	불	천	신
당	불	신	지	옥	옥	수	불	신	지	옥	지	신	당	지
천	천	수	예	신	당	천	당	불	신	지	옥	지	불	옥
수	불	신	지	옥	옥	당	천	신	불	신	지	옥	천	당
예	천	수	예	신	지	불	수	지	당	옥	지	신	불	당
신	불	신	지	옥	신	당	예	옥	천	수	예	신	예	천
천	예	수	천	당	불	지	옥	불	신	지	옥	당	불	수
수	불	신	지	옥	옥	당	천	신	불	신	지	옥	천	예

ㄱ,ㄴ,ㄷ 형태

문제7

“거룩하신 나의 하나님”이 ㄱ 또는 ㄴ 형태로 9개 있습니다. 찾아보세요. 앞이나 뒤로 어느 방향으로든 문장 진행이 가능합니다.

나	신	나	거	룩	하	신	나	님	하	나	의	하	나	님
하	거	룩	하	신	나	거	룩	하	나	신	거	룩	하	님
의	의	하	신	나	의	신	님	나	님	하	의	하	나	나
나	나	나	룩	님	하	하	나	님	의	룩	나	거	님	하
하	님	님	하	나	나	신	하	하	나	거	나	의	하	의
나	나	의	룩	하	님	룩	의	신	나	거	룩	하	신	나
님	하	나	거	룩	하	신	나	거	룩	하	신	나	거	하
하	의	하	신	나	거	하	나	의	하	나	님	나	의	나
룩	나	신	하	룩	거	나	신	거	룩	하	신	나	하	님
거	룩	하	신	나	하	님	하	나	하	신	나	하	님	님
신	나	거	룩	님	거	룩	룩	님	나	님	나	하	의	나
하	나	의	하	나	의	하	거	나	님	님	하	나	하	신
나	신	거	룩	하	신	나	거	하	거	룩	하	신	룩	하
님	하	나	하	의	하	나	의	의	하	님	님	나	하	룩
거	룩	하	신	나	나	신	거	나	신	하	룩	거	신	거

ㄱ,ㄴ,ㄷ 형태

문제8

"내 영혼아 주를 찬양하라"가 ㄷ 형태로 9개 있습니다. 찾아보세요. 앞이나 뒤로 어느 방향으로든 문장 진행이 가능합니다.

영	아	혼	영	내	혼	찬	양	하	라	내	내	하	내	라
내	주	양	하	찬	양	하	라	하	내	영	영	양	하	하
영	를	라	하	영	내	라	하	라	내	혼	혼	라	하	양
혼	찬	양	하	라	영	하	양	하	영	아	아	주	를	찬
아	내	주	를	찬	혼	양	라	하	혼	아	찬	양	하	라
찬	양	하	라	를	아	찬	를	주	아	주	내	영	혼	아
를	혼	찬	를	주	아	아	주	를	찬	찬	를	주	아	주
주	아	찬	양	하	라	혼	주	를	양	찬	양	하	라	를
아	혼	영	내	양	하	영	양	하	하	를	라	하	양	찬
찬	를	주	아	라	하	내	영	혼	라	를	찬	내	내	양
주	찬	양	하	라	내	양	하	라	찬	양	하	라	영	하
아	주	를	찬	내	영	라	하	하	하	라	내	주	혼	라
혼	주	를	양	영	혼	하	내	양	양	하	영	하	아	하
영	양	하	하	혼	아	주	를	찬	라	하	혼	양	찬	양
내	영	혼	라	아	내	찬	양	하	라	주	아	주	를	찬

ㄱ,ㄴ,ㄷ 형태

문제9

“하나님 우리의 창조주”가 ㄱ 또는 ㄴ 형태로 8개 있습니다. 찾아보세요. 앞이나 뒤로 어느 방향으로든 문장 진행이 가능합니다.

하	창	조	주	창	하	주	의	주	조	주	의	조	리	의
나	하	나	님	하	나	님	우	리	나	리	의	창	조	주
님	님	하	나	님	우	리	리	의	우	우	조	주	의	조
우	창	조	주	우	창	조	주	창	창	님	창	조	창	창
리	의	창	조	주	님	우	리	조	님	나	님	우	조	님
하	나	님	우	리	의	창	조	주	하	하	의	창	주	의
주	리	의	창	조	주	하	나	님	나	주	창	조	주	하
조	우	조	주	우	창	조	주	창	님	주	의	주	조	나
우	님	님	우	하	나	님	우	리	우	리	의	창	조	주
창	나	나	리	우	하	나	리	하	나	하	주	창	조	주
주	하	주	의	주	조	주	의	조	주	나	조	의	창	조
우	주	조	창	조	창	조	창	창	조	님	창	나	님	우
창	조	주	님	창	님	우	조	님	우	창	의	리	의	창
하	나	리	하	의	의	창	주	의	창	조	리	우	조	주
하	나	님	우	리	주	리	의	창	조	주	우	님	나	하

ㄱ,ㄴ,ㄷ 형태

문제10

"임마누엘이신 예수님"이 ㄷ 형태로 9개 있습니다. 찾아보세요. 앞이나 뒤로 어느 방향으로든 문장 진행이 가능합니다.

엘	누	마	임	누	예	엘	이	신	임	엘	마	누	엘	임
이	엘	마	누	임	되	누	이	예	마	님	수	예	신	마
신	예	수	님	마	엘	마	엘	수	누	님	엘	누	이	누
엘	누	마	임	누	누	임	누	님	엘	임	마	누	엘	엘
누	마	누	예	엘	엘	이	신	엘	누	마	임	엘	마	누
임	누	님	수	누	누	마	예	마	엘	수	님	님	엘	누
마	엘	수	님	엘	마	누	수	누	누	예	엘	엘	이	신
누	누	예	엘	누	임	엘	님	엘	누	마	임	누	엘	예
엘	이	신	수	님	마	임	임	신	예	수	님	마	신	수
누	마	임	누	엘	누	마	누	이	엘	마	누	임	이	님
이	신	예	수	님	엘	누	엘	엘	누	마	임	마	엘	마
엘	이	마	님	엘	누	엘	임	누	마	임	누	신	이	엘
누	엘	누	마	임	수	누	마	엘	누	마	엘	예	마	누
신	예	수	님	마	님	엘	누	누	엘	누	누	수	누	마
엘	누	마	임	누	엘	누	엘	이	누	엘	이	님	엘	임

ㄱ,ㄴ,ㄷ 형태

문제11

"놀랍다 주님의 큰 은혜 "가 ㄱ, ㄴ 형태로 9개 있습니다. 찾아보세요. 앞이나 뒤로 어느 방향으로든 문장 진행이 가능합니다.

놀	랍	다	주	님	놀	놀	의	놀	님	님	주	다	랍	놀
의	다	님	놀	의	랍	랍	큰	랍	님	의	주	님	의	다
큰	놀	님	랍	큰	다	다	은	다	주	큰	놀	의	큰	혜
은	랍	주	다	은	주	주	혜	주	다	은	랍	큰	은	은
혜	다	다	주	혜	님	님	다	님	랍	혜	다	은	혜	큰
놀	주	랍	님	주	다	님	의	큰	은	혜	은	랍	큰	의
랍	님	의	큰	은	혜	주	의	랍	님	놀	랍	다	주	님
의	님	의	큰	은	혜	다	님	혜	은	큰	의	님	의	놀
큰	주	님	의	다	주	랍	놀	님	놀	주	의	주	큰	랍
은	다	님	큰	놀	님	놀	랍	님	랍	님	큰	다	은	다
혜	랍	주	은	랍	주	님	다	주	다	혜	은	랍	혜	주
의	놀	다	혜	다	놀	의	주	다	주	은	혜	놀	주	님
님	주	랍	주	주	랍	큰	님	랍	님	큰	놀	랍	다	의
혜	은	큰	의	님	다	은	놀	랍	다	의	큰	의	님	님
님	랍	님	큰	놀	랍	다	큰	의	님	님	주	다	랍	놀

ㄱ,ㄴ,ㄷ 형태

문제12

“성령으로 충만함을 받으라”가 ㄷ 형태로 9개 있습니다. 찾아보세요. 앞이나 뒤로 어느 방향으로든 문장 진행이 가능합니다.

으	을	받	으	라	만	을	받	으	라	성	령	으	로	성
로	함	령	라	을	충	로	충	만	함	령	라	을	충	만
으	만	성	로	성	령	으	로	로	으	령	성	충	만	충
령	충	을	령	라	을	받	충	충	성	령	라	을	함	성
성	로	으	령	성	함	령	만	만	을	라	으	받	을	을
을	성	령	라	을	받	충	함	함	을	받	으	받	령	라
로	으	령	성	라	으	받	을	을	받	으	라	으	성	을
충	받	령	라	을	받	으	라	성	만	로	충	만	함	을
만	으	성	을	로	충	만	함	을	충	으	받	령	라	받
함	령	라	을	받	함	령	령	라	을	령	으	성	을	으
을	받	으	라	성	로	충	만	함	을	성	을	받	으	라
로	충	만	함	을	으	을	받	으	받	을	함	만	충	로
으	령	라	을	받	령	라	으	받	으	받	라	으	받	으
령	받	령	라	으	성	을	받	으	라	으	을	받	으	령
성	으	성	을	라	령	로	충	만	충	라	로	충	만	성

정답

문제1

그	그	하	나	님	의	사	랑	하	나	님	의	사	랑	그
크	크	하	나	님	의	사	랑	크	그	크	신	하	나	님
신	신	사	랑	나	님	랑	사	신	나	님	의	사	랑	의
사	하	랑	사	님	의	하	나	님	의	사	랑	그	그	사
랑	나	님	의	사	랑	그	랑	사	의	님	나	크	크	랑
사	그	크	신	하	나	하	나	님	사	랑	하	신	신	하
하	나	님	의	사	랑	그	크	신	하	나	신	사	사	나
랑	사	의	님	나	의	그	크	신	하	나	크	랑	랑	님
하	그	하	그	하	나	님	의	사	랑	님	그	그	랑	사
나	크	나	크	신	랑	그	님	나	하	의	크	신	사	그
님	신	님	신	크	사	크	그	의	사	사	나	하	의	크
의	님	나	하	그	의	신	크	사	랑	랑	님	의	님	신
나	님	의	사	랑	님	사	신	랑	그	크	신	하	나	사
사	그	크	신	하	나	랑	하	하	나	님	그	크	신	랑
랑	하	나	님	의	사	랑	나	님	의	사	랑	하	나	님

문제2

예	예	수	그	리	스	도	예	수	그	리	스	도	예	수
수	수	예	수	그	리	스	도	닮	아	가	는	삶	수	삶
그	예	수	그	리	스	도	를	가	는	삶	예	수	그	는
리	닮	아	가	는	삶	예	닮	예	도	스	리	그	리	가
스	예	수	그	리	스	도	아	닮	아	가	는	삶	스	아
도	예	수	그	리	스	도	가	그	리	스	도	예	도	닮
를	닮	아	가	는	삶	를	는	삶	는	가	아	닮	를	를
예	수	닮	는	삶	삶	닮	삶	예	예	수	그	리	스	도
닮	아	가	는	삶	는	아	예	예	예	예	수	그	리	스
스	리	그	수	예	가	가	수	수	수	삶	는	가	아	닮
닮	아	가	는	삶	아	는	그	그	그	예	수	스	리	그
삶	는	가	아	닮	닮	삶	리	리	리	닮	아	가	는	삶
예	수	닮	는	삶	를	예	스	스	스	예	수	닮	는	삶
예	수	그	리	스	도	수	도	도	도	삶	는	가	아	닮
닮	는	삶	삶	는	가	아	닮	를	를	닮	아	가	는	삶

문제3

전	지	전	능	하	님	지	신	하	능	하	나	님	지	전
하	나	전	님	신	나	전	하	지	전	전	지	전	능	하
나	전	님	전	하	하	능	님	전	지	능	하	신	하	신
님	지	나	하	나	전	지	전	능	전	하	나	님	전	하
나	전	님	능	님	지	전	님	나	하	님	나	하	신	나
님	능	하	신	하	나	님	전	지	전	하	전	능	하	님
하	나	님	하	님	하	신	하	나	님	나	지	전	능	나
전	지	전	능	하	능	능	전	지	전	님	전	지	전	하
나	지	하	님	신	전	님	나	하	신	하	능	전	지	지
님	님	전	나	하	지	능	하	신	하	전	님	하	전	전
전	나	하	나	님	전	능	전	지	전	님	전	지	하	능
하	하	능	하	신	하	전	지	전	능	나	지	전	나	하
신	신	전	지	전	능	신	나	하	지	하	전	능	님	능
님	하	능	전	지	전	님	전	나	전	신	하	나	님	지
전	지	전	능	능	하	신	하	님	능	하	능	전	지	전

문제4

한	열	매	를	매	를	열	회	매	회	한	열	매	를	열
매	회	개	에	합	당	를	개	개	를	열	매	를	개	를
개	매	를	회	매	한	매	에	열	매	회	개	에	열	매
열	한	열	개	개	열	열	합	회	열	당	합	에	개	회
회	당	를	에	열	매	한	당	개	한	당	합	에	개	회
개	한	열	합	당	를	합	한	열	매	를	열	매	를	매
에	를	한	열	한	열	매	를	를	한	열	회	개	에	개
합	당	한	한	열	매	를	매	를	열	를	매	열	한	열
매	를	열	회	개	한	열	매	를	열	매	를	회	당	당
개	회	개	한	당	합	에	개	회	회	개	에	개	합	한
매	개	에	열	매	를	합	회	매	를	를	매	를	에	를
개	에	합	매	한	열	회	개	한	열	매	한	열	개	매
열	합	당	를	당	를	개	에	열	매	열	당	를	회	열
한	열	매	를	한	열	에	합	당	개	한	한	열	합	한
합	를	매	열	한	당	합	를	한	열	당	합	에	개	회

문제5

로	으	음	믿	의	으	다	하	다	하	심	로	의	롭	으
의	다	하	심	심	믿	로	의	으	심	음	으	음	믿	로
롭	다	하	심	롭	음	의	롭	다	하	으	로	다	다	하
음	으	다	하	믿	으	로	의	롭	다	다	의	하	로	의
로	의	로	의	음	다	하	심	다	하	심	롭	의	믿	음
으	로	의	롭	다	로	의	롭	로	의	롭	다	하	심	의
음	다	하	심	하	로	의	롭	믿	음	으	로	의	롭	다
믿	로	의	롭	심	음	롭	다	하	심	으	로	의	롭	다
음	로	의	롭	믿	음	의	다	하	심	음	다	하	심	하
믿	음	으	로	의	롭	로	으	음	믿	믿	의	롭	다	심
으	로	의	롭	다	의	롭	다	으	로	의	롭	다	믿	음
믿	로	의	롭	으	로	의	롭	다	믿	음	으	롭	의	로
의	으	다	다	음	로	으	음	믿	음	로	의	다	다	으
심	음	하	하	으	의	로	의	롭	다	하	으	하	하	음
롭	믿	의	심	다	롭	다	하	심	로	의	로	심	의	믿

문제6

예	수	천	당	불	천	수	예	신	불	신	지	신	당	예
불	신	지	옥	신	불	당	불	신	지	옥	천	지	불	수
예	옥	예	수	지	신	천	신	천	수	예	신	옥	신	천
수	지	천	당	옥	지	수	지	옥	불	신	지	옥	지	당
천	신	불	신	지	옥	예	옥	불	신	지	옥	지	신	불
당	불	불	신	지	불	신	지	옥	천	수	예	신	예	예
불	당	천	수	예	신	불	신	지	예	수	천	당	수	불
신	옥	신	지	옥	지	예	천	예	예	신	옥	불	천	신
당	불	신	지	옥	옥	수	불	신	지	옥	지	신	당	지
천	천	수	예	신	당	천	당	불	신	지	옥	지	불	옥
수	불	신	지	옥	옥	당	천	신	불	신	지	옥	천	당
예	천	수	예	신	지	불	수	지	당	옥	지	신	불	당
신	불	신	지	옥	신	당	예	옥	천	수	예	신	예	천
천	예	수	천	당	불	지	옥	불	신	지	옥	당	불	수
수	불	신	지	옥	옥	당	천	신	불	신	지	옥	천	예

문제7

나	신	나	거	룩	하	신	나	님	하	나	의	하	나	님
하	거	룩	하	신	나	거	룩	하	나	신	거	룩	하	님
의	의	하	신	나	의	신	님	나	님	하	의	하	나	나
나	나	나	룩	님	하	하	나	님	의	룩	나	거	님	하
하	님	님	하	나	나	신	하	하	나	거	나	의	하	의
나	나	의	룩	하	님	룩	의	신	나	거	룩	하	신	나
님	하	나	거	룩	하	신	나	거	룩	하	신	나	거	하
하	의	하	신	나	거	하	나	의	하	나	님	나	의	나
룩	나	신	하	룩	거	나	신	거	룩	하	신	나	하	님
거	룩	하	신	나	하	님	하	나	하	신	나	하	님	님
신	나	거	룩	님	거	룩	룩	님	나	님	나	하	의	나
하	나	의	하	나	의	하	거	나	님	님	하	나	하	신
나	신	거	룩	하	신	나	거	하	거	룩	하	신	룩	하
님	하	나	하	의	하	나	의	의	하	님	님	나	하	룩
거	룩	하	신	나	나	신	거	나	신	하	룩	거	신	거

문제8

영	아	혼	영	내	혼	찬	양	하	라	내	내	하	내	라
내	주	양	하	찬	양	하	라	하	내	영	영	양	하	하
영	를	라	하	영	내	라	하	라	내	혼	혼	라	하	양
혼	찬	양	하	라	영	하	양	하	영	아	아	주	를	찬
아	내	주	를	찬	혼	양	라	하	혼	아	찬	양	하	라
찬	양	하	라	를	아	찬	를	주	아	주	내	영	혼	아
를	혼	찬	를	주	아	아	주	를	찬	찬	를	주	아	주
주	아	찬	양	하	라	혼	주	를	양	찬	양	하	라	를
아	혼	영	내	양	하	영	양	하	하	를	라	하	양	찬
찬	를	주	아	라	하	내	영	혼	라	를	찬	내	내	양
주	찬	양	하	라	내	양	하	라	찬	양	하	라	영	하
아	주	를	찬	내	영	라	하	하	하	라	내	주	혼	라
혼	주	를	양	영	혼	하	내	양	양	하	영	하	아	하
영	양	하	하	혼	아	주	를	찬	라	하	혼	양	찬	양
내	영	혼	라	아	내	찬	양	하	라	주	아	주	를	찬

문제9

하	창	조	주	창	하	주	의	주	조	주	의	조	리	의
나	하	나	님	하	나	님	우	리	나	리	의	창	조	주
님	님	하	나	님	우	리	리	의	우	우	조	주	의	조
우	창	조	주	우	창	조	주	창	창	님	창	조	창	창
리	의	창	조	주	님	우	리	조	님	나	님	우	조	님
하	나	님	우	리	의	창	조	주	하	하	의	창	주	의
주	리	의	창	조	주	하	나	님	나	주	창	조	주	하
조	우	조	주	우	창	조	주	창	님	주	의	주	조	나
우	님	님	우	하	나	님	우	리	우	리	의	창	조	주
창	나	나	리	우	하	나	리	하	나	하	주	창	조	주
주	하	주	의	주	조	주	의	조	주	나	조	의	창	조
우	주	조	창	조	창	조	창	창	조	님	창	나	님	우
창	조	주	님	창	님	우	조	님	우	창	의	리	의	창
하	나	리	하	의	의	창	주	의	창	조	리	우	조	주
하	나	님	우	리	주	리	의	창	조	주	우	님	나	하

문제10

엘	누	마	임	누	예	엘	이	신	임	엘	마	누	엘	임
이	엘	마	누	임	이	누	이	예	마	님	수	예	신	마
신	예	수	님	마	엘	마	엘	수	누	님	엘	누	이	누
엘	누	마	임	누	누	임	누	님	엘	임	마	누	엘	엘
누	마	누	예	엘	엘	이	신	엘	누	마	임	엘	마	누
임	누	님	수	누	누	마	예	마	엘	수	님	님	엘	누
마	엘	수	님	엘	마	누	수	누	누	예	엘	엘	이	신
누	누	예	엘	누	임	엘	님	엘	누	마	임	누	엘	예
엘	이	신	수	님	마	임	임	신	예	수	님	마	신	수
누	마	임	누	엘	누	마	누	이	엘	마	누	임	이	님
이	신	예	수	님	엘	누	엘	엘	누	마	임	마	엘	마
엘	이	마	님	엘	누	엘	임	누	마	임	누	신	이	엘
누	엘	누	마	임	수	누	마	엘	누	마	엘	예	마	누
신	예	수	님	마	님	엘	누	누	엘	누	누	수	누	마
엘	누	마	임	누	엘	누	엘	이	누	엘	이	님	엘	임

문제11

놀	랍	다	주	님	놀	놀	의	놀	님	님	주	다	랍	놀
의	다	님	놀	의	랍	랍	큰	랍	님	의	주	님	의	다
큰	놀	님	랍	큰	다	다	은	다	주	큰	놀	의	큰	혜
은	랍	주	다	은	주	주	혜	주	다	은	랍	큰	은	은
혜	다	다	주	혜	님	님	다	님	랍	혜	다	은	혜	큰
놀	주	랍	님	주	다	님	의	큰	은	혜	은	랍	큰	의
랍	님	의	큰	은	혜	주	의	랍	님	놀	랍	다	주	님
의	님	의	큰	은	혜	다	님	혜	은	큰	의	님	의	놀
큰	주	님	의	다	주	랍	놀	님	놀	주	의	주	큰	랍
은	다	님	큰	놀	님	놀	랍	님	랍	님	큰	다	은	다
혜	랍	주	은	랍	주	님	다	주	다	혜	은	랍	혜	주
의	놀	다	혜	다	놀	의	주	다	주	은	혜	놀	주	님
님	주	랍	주	주	랍	큰	님	랍	님	큰	놀	랍	다	의
혜	은	큰	의	님	다	은	놀	랍	다	의	큰	의	님	님
님	랍	님	큰	놀	랍	다	큰	의	님	님	주	다	랍	놀

문제12

으	을	받	으	라	만	을	받	으	라	성	령	으	로	성
로	함	령	라	을	충	로	충	만	함	령	라	을	충	만
으	만	성	로	성	령	으	로	로	으	령	성	충	만	충
령	충	을	령	라	을	받	충	충	성	령	라	을	함	성
성	로	으	령	성	함	령	만	만	을	라	으	받	을	을
을	성	령	라	을	받	충	함	함	을	받	으	받	령	라
로	으	령	성	라	으	받	을	을	받	으	라	으	성	을
충	받	령	라	을	받	으	라	성	만	로	충	만	함	을
만	으	성	을	로	충	만	함	을	충	으	받	령	라	받
함	령	라	을	받	함	령	령	라	을	령	으	성	을	으
을	받	으	라	성	로	충	만	함	을	성	을	받	으	라
로	충	만	함	을	으	을	받	으	받	을	함	만	충	로
으	령	라	을	받	령	라	으	받	으	받	라	으	받	으
령	받	령	라	으	성	을	받	으	라	으	을	받	으	령
성	으	성	을	라	령	로	충	만	충	라	로	충	만	성

직선 형태

문제1 아래 퍼즐판에 가로, 세로, 대각선, 직선으로 어느 방향이든 “믿음대로 되라”가 몇 번 나올까요? 찾아보세요.

되	로	되	라	로	로	음	되	로	라	라
음	음	믿	되	음	로	믿	되	라	로	라
라	로	음	로	되	믿	음	라	로	되	라
라	되	되	대	믿	음	대	믿	믿	라	되
라	라	라	음	믿	대	로	음	로	되	라
되	되	되	믿	라	로	되	대	로	음	라
로	로	로	되	라	되	라	로	음	대	믿
대	대	대	대	음	라	되	되	음	음	믿
음	음	음	로	음	대	대	라	되	음	믿
믿	믿	믿	되	라	믿	로	되	라	믿	로
믿	음	대	로	되	라	믿	믿	되	라	로

문제2 아래 퍼즐판에 가로, 세로, 대각선, 직선으로 어느 방향이든 “깨어 기도하라”가 몇 번 나올까요? 찾아보세요.

깨	도	하	라	도	도	어	하	도	라	라
어	어	깨	하	어	도	깨	하	라	도	라
하	도	기	어	하	깨	어	기	도	하	라
라	하	하	도	기	어	기	깨	깨	라	하
기	라	라	어	하	도	도	어	도	라	기
하	하	하	깨	라	라	하	기	도	하	도
도	도	도	하	라	하	라	라	어	도	깨
기	기	기	기	어	어	하	하	어	기	라
어	어	어	도	어	기	기	라	하	어	깨
깨	깨	깨	하	라	깨	로	하	라	깨	도
깨	어	라	도	하	라	깨	깨	하	라	도

문제3 아래 퍼즐판에 가로, 세로, 대각선, 직선으로 어느 방향이든 "사랑의 은사"가 몇 번 나올까요? 찾아보세요.

		의	사	의						의	사	의		
	사	랑	랑	랑	은				은	사	은	랑	랑	
사	사	사	은	사	은	은		사	사	의	사	사	의	은
랑	랑	의	은	의	사	은	랑	사	랑	랑	은	사	은	사
은	의	의	은	사	은	사	의	은	은	랑	사	랑	사	의
사	사	은	은	사	랑	랑	사	랑	랑	의	은	사	의	의
의	은	사	사	의	사	의	사	의	사	의	랑	은	사	랑
사	의	사	은	랑	사	사	랑	사	사	은	랑	사	사	의
은	사	사	사	랑	랑	은	랑	사	랑	사	은	랑	랑	랑
	사	랑	의	의	랑	의	사	랑	사	은	랑	랑	랑	
		은	랑	사	은	의	사	의	랑	은	은	사		
		은	사	사	의	은	의	사	사	사	사	사		
				은	랑	의	의	의	사	은				
					사	사	랑	은	사					
						의	의	사						

문제4 아래 퍼즐판에 가로, 세로, 대각선, 직선으로 어느 방향이든 "할렐루야"가 몇 번 나올까요? 찾아보세요.

						루	야	할						
					할	야	할	야	루					
					야	할	야	렐	루					
				렐	렐	렐	렐	루	할	야				
				렐	할	루	렐	루	렐	할				
			렐	렐	야	할	렐	루	할	할	루			
			루	렐	루	루	렐	루	할	할	렐			
			렐	할	렐	야	야	루	야	할	야			
		야	렐	렐	루	렐	루	렐	야	야	루	렐		
		할	할	렐	렐	야	루	할	야	야	야	야		
		렐	할	렐	야	할	렐	할	렐	할	야	렐		
	루	할	야	렐	루	루	할	할	야	야	렐	야	야	
	할	야	할	야	루	루	렐	할	야	야	할	루	렐	
렐	할	야	루	할	야	할	할	할	할	할	할	할	야	야
루	야	할	루	루	루	야	루	렐	할	루	야	루	렐	루

정답

문제1 9회

되	로	되	라	로	로	음	되	로	라	라
음	음	믿	되	음	로	믿	되	라	로	라
라	로	음	로	되	믿	음	라	로	되	라
라	되	되	대	믿	음	대	믿	믿	라	되
라	라	라	음	믿	대	로	음	로	되	라
되	되	되	믿	라	로	되	대	로	음	라
로	로	로	되	라	되	라	로	음	대	믿
대	대	대	대	음	라	되	되	음	음	믿
음	음	음	로	음	대	대	라	되	음	믿
믿	믿	믿	되	라	믿	로	되	라	믿	로
믿	음	대	로	되	라	믿	믿	되	라	로

문제2 8회

깨	도	하	라	도	도	어	하	도	라	라
어	어	깨	하	어	도	깨	하	라	도	라
하	도	기	어	하	깨	어	기	도	하	라
라	하	하	도	기	어	기	깨	깨	라	하
기	라	라	어	하	도	도	어	도	라	기
하	하	하	깨	라	라	하	기	도	하	도
도	도	도	하	라	하	라	라	어	도	깨
기	기	기	기	어	어	하	하	어	기	라
어	어	어	도	어	기	기	라	하	어	깨
깨	깨	깨	하	라	깨	로	하	라	깨	도
깨	어	라	도	하	라	깨	깨	하	라	도

문제3 3회

		의	사	의						의	사	의		
	사	랑	랑	랑	은				은	사	은	랑	랑	
사	사	사	은	사	은	은		사	사	의	사	사	의	은
랑	랑	의	은	의	사	은	랑	사	랑	랑	은	사	은	사
은	의	의	은	사	은	사	의	은	은	랑	사	랑	사	의
사	사	은	은	사	랑	랑	사	랑	랑	의	은	사	의	의
의	은	사	사	의	사	의	사	의	사	의	랑	은	사	랑
사	의	사	은	랑	사	사	랑	사	사	은	랑	사	사	의
은	사	사	사	랑	랑	은	랑	사	랑	사	은	랑	랑	랑
	사	랑	의	의	랑	의	사	랑	사	은	랑	랑	랑	
		은	랑	사	은	의	사	의	랑	은	은	사		
		은	사	사	의	은	의	사	사	사	사	사		
				은	랑	의	의	의	사	은				
					사	사	랑	은	사					
						의	의	사						

문제4 6회

						루	야	할						
					할	야	할	야	루					
					야	할	야	렐	루					
				렐	렐	렐	렐	루	할	야				
				렐	할	루	렐	루	렐	할				
			렐	렐	야	할	렐	루	할	할	루			
			루	렐	루	루	렐	루	할	할	렐			
			렐	할	렐	야	야	루	야	할	야			
		야	렐	렐	루	렐	루	렐	야	야	루	렐		
		할	할	렐	렐	야	루	할	야	야	야	야		
		렐	할	렐	야	할	렐	할	렐	할	야	렐		
	루	할	야	렐	루	루	할	할	야	야	렐	야	야	
	할	야	할	야	루	루	렐	할	야	야	할	루	렐	
렐	할	야	루	할	야	할	할	할	할	할	할	할	야	야
루	야	할	루	루	루	야	루	렐	할	루	야	루	렐	루

한글 영어 MIX

한글과 영어가 섞인 단어 찾기(Word Search) 퍼즐입니다. 시편 말씀에 나오는 주요 단어에 대하여 같은 내용의 한글과 영문이 함께 연결된 모습을 찾는 문제입니다. 한글과 영문은 자유로운 방향으로 직각 또는 갈매기 형태로 연결되어 있고, 한글은 자음과 모음이 분해되어 있습니다. 단어끼리 철자가 중복되는 것은 허용됩니다.

시편 1편

형통 PROSPERS
오만한 자 MOCKERS
묵상(하다) MEDITATES
복 BLESS
여호와 LORD
과실 FRUIT
심판 JUDGMENTS

ㅏ	ㄱ	ㄹ	ㅏ	ㅁ	S	B	C	D	A	ㄱ	ㅗ	ㅈ	ㅏ	ㄱ
ㄱ	ㅂ	P	V	S	ㅎ	ㄴ	ㅏ	ㅍ	ㅁ	ㅣ	ㅅ	T	ㅍ	ㅎ
ㅣ	ㅗ	F	E	ㄱ	C	Q	O	E	E	P	S	N	B	C
ㄷ	ㄱ	L	G	ㅏ	A	ㅇ	P	R	O	S	P	E	R	S
Q	B	K	O	ㅇ	W	ㅗ	ㅁ	ㅗ	ㄹ	ㅏ	ㅁ	M	ㅋ	ㅅ
W	Z	Q	G	ㅎ	Z	ㅌ	H	Q	ㅈ	M	ㅏ	E	ㅐ	ㅏ
M	ㅁ	ㅜ	ㄱ	ㅅ	ㅏ	ㅇ	ㄹ	ㄴ	ㅜ	O	ㅡ	G	ㅎ	P
E	ㅇ	ㅂ	K	L	F	ㅕ	ㅏ	A	ㅅ	C	ㅈ	D	ㅏ	S
D	ㅗ	ㅏ	N	G	Y	ㅎ	B	S	ㅇ	K	ㄷ	U	ㄱ	T
I	ㄹ	ㅇ	V	P	ㄴ	S	D	T	ㅏ	E	ㅜ	J	ㅁ	I
T	ㅏ	ㅅ	P	ㅏ	M	ㅅ	R	W	ㅡ	R	ㅁ	R	ㅜ	U
A	ㄱ	A	ㅁ	A	C	ㅗ	O	S	ㅈ	S	ㅗ	O	ㄷ	R
T	ㅐ	ㅗ	ㅜ	R	Q	O	L	U	ㅗ	E	ㅇ	O	ㅐ	F
E	ㅇ	ㅕ	ㅎ	ㅗ	ㅇ	ㅗ	ㅏ	E	ㄱ	ㅗ	ㅏ	ㅅ	ㅣ	ㄹ
S	ㄹ	ㅣ	ㄱ	ㅏ	ㄹ	ㅏ	ㅁ	A	C	Q	I	P	D	Q

정답

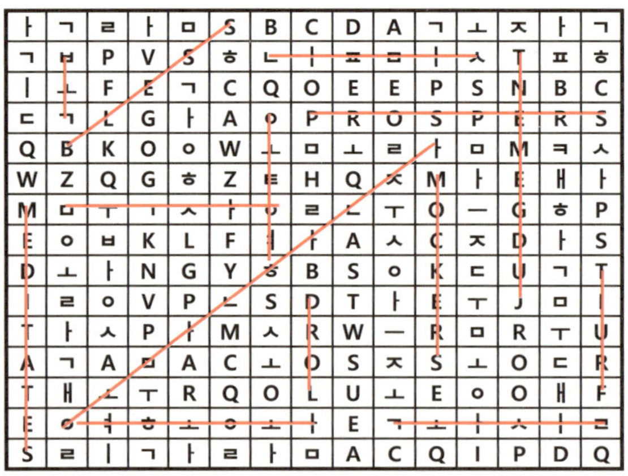

초성 - 숫자

한글 초성과 숫자가 혼합된 단어 찾기(Word Search) 퍼즐입니다. 창세기에 나오는 믿음의 사람들의 이름과 수명(나이)이 나와 있습니다. 초성으로 된 이름과 숫자가 연결된 것을 찾는 문제인데, 한글 초성과 숫자는 자유로운 방향으로 직각 또는 갈매기 형태로 연결되어 있으며, 단어끼리 중복되는 것은 허용됩니다. 찾아보세요.

아담 - 930, 므두셀라 - 969, 노아 - 950, 아브라함 - 175, 이삭 - 180, 야곱 - 147

ㅅ	1	4	7	ㅌ	0	ㅇ	ㅅ	1	4	7	5	8	1	ㅅ
ㅇ	ㄹ	9	6	9	8	3	ㅋ	ㅎ	1	7	5	ㄴ	ㅇ	ㅇ
4	ㅅ	ㅇ	ㅇ	ㄱ	1	ㅈ	9	7	ㄹ	4	ㅊ	5	9	8
8	ㄷ	ㄷ	5	7	ㅎ	ㄴ	3	ㅇ	ㄱ	ㅂ	ㄹ	ㅅ	ㄷ	ㅁ
ㅂ	ㅁ	8	0	ㄹ	5	4	ㄴ	0	ㅋ	ㅊ	ㅇ	3	ㄴ	ㅇ
ㅍ	5	9	ㅂ	ㅈ	ㄱ	7	5	9	ㄷ	ㅂ	4	5	9	0
ㅇ	7	ㅇ	5	ㅇ	ㅎ	1	6	1	ㄹ	8	3	6	ㅈ	3
ㅋ	ㅂ	ㄱ	ㅎ	ㅋ	ㅌ	ㅅ	4	ㅎ	ㄷ	4	9	ㅍ	ㅋ	9
3	ㅊ	ㄹ	ㅊ	ㅍ	ㄴ	ㅇ	5	7	ㅇ	5	ㅇ	ㅂ	ㄹ	ㅎ
1	4	7	ㅎ	0	8	1	ㅎ	3	ㅅ	ㄷ	0	7	5	0
ㅅ	8	9	4	ㅂ	0	ㄹ	4	ㅌ	9	3	7	9	8	ㅍ
ㅇ	6	ㅅ	ㅇ	5	ㅂ	ㅅ	0	ㄷ	9	4	5	1	ㅊ	ㄴ
9	4	ㅇ	9	ㅇ	4	5	ㅇ	ㄷ	1	9	ㅅ	ㅌ	ㄷ	0
4	ㄴ	ㅇ	8	ㅇ	9	ㅂ	9	4	ㅎ	ㄹ	ㅂ	ㅇ	ㅎ	3
5	8	9	ㄴ	ㄹ	ㅅ	ㄷ	ㅁ	7	ㅍ	5	3	ㄴ	ㅇ	9

정답

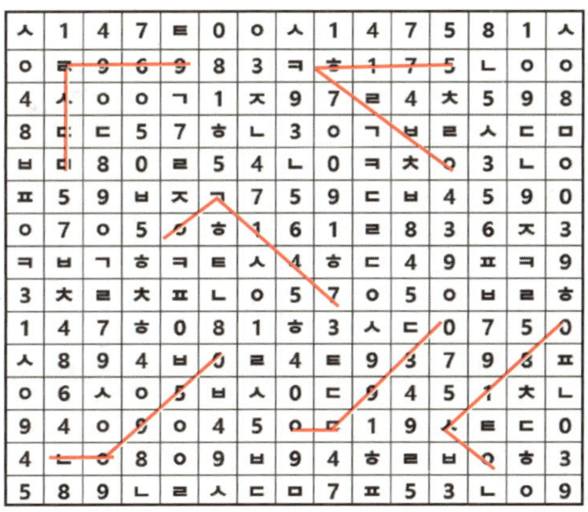

찬송가 가사

찬송가 가사는 많은 감동과 은혜를 줍니다. 단락의 가사를 퍼즐판에서 찾아 보세요.

문제1

64장 기뻐하며 경배하세 (1절)

기뻐하며 경배하세
영광의 주 하나님
주 앞에서 우리 마음
피어나는 꽃 같아
죄와 슬픔 사라지고
의심 구름 걷히니
변함없는 기쁨의 주
밝은 빛을 주시네

기	주	맘	한	음	아	같	꽃	는	나	어	피
뻐	앞	하	밝	네	마	주	의	광	영	세	의
하	에	고	시	은	안	리	랑	사	하	밝	심
며	서	지	영	게	빛	에	우	배	바	은	구
주	꽃	라	변	광	되	을	경	서	걷	빛	름
의	같	사	함	샘	의	며	주	이	에	히	니
뿜	아	픔	없	기	하	주	되	시	다	앞	와
기	노	슬	는	뻐	뻠	어	하	별	네	을	주
는	래	와	기	우	리	마	음	나	네	시	세
없	영	죄	사	라	지	고	럼	처	님	주	하
함	주	의	하	나	님	광	픔	슬	와	죄	배
변	나	어	피	~~니~~	~~히~~	~~걷~~	~~름~~	~~구~~	~~심~~	~~의~~	경

찬송가 가사

찬송가 가사는 많은 감동과 은혜를 줍니다. 단락의 가사를 퍼즐판에서 찾아 보세요.

문제2

64장 기뻐하며 경배하세 (2절)

땅과 하늘 만물들이
주의 솜씨 빛내고
별과 천사 노랫소리
끊임없이 드높아
물과 숲과 산과 골짝
들판이나 바다나
모든 만물 주의 사랑
기뻐 찬양하여라

주	별	과	천	사	노	랫	소	리	고	내	빛
의	기	주	영	랑	사	의	주	물	만	든	모
나	솜	뻐	광	아	바	다	기	나	이	판	들
씨	다	사	찬	랑	높	나	쁨	짝	즐	물	만
물	골	바	이	양	나	드	골	라	리	하	땅
들	고	짝	나	솜	하	과	이	다	바	과	물
이	끊	내	씨	이	산	여	샘	없	하	골	과
만	임	모	빛	과	판	찬	라	늘	임	짝	숲
늘	없	은	숲	씨	양	들	만	주	의	끊	과
하	이	과	광	소	솜	물	여	하	진	행	산
과	물	뻐	기	리	들	의	랑	사	의	주	과
땅	아	높	드	이	랫	노	주	사	천	과	별

찬송가 가사

찬송가 가사는 많은 감동과 은혜를 줍니다. 단락의 가사를 퍼즐판에서 찾아 보세요.

문제3

64장 기뻐하며 경배하세 (3절)

우리 주는 사랑이요
복의 근원이시니
삶이 기쁜 샘이 되어
바다처럼 넘치네
아버지의 사랑 안에
우리 모두 형제니
서로서로 사랑하게
도와주시옵소서

게	하	랑	사	로	서	로	서	니	하	랑	우
도	우	리	모	바	옵	시	시	주	게	사	리
서	와	소	두	형	다	이	영	와	도	로	주
요	사	주	니	제	원	처	광	구	어	서	는
랑	이	샘	시	근	노	래	럼	되	름	에	사
니	아	랑	의	옵	진	행	이	넘	안	로	랑
제	버	복	사	이	소	샘	되	랑	치	서	요
형	지	주	랑	는	쁜	서	사	되	이	네	이
두	의	의	천	기	주	의	넘	어	샘	이	원
모	사	사	이	사	지	리	럼	처	쁜	시	근
리	랑	삶	별	버	네	치	우	다	기	니	의
우	안	에	아	지	버	아	어	바	이	삶	복

찬송가 가사

찬송가 가사는 많은 감동과 은혜를 줍니다. 단락의 가사를 퍼즐판에서 찾아 보세요.

문제4

64장 기뻐하며 경배하세 (4절)

새벽 별의 노래 따라
힘찬 찬송 부르니
주의 사랑 줄이 되어
한맘 되게 하시네
노래하며 행진하여
싸움에서 이기고
승전가를 높이 불러
주께 영광 돌리세

게	되	맘	한	따	라	래	노	의	별	벽	새
하	노	래	하	며	행	진	하	여	아	네	노
힘	찬	찬	송	부	르	주	니	버	승	시	래
되	이	줄	랑	사	의	르	지	전	싸	하	하
주	영	께	주	라	부	행	가	의	움	게	며
세	의	광	돌	송	따	를	진	고	에	되	여
리	세	사	찬	여	높	래	기	이	서	맘	하
돌	리	찬	랑	이	바	이	노	기	고	한	진
광	힘	며	불	줄	서	다	처	의	찬	송	행
영	노	러	행	에	이	천	럼	사	별	니	부
께	래	하	움	진	하	되	불	이	높	벽	르
주	러	싸	를	가	전	승	어	천	가	별	새

찬송가 가사

찬송가 가사는 많은 감동과 은혜를 줍니다. 단락의 가사를 퍼즐판에서 찾아 보세요.

문제5

88장 내 진정 사모하는 (1절)

내 진정 사모하는
친구가 되시는
구주 예수님은 아름다워라
산 밑에 백합화요
빛나는 새벽 별
주님 형언할 길 아주 없도다
내 맘이 아플 적에 큰 위로 되시며
나 외로울 때 좋은 친구라
주는 저 산밑에 백합
빛나는 새별 별
이 땅 위에
비길 것이 없도다

나	진	정	다	도	없	이	것	길	비	모	다
아	외	사	에	적	플	아	이	맘	내	도	큰
주	름	로	모	하	요	화	합	백	없	되	의
는	요	다	울	는	로	외	나	주	빛	시	로
저	며	화	워	때	우	때	아	좋	나	며	는
산	시	라	합	은	좋	길	라	은	는	에	시
밑	되	구	님	백	할	은	구	친	새	위	되
의	로	주	수	언	에	되	친	시	벽	땅	가
백	위	예	형	위	로	밑	며	구	별	이	구
합	큰	님	수	예	주	구	산	주	라	구	친
님	주	는	하	모	사	정	진	내	님	주	은
라	워	다	름	아	은	님	수	예	주	구	님

찬송가 가사

찬송가 가사는 많은 감동과 은혜를 줍니다. 단락의 가사를 퍼즐판에서 찾아 보세요.

문제6

96장 예수님은 누구신가 (1, 2절)

예수님은 누구신가
우는 자의 위로와
없는 자의 풍성이며
천한 자의 높음과
잡힌 자의 놓임 되고
우리 기쁨 되시네
예수님은 누구신가
약한 자의 강함과
눈먼 자의 빛이시며
병든 자의 고침과
죽은 자의
부활 되고
우리 생명 되시네

과	침	고	의	자	든	병	와	없	우	네	로
예	잡	자	없	한	천	로	기	는	는	시	와
수	힌	며	자	는	위	의	쁨	자	자	되	고
님	자	의	시	의	자	생	자	의	의	명	고
우	의	가	자	이	명	의	활	은	위	생	되
은	리	는	신	부	빛	과	풍	침	죽	리	임
누	우	기	의	구	함	의	강	성	누	우	놓
부	구	눈	쁨	강	누	함	자	가	이	구	의
활	신	먼	의	되	예	은	기	먼	신	며	자
되	가	자	로	위	시	쁨	님	고	눈	되	힌
고	한	풍	성	이	며	네	수	수	시	침	잡
약	과	음	높	의	자	한	천	네	예	성	풍

찬송가 가사

찬송가 가사는 많은 감동과 은혜를 줍니다. 단락의 가사를 퍼즐판에서 찾아 보세요.

문제7

96장 예수님은 누구신가 (3, 4절)

예수님은 누구신가
추한 자의 정함과
죽을 자의 생명이며
죄인들의 중보와
멸망자의 구원 되고
우리 평화 되시네
예수님은 누구신가
온 교회의 머리와
온 세상의 구주시며
모든 왕의 왕이요
심판하실 주님 되고
우리 영광 되시네

의	왕	든	모	추	네	시	되	화	평	리	우
요	심	들	인	죄	한	온	교	회	의	머	리
온	이	판	보	요	중	자	네	하	판	심	와
의	교	왕	하	와	이	시	의	며	구	고	실
며	우	회	주	실	되	왕	시	정	되	원	예
이	리	님	의	광	주	주	의	원	함	수	죄
명	평	되	영	머	구	님	구	왕	님	과	인
생	화	리	고	의	리	의	되	은	든	되	들
의	우	주	상	시	자	와	누	고	고	모	의
자	구	세	며	망	세	구	우	리	와	보	중
을	온	의	멸	상	신	원	구	의	자	망	멸
죽	네	시	되	가	와	보	중	의	들	인	죄

찬송가 가사

찬송가 가사는 많은 감동과 은혜를 줍니다. 단락의 가사를 퍼즐판에서 찾아 보세요.

문제8

149장 주 달려 죽은 십자가 (1, 2절)

주 달려 죽은 십자가
우리가 생각할 때에
세상에 속한 욕심을
헛된 줄 알고 버리네
죽으신 구주밖에는
자랑을 말게 하소서
보혈의 공로 힘입어
교만한 맘을 버리네

죽	는	자	네	때	에	할	각	생	가	리	우
우	으	에	랑	리	헛	된	줄	알	고	네	세
보	리	신	밖	을	버	자	랑	을	말	리	상
는	혈	가	구	주	말	을	소	하	게	버	에
어	에	의	생	가	한	게	맘	서	만	교	속
입	세	밖	공	각	자	힘	하	한	을	맘	한
힘	상	로	주	공	할	십	입	소	만	죽	욕
로	에	힘	로	구	으	때	은	어	서	교	심
공	속	입	어	주	신	신	에	죽	버	리	을
의	한	을	심	욕	구	으	가	자	려	네	욕
혈	주	달	려	죽	은	십	죽	자	가	달	심
보	밖	네	리	버	고	알	줄	된	헛	십	주

찬송가 가사

찬송가 가사는 많은 감동과 은혜를 줍니다. 단락의 가사를 퍼즐판에서 찾아 보세요.

문제9

149장 주 달려 죽은 십자가 (3, 4절)

못 박힌 손발 보오니
큰 자비 나타내셨네
가시로 만든 면류관
우리를 위해 쓰셨네
온 세상 만물 가져도
주 은혜 못다 갚겠네
놀라운 사랑 받은 나
몸으로 제물 삼겠네

못	물	가	만	상	세	온	네	나	비	자	큰
박	가	져	시	도	겠	셨	못	타	내	셨	네
힌	놀	라	네	로	쓰	받	니	다	혜	은	주
손	네	운	사	해	만	오	은	나	갚	온	네
네	랑	겠	위	나	보	든	은	보	세	몸	겠
발	셨	를	삼	발	류	받	면	상	오	으	갚
보	리	내	손	물	랑	면	만	류	니	로	다
우	셨	힌	타	사	제	물	든	가	관	제	못
네	박	면	운	나	가	로	도	만	져	물	혜
못	류	라	관	져	비	큰	으	은	로	삼	은
오	놀	관	도	시	가	자	자	몸	혜	시	주
니	쓰	해	위	를	리	우	큰	비	네	겠	가

찬송가 가사

찬송가 가사는 많은 감동과 은혜를 줍니다. 단락의 가사를 퍼즐판에서 찾아 보세요.

문제10

182장 강물같이 흐르는 기쁨 (1절)

강물같이 흐르는 기쁨
성령 강림함이라
정결한 맘 영원하도록
주의 거처 되겠네
주님 주시는 참된 평화가
내 맘속에 넘치네
주의 말씀에 거센 풍랑도
잠잠하게 되도다

강	네	겠	되	처	거	의	주	록	내	주	평
주	물	흐	르	는	기	쁨	도	성	맘	의	화
의	님	같	네	넘	치	하	령	네	속	말	가
쁨	거	주	이	네	원	강	잠	치	에	씀	된
되	기	처	시	영	림	잠	거	넘	되	에	참
성	겠	는	맘	는	하	도	센	에	도	거	는
하	령	한	르	게	참	영	풍	속	다	센	시
도	결	강	되	흐	거	된	랑	맘	잠	풍	주
정	록	도	림	잠	이	센	평	내	도	랑	님
주	다	맘	한	함	잠	같	잠	화	랑	도	주
이	라	원	영	결	이	하	물	풍	가	에	씀
성	령	강	림	함	정	라	게	강	주	의	말

찬송가 가사

찬송가 가사는 많은 감동과 은혜를 줍니다. 단락의 가사를 퍼즐판에서 찾아 보세요.

문제11

183장 빈 들에 마른 풀같이 (1절)

빈 들에 마른 풀같이
시들은 나의 영혼
주님이 약속한 성령
간절히 기다리네
가물어 메마른 땅에
단비를 내리시듯
성령의 단비를 부어
새 생명 주옵소서

빈	들	에	마	른	풀	간	속	약	이	님	주
성	간	절	히	령	절	기	다	리	가	한	듯
같	령	생	명	히	성	주	님	물	네	성	시
이	새	의	기	나	의	한	어	새	이	령	리
영	이	다	단	혼	영	메	속	생	명	혼	내
혼	리	같	리	비	마	주	옵	약	영	약	를
네	땅	단	풀	른	를	서	소	의	이	속	비
시	에	비	땅	른	한	부	나	를	성	님	단
들	를	에	가	물	마	은	어	부	령	듯	주
은	메	마	른	어	들	에	소	어	의	시	를
나	가	물	어	시	주	옵	들	서	단	리	비
의	서	소	옵	주	명	생	새	빈	비	내	단

찬송가 가사

찬송가 가사는 많은 감동과 은혜를 줍니다. 단락의 가사를 퍼즐판에서 찾아 보세요.

문제12

187장 비둘기같이 온유한 (1, 2절)

비둘기같이 온유한
은혜의 성령 오셔서
거친 맘 어루만지사
위로와 평화 주소서
진리의 빛을 비추사
주의 길 바로 걸으며
주님을 옆에 모시고
경건히 살게 하소서

주	성	서	성	의	혜	은	사	같	기	들	비
비	의	령	소	로	위	추	셔	오	령	거	온
들	주	길	모	주	비	의	리	진	한	친	하
기	소	시	바	을	화	빛	을	유	주	맘	서
서	서	고	빛	로	살	평	온	에	님	어	소
경	셔	의	시	게	걸	이	와	모	을	루	하
건	리	오	고	모	같	으	고	로	옆	만	게
진	위	로	령	기	에	서	며	시	위	지	살
비	추	사	둘	성	서	옆	며	으	걸	사	히
히	와	비	게	살	의	하	을	로	바	길	건
거	친	맘	어	루	만	혜	소	님	의	주	경
온	유	한	지	사	화	평	은	와	주	로	위

정답

문제1

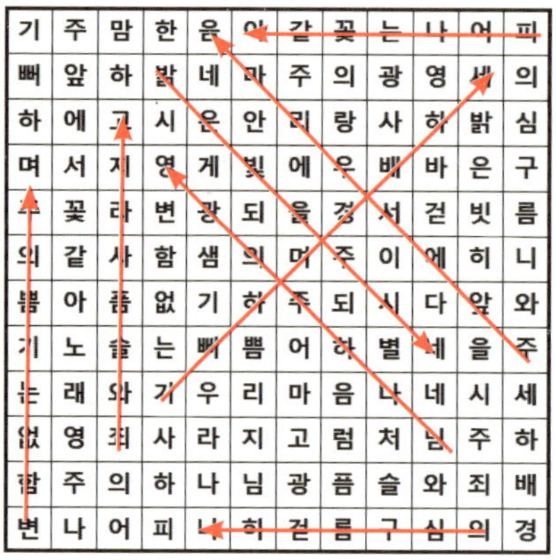

문제2

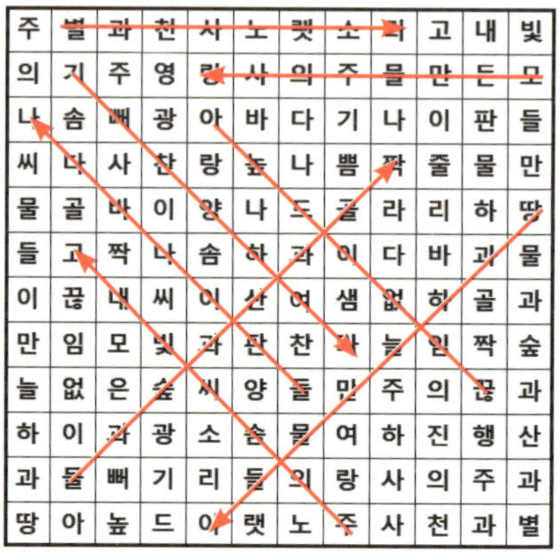

문제3

문제4

문제5

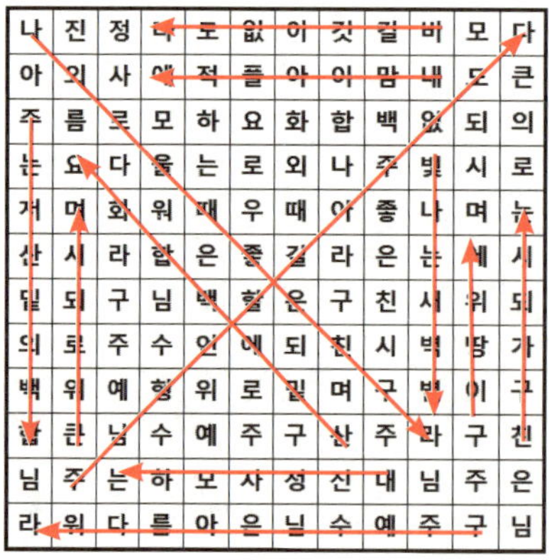

문제6

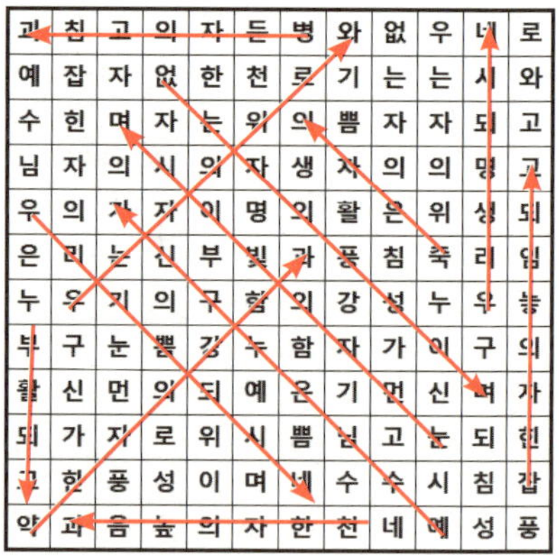

문제7

의	왕	든	모	추	네	시	되	화	평	리	우
요	심	들	인	죄	한	온	교	회	의	머	리
은	이	판	보	요	중	자	네	하	판	심	와
의	교	왕	하	와	이	시	의	며	구	고	실
며	우	회	주	실	되	왕	시	정	되	원	예
이	리	님	의	광	주	주	의	원	함	수	죄
명	평	되	영	머	구	님	구	왕	님	과	인
생	화	리	고	의	리	의	되	은	든	되	들
의	우	주	상	시	자	와	누	고	고	모	의
자	구	세	며	망	세	구	우	리	와	보	중
을	온	의	멸	상	신	원	구	의	자	망	멸
죽	네	시	되	가	와	보	중	의	들	인	죄

문제8

죽	는	자	네	때	에	할	각	생	가	리	우
우	으	에	랑	리	헛	된	줄	알	고	네	세
보	리	신	밖	을	버	자	랑	을	말	리	상
는	혈	가	구	주	말	을	소	하	게	버	에
어	에	의	생	가	한	게	맘	서	만	교	속
입	세	밖	공	각	자	힘	하	한	을	맘	한
힘	상	로	주	공	할	십	입	소	만	죽	욕
로	에	힘	로	구	으	때	은	어	서	교	심
공	속	입	어	주	신	신	에	죽	버	리	을
의	한	을	심	욕	구	으	가	자	려	네	욕
혈	주	달	려	죽	은	십	죽	자	가	달	심
보	밖	세	리	버	고	알	줄	된	헛	십	주

문제9

못	물	가	만	상	세	온	네	나	비	자	큰
박	가	져	시	도	겠	셨	못	타	내	셨	네
힌	놀	라	네	로	쓰	받	니	다	혜	은	주
손	네	운	사	해	만	오	은	나	갚	온	네
네	랑	겠	위	나	보	든	은	보	세	몸	겠
발	셨	를	삼	발	류	받	면	상	오	으	갚
보	리	내	손	물	랑	면	만	류	니	로	다
우	셨	힌	타	사	제	물	든	가	관	제	못
네	박	면	운	나	가	로	도	만	저	물	혜
못	류	라	관	져	비	큰	으	은	로	삼	은
오	놀	관	도	시	가	자	자	몸	혜	시	주
니	쓰	해	위	를	리	우	큰	비	네	겠	가

문제10

강	네	겠	되	처	거	의	주	록	내	주	평
주	물	흐	르	는	기	쁨	도	성	맘	의	화
의	님	같	네	넘	치	하	령	네	속	말	가
쁨	거	주	이	네	원	강	잠	치	에	씀	된
되	기	처	시	영	림	잠	거	넘	되	에	참
성	겠	는	맘	는	하	도	센	에	도	거	는
하	령	한	르	게	참	영	풍	속	다	센	시
도	결	강	되	흐	거	된	랑	맘	잠	풍	주
정	록	도	림	잠	이	센	평	내	도	랑	님
주	다	맘	한	함	잠	같	잠	화	랑	도	주
이	라	원	영	결	이	하	물	풍	가	에	씀
성	령	강	림	함	정	라	게	강	주	의	말

문제11

빈	들	에	마	른	풀	간	속	약	이	님	주
성	간	절	히	령	절	기	다	리	가	한	듯
갈	령	생	명	히	성	주	님	물	네	성	시
이	새	의	기	나	의	한	어	새	이	령	리
영	이	다	단	혼	영	메	속	생	명	혼	내
혼	리	같	리	비	마	주	옵	약	영	약	를
네	땅	단	풀	른	를	서	소	의	이	속	비
시	에	비	땅	른	한	부	나	를	성	님	단
들	를	에	가	물	마	은	어	부	령	듯	주
은	메	마	른	어	들	에	소	어	의	시	를
나	가	물	어	시	주	옵	들	서	단	리	비
의	서	소	옵	주	명	생	새	빈	비	내	단

문제12

주	성	서	성	의	혜	은	사	같	기	들	비
비	의	령	소	로	위	추	셔	오	령	거	온
들	주	길	모	주	비	의	리	진	한	친	하
기	소	시	바	을	화	빛	을	유	주	맘	서
서	서	고	빛	로	살	평	온	에	님	어	소
경	셔	의	시	게	걸	이	와	모	을	루	하
건	리	오	고	모	같	으	고	로	옆	만	게
진	위	로	령	기	에	서	며	시	위	지	살
비	추	사	둘	성	서	앞	며	으	걸	사	히
히	와	비	게	살	의	하	을	로	바	길	건
거	친	맘	어	루	만	혜	소	님	의	주	경
온	유	한	지	사	화	평	은	와	주	로	위

직각 보행

아래 성경 구절들은 글자판 위에 수평 또는 수직으로 연결된 선을 따라 연속적으로 90도로 꺾여서 연결되어 쓰여 있고, 어느 방향으로든지 이동할 수 있습니다. 미로를 찾아가듯이 성경 구절을 연결해 보세요.

문제1 로마서 1장

- 복음은 하나님이 선지자들을 통하여 그의 아들에 관하여 성경에 미리 약속하신 것 (2절)
- 하나님 우리 아버지와 주 예수 그리스도로부터 은혜와 평강이 있기를 원하노라 (7절)
- 복음은 모든 믿는 자에게 구원을 주시는 하나님의 능력 (16절)
- 오직 의인은 믿음으로 말미암아 살리라 (17절)
- 주는 곧 영원히 찬송할 이시로다 아멘 (25절)

하	나	님	우	리	하	나	님	이	믿	은	인	의	이
님	나	하	인	의	은	능	력	선	음	모	든	직	것
우	성	경	음	복	음	복	음	지	으	로	말	오	신
리	경	모	은	하	나	님	의	자	구	암	미	주	하
아	버	든	믿	음	으	통	을	들	원	아	리	약	속
구	지	믿	성	경	로	하	능	력	을	살	미	음	복
원	와	는	자	에	은	여	그	의	아	리	에	멘	음
을	주	예	수	게	혜	믿	는	자	들	라	경	아	은
주	시	는	그	구	원	을	믿	음	에	주	성	다	로
로	도	스	리	은	혜	주	로	으	관	하	여	약	시
부	력	능	의	구	원	시	노	라	살	리	라	속	이
터	은	모	님	나	하	는	하	아	주	믿	찬	송	할
평	혜	든	곧	있	기	를	원	멘	는	음	히	아	멘
강	와	평	강	이	하	신	것	을	곧	영	원	평	강

직각 보행

아래 성경 구절들은 글자판 위에 수평 또는 수직으로 연결된 선을 따라 연속적으로 90도로 꺾여서 연결되어 쓰여 있고, 어느 방향으로든지 이동할 수 있습니다. 미로를 찾아가듯이 성경 구절을 연결해 보세요.

문제2 로마서 2장

- 하나님께서 각 사람에게 그 행한 대로 보응하시되 참고 선을 행하여 영광과 존귀와 썩지 아니함을 구하는 자에게는 영생으로 하시고 (6,7절)
- 선을 행하는 각 사람에게는 영광과 존귀와 평강이 있으리니 (10절)
- 하나님 앞에서는 율법을 듣는 자가 의인이 아니요 오직 율법을 행하는 자라야 의롭다 하심을 얻으리니 (13절)
- 할례는 마음에 할지니 영에 있고 율법조문에 있지 아니한 것이라 (29절)

영	광	과	존	귀	율	고	있	에	율	법	조	할	하
지	있	에	문	조	법	평	강	영	영	생	문	례	는
아	심	자	에	게	는	영	생	니	지	할	에	음	마
니	한	는	하	선	을	생	으	보	응	니	마	음	에
마	것	이	구	고	시	하	로	영	생	리	으	얻	을
음	할	라	을	의	롭	다	로	대	한	헹	다	하	심
에	지	니	함	선	고	참	보	행	선	그	롭	행	한
님	나	하	니	을	함	되	응	하	에	게	의	로	대
앞	영	에	아	행	하	시	하	는	람	의	야	라	자
에	서	있	지	썩	여	마	영	는	사	인	하	나	는
율	는	으	있	와	영	광	광	게	각	서	께	님	하
법	니	리	이	귀	존	과	과	에	구	선	을	행	행
을	듣	는	강	평	와	귀	존	람	사	각	는	하	을
할	례	자	가	의	인	이	아	니	요	오	직	율	법

직각 보행

아래 성경 구절들은 글자판 위에 수평 또는 수직으로 연결된 선을 따라 연속적으로 90도로 꺾여서 연결되어 쓰여 있고, 어느 방향으로든지 이동할 수 있습니다. 미로를 찾아가듯이 성경 구절을 연결해 보세요.

문제3 로마서 3장

- 사람은 다 거짓되되 오직 하나님은 참되시다 (4절)
- 율법의 행위로 그의 앞에 의롭다 하심을 얻을 육체가 없나니 율법으로는 죄를 깨달음이니라 (20절)
- 예수 그리스도를 믿음으로 말미암아 모든 믿는 자에게 미치는 하나님의 의니 차별이 없느니라 (22절)
- 모든 사람이 죄를 범하였으매 하나님의 영광에 이르지 못하더니 (23절)

으	법	율	니	나	모	든	사	람	이	도	스	리	그
로	차	별	이	없	가	체	육	율	이	람	사	든	모
는	은	람	사	깨	달	음	을	법	죄	율	법	의	행
죄	다	예	수	그	리	하	얻	으	를	깨	달	음	위
를	거	행	위	로	스	나	을	로	범	하	였	으	로
깨	짓	되	되	오	도	님	심	하	다	믿	거	매	참
달	하	나	님	직	를	믿	음	으	롭	음	짓	하	되
음	이	니	라	하	깨	달	음	로	의	에	되	나	시
범	말	미	암	나	님	은	참	말	미	앞	되	님	의
하	나	하	라	는	치	미	되	믿	암	의	육	체	영
였	님	의	니	하	차	게	시	는	아	그	로	위	광
으	이	없	느	나	별	에	다	자	모	영	광	행	에
매	별	영	광	님	이	자	는	믿	든	율	법	의	이
의	차	니	의	의	없	느	니	니	더	하	못	지	르

직각 보행

아래 성경 구절들은 글자판 위에 수평 또는 수직으로 연결된 선을 따라 연속적으로 90도로 꺾여서 연결되어 쓰여 있고, 어느 방향으로든지 이동할 수 있습니다. 미로를 찾아가듯이 성경 구절을 연결해 보세요.

문제4 로마서 3장

- 그리스도 예수 안에 있는 속량으로 말미암아 하나님의 은혜로 값없이 의롭다 하심을 얻은 자 되었느니라 (24절)
- 이 예수를 하나님이 그의 피로써 믿음으로 말미암는 화목 제물로 세우셨으니 (25절)
- 예수 믿는 자를 의롭다 하려 하심이라 (26절)
- 사람이 의롭다 하심을 얻는 것은 율법의 행위에 있지 않고 믿음으로 되는 줄 우리가 인정하노라 (28절)

사	람	이	의	롭	라	은	혜	로	값	없	이	속	량
를	수	예	이	다	니	피	로	제	목	화	는	화	으
믿	은	자	되	었	느	제	물	물	믿	음	암	목	로
음	얻	피	니	으	셨	우	세	로	인	정	미	말	세
으	을	로	믿	말	로	으	량	속	의	피	로	로	우
로	심	써	음	미	사	람	이	는	그	화	써	으	셨
라	하	로	으	암	예	수	를	있	이	목	믿	음	으
노	다	롭	율	아	하	수	예	에	님	나	하	를	니
하	명	의	법	의	나	믿	의	안	수	예	도	수	사
정	라	이	믿	행	님	는	있	에	위	행	스	예	람
인	이	없	음	의	의	자	지	행	위	의	리	이	이
가	심	값	로	혜	은	를	않	은	율	법	그	위	의
리	하	려	하	다	롭	의	고	것	믿	음	으	로	롭
우	줄	는	되	로	으	음	믿	는	얻	을	심	하	다

직각 보행

아래 성경 구절들은 글자판 위에 수평 또는 수직으로 연결된 선을 따라 연속적으로 90도로 꺾여서 연결되어 쓰여 있고, 어느 방향으로든지 이동할 수 있습니다. 미로를 찾아가듯이 성경 구절을 연결해 보세요.

문제5 로마서 4장

- 성경이 무엇을 말하느냐 아브라함이 하나님을 믿으매 그것이 그에게 의로 여겨진 바 되었느니라 (3절)
- 언약은 율법으로 말미암은 것이 아니요 오직 믿음의 의로 말미암은 것이니라 (13절)
- 아브라함이 바랄 수 없는 중에 바라고 믿었으니 이는 네 후손이 이 같으리라 하신 말씀대로 많은 민족의 조상이 되게 하려 하심이라 (18절)
- 예수는 우리가 범죄한 것 때문에 내줌이 되고 또한 우리를 의롭다 하시기 위하여 살아나셨느니라 (25절)

범	가	리	우	는	의	신	말	씀	대	로	많	은	민
죄	믿	었	으	수	예	하	범	죄	을	엇	무	이	족
한	고	의	니	이	는	라	리	으	말	려	하	경	의
것	라	바	에	언	네	믿	음	같	하	하	게	성	조
때	문	에	중	약	후	손	이	이	느	심	되	이	상
아	브	내	는	이	함	라	브	아	냐	이	으	법	율
함	라	줌	없	하	니	아	이	것	은	라	로	롭	은
고	되	이	수	나	요	믿	음	의	암	미	말	언	약
또	이	바	랄	님	오	조	의	의	로	말	미	암	은
한	함	조	상	을	직	믿	음	이	그	에	게	범	것
우	라	브	아	믿	으	매	그	것	내	줌	의	죄	이
리	후	위	하	여	살	아	나	셨	후	손	로	라	니
를	손	기	시	아	브	라	함	느	니	라	여	라	하
의	롭	다	하	라	니	느	었	되	바	진	겨	이	심

직각 보행

아래 성경 구절들은 글자판 위에 수평 또는 수직으로 연결된 선을 따라 연속적으로 90도로 꺾여서 연결되어 쓰여 있고, 어느 방향으로든지 이동할 수 있습니다. 미로를 찾아가듯이 성경 구절을 연결해 보세요.

문제6 로마서 5장

- 그러므로 우리가 믿음으로 의롭다 하심을 받았으니 우리 주 예수 그리스도로 말미암아 하나님과 화평을 누리자 (1절)
- 우리가 환난 중에도 즐거워하나니 이는 환난은 인내를, 인내는 연단을, 연단은 소망을 이루는 줄 앎이라 (3, 4절)
- 우리가 아직 죄인 되었을 때에 그리스도께서 우리를 위하여 죽으심으로 하나님께 우리에 대한 자기의 사랑을 확증하셨느니라 (8절)
- 더욱 은혜와 의의 선물을 넘치게 받는 자들은 한 분 예수 그리스도를 통하여 생명안에서 왕 노릇 하리로다 (17절)

릇	하	리	리	가	아	줄	는	루	이	을	망	소	은
노	라	로	우	소	직	앎	그	리	스	도	께	망	단
왕	니	다	생	명	죄	이	에	하	위	를	서	을	연
서	느	셨	하	증	인	라	때	여	죽	리	우	단	연
에	안	명	더	확	되	었	을	화	으	심	인	내	는
환	난	생	욱	을	랑	사	의	기	로	으	를	내	인
통	하	여	은	증	자	리	누	자	하	나	님	께	은
를	의	와	혜	과	화	평	을	한	대	에	께	환	난
도	의	선	물	님	아	암	미	말	로	리	우	는	평
스	리	인	을	나	하	니	우	리	도	스	사	이	니
내	그	수	넘	받	았	으	랑	주	예	리	난	중	나
한	분	예	치	을	의	로	러	그	수	그	환	에	하
은	로	받	게	심	롭	으	므	로	우	리	가	도	워
들	자	는	확	하	다	음	믿	가	리	우	고	즐	거

직각 보행

아래 성경 구절들은 글자판 위에 수평 또는 수직으로 연결된 선을 따라 연속적으로 90도로 꺾여서 연결되어 쓰여 있고, 어느 방향으로든지 이동할 수 있습니다. 미로를 찾아가듯이 성경 구절을 연결해 보세요.

문제7 로마서 6장

- 우리가 그의 죽으심과 합하여 세례를 받음으로 그와 함께 장사되었으니 이는 아버지의 영광으로 말미암아 그리스도를 죽은 자 가운데서 살리심과 같이 우리로 또한 새 생명 가운데서 행하게 하려 함이라 (4절)
- 만일 우리가 그의 죽으심과 같은 모양으로 연합한 자가 되었으면 또한 그의 부활과 같은 모양으로 연합한 자가 되리라 (5절)
- 죄가 너희를 주장하지 못하리니 이는 너희가 법 아래 있지 아니하고 은혜 아래 있음이라 (14절)

죄	가	너	희	를	서	살	모	은	활	부	의	으	었
만	를	죽	은	자	데	리	양	같	과	죄	그	면	되
일	도	모	양	가	운	심	으	그	의	죽	한	또	가
우	스	리	로	리	같	과	로	가	생	으	주	장	자
이	라	그	또	우	이	합	연	리	명	심	연	합	한
음	주	아	한	새	생	한	새	우	라	과	로	으	법
있	장	암	미	가	명	자	가	되	리	합	이	양	모
래	아	죄	말	운	데	서	례	세	여	하	과	같	은
법	혜	가	로	으	광	행	를	연	합	한	심	으	죽
고	은	너	영	광	영	하	받	음	으	로	그	와	의
하	새	희	를	주	의	게	하	려	함	이	라	함	그
니	아	부	활	장	지	버	아	는	이	니	장	께	가
은	지	있	새	하	지	못	하	리	니	으	사	우	리
혜	가	래	아	법	가	희	너	는	이	었	되	일	만

직각 보행

아래 성경 구절들은 글자판 위에 수평 또는 수직으로 연결된 선을 따라 연속적으로 90도로 꺾여서 연결되어 쓰여 있고, 어느 방향으로든지 이동할 수 있습니다. 미로를 찾아가듯이 성경 구절을 연결해 보세요.

문제8 로마서 7장

- 내 형제들아 너희도 그리스도의 몸으로 말미암아 율법에 대하여 죽임을 당하였으니 이는 다른 이 곧 죽은 자 가운데서 살아나신 이에게 가서 우리가 하나님을 위하여 열매를 맺게 하려 함이라 (4절)
- 오호라 나는 곤고한 사람이로다 이 사망의 몸에서 누가 나를 건져 내랴 (24절)
- 우리 주 예수 그리스도로 말미암아 하나님께 감사하리로다 그런즉 내 자신이 마음으로는 하나님의 법을 육신으로는 죄의 법을 섬기노라 (25절)

형	제	가	누	서	에	곧	사	이	다	로	이	람	죄
제	를	나	당	하	몸	의	망	서	살	아	몸	사	한
랴	건	곧	을	였	으	니	운	데	건	나	신	이	고
내	져	죽	임	우	는	이	가	자	져	내	하	에	곤
법	에	여	주	리	다	른	이	은	하	위	나	게	는
율	대	하	예	려	하	게	곧	죽	여	을	님	가	나
아	리	그	수	함	고	맺	를	매	열	님	열	서	라
암	스	사	망	이	라	이	마	음	으	나	매	우	호
미	도	로	감	사	자	신	육	신	로	하	가	리	오
말	로	말	미	자	내	즉	런	그	는	하	나	자	신
몸	으	나	암	신	님	께	감	다	기	섬	님	의	법
의	도	를	아	하	나	육	사	로	노	을	감	육	을
곧	스	도	희	너	법	신	하	리	라	법	사	신	으
고	리	그	주	아	들	제	형	내	죄	의	죄	는	로

정답

문제1

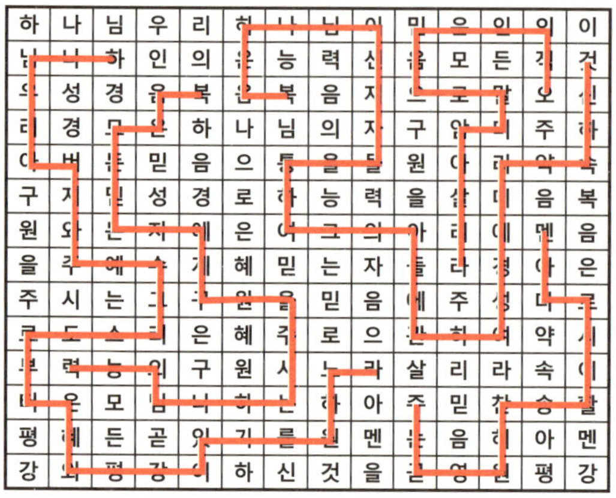

문제2

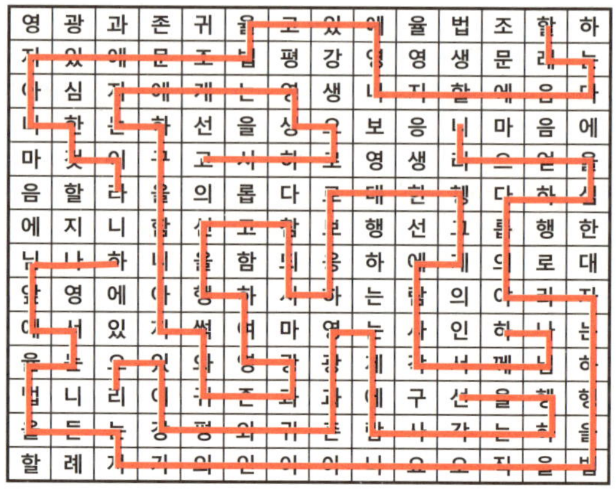

문제3

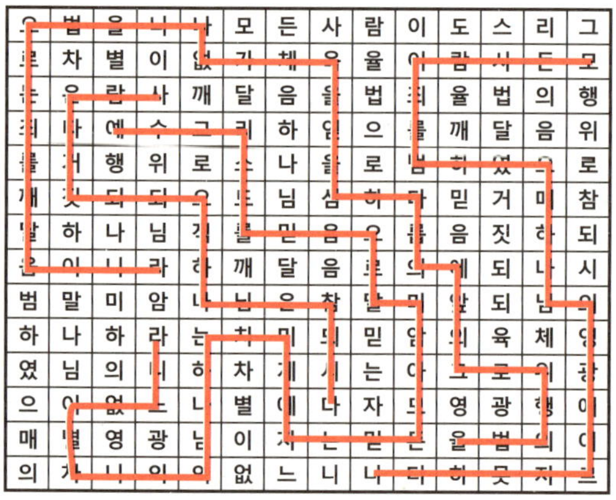

문제4

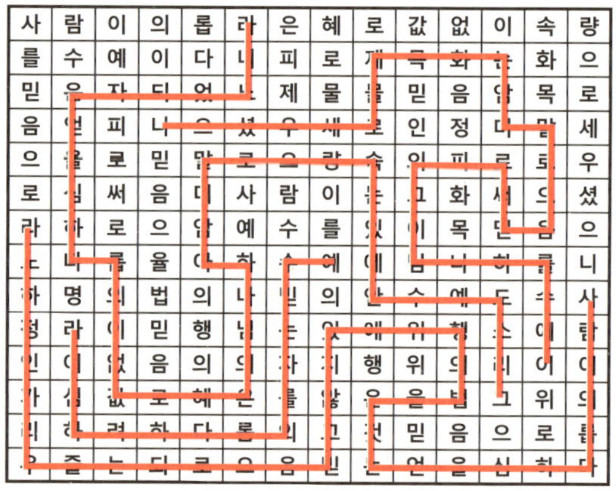

문제5

범	가	리	우	는	의	신	말	씀	대	로	많	은	민
죄	면	있	으	구	예	하	범	죄	을	엇	무	이	족
한	고	의	나	이	는	라	라	오	말	러	하	경	의
것	다	비	에	언	너	믿	음	같	하	하	기	성	조
네	문	에	중	약	후	손	이	이	느	심	되	어	상
아	브	내	는	이	함	라	브	아	냐	이	오	번	율
함	라	들	없	하	나	아	이	것	은	라	로	롭	은
고	되	이	수	나	오	믿	음	의	안	미	말	언	약
또	이	바	랄	넘	은	조	와	의	로	말	미	암	은
한	함	조	상	을	가	믿	음	이	그	에	게	범	것
우	너	브	아	빈	으	매	그	것	내	줌	의	죄	이
리	후	와	히	여	살	아	나	셨	후	손	로	러	나
를	손	가	시	아	브	라	함	도	나	라	이	라	하
의	롭	다	하	라	나	느	었	디	바	진	기	이	심

문제6

롯	히	리	러	가	와	줄	는	루	이	을	망	소	요
노	라	로	우	소	죄	앎	그	리	스	도	께	망	만
왕	니	다	생	명	죄	이	에	하	위	를	시	을	연
서	느	셨	하	증	인	라	며	여	주	리	우	만	연
에	안	평	더	확	되	었	음	화	으	님	인	내	는
환	난	성	육	을	광	서	의	기	로	으	믈	내	인
통	하	이	은	증	자	리	누	자	히	나	님	께	은
를	어	외	에	고	화	평	을	한	데	에	꺼	환	난
므	의	선	물	님	이	암	미	말	로	라	우	는	평
스	리	인	을	나	하	나	우	리	로	는	사	이	니
내	고	수	범	받	았	으	랑	주	에	리	나	주	나
한	분	에	지	을	워	로	러	그	수	그	환	이	하
은	로	받	게	심	믈	으	그	로	우	리	가	도	위
들	지	는	확	히	나	른	민	가	리	우	고	를	거

문제7

죄	가	너	희	를	사	랄	모	우	할	부	이	우	언
만	를	죽	은	자	데	리	양	같	와	죄	고	면	되
일	드	모	양	가	운	심	으	로	의	죽	한	도	가
우	느	리	로	리	갈	와	루	가	생	오	주	장	자
이	라	그	도	울	이	합	연	미	명	심	연	합	한
음	주	아	한	새	생	한	새	우	라	과	도	오	법
있	장	암	미	가	령	자	가	되	리	합	이	양	도
레	아	진	발	운	데	서	레	세	어	아	과	갈	은
법	히	자	로	으	광	행	를	연	합	한	신	으	즉
구	은	너	영	광	영	하	받	음	으	로	그	아	외
하	새	희	를	주	의	게	하	려	함	이	라	함	고
니	아	부	활	장	지	비	이	는	이	니	장	께	자
은	자	있	새	하	지	못	하	리	니	오	사	우	리
혜	가	려	아	범	기	희	너	는	이	있	되	일	만

문제8

형	제	가	누	서	에	곧	시	어	다	로	이	랑	죄
제	를	나	당	하	즘	의	망	서	살	아	몸	사	함
랴	전	곤	을	였	으	니	육	데	건	나	신	이	고
매	겨	죽	임	우	는	이	가	자	져	내	하	에	곧
범	에	여	주	리	다	른	이	은	히	이	나	게	는
율	매	하	예	려	하	게	곧	죽	여	을	님	자	나
아	리	그	수	함	고	몇	를	매	열	님	열	서	라
암	스	사	망	이	과	이	마	음	으	나	매	우	호
미	로	로	감	사	자	신	육	신	로	하	가	리	오
말	로	말	미	자	내	죽	런	그	는	히	나	자	신
몸	으	나	암	신	니	께	갈	다	리	섬	님	의	법
리	도	를	이	히	나	육	사	로	도	을	감	유	을
곤	스	도	희	너	법	신	하	리	나	법	사	신	오
고	비	로	주	아	들	제	형	내	죄	의	죄	는	로

성경 퍼즐 시리즈 2

인기 있는 5가지 퍼즐과 성경의 콜라보

1판 1쇄 인쇄 _ 2025년 12월 15일
1판 1쇄 발행 _ 2025년 12월 20일

지은이 _ 박선호
펴낸이 _ 이형규
펴낸곳 _ 쿰란출판사

주소 _ 서울특별시 종로구 이화장길 6
편집부 _ 745-1007, 745-1301~2, 747-1212, 743-1300
영업부 _ 747-1004, FAX 745-8490
본사평생전화번호 _ 0502-756-1004
홈페이지 _ http://www.qumran.co.kr
E-mail _ qrbooks@daum.net / qrbooks@gmail.com
한글인터넷주소 _ 쿰란, 쿰란출판사
페이스북 _ www.facebook.com/qumranpeople
인스타그램 _ www.instagram.com/qrbooks
등록 _ 제1-670호(1988.2.27)
책임교열 _ 이화정·김준표

 ISBN 979-11-24013-22-9 93230

책값은 뒤표지에 있습니다.